"새로운 도전을 받아 새롭게 되고픈 마음이 있다면 이 책을 읽으라. 이 책은 성경적이고, 실천적이며, 논지가 아주 명확하고, 매혹적이다. 예수 그리스도의 교회를 사랑하여 이 책을 저술해준 두 저자에게 감사한다."

– 로니 플로이드, 남침례회연맹 총회장, 크로스교회 담임목사

"이 책은 최적의 타이밍에 출간되었다. 이 책의 논증은 눈길을 사로잡는다. 오늘날 우리에게 필요한 것은 교회 성장을 위한 새로운 방법이 아니다. 지금은 성령께서 복음중심적인 원리, 곧 초대교회를 역사의 중심에 우뚝 세운 신약성경의 원리들을 다시금 깨우쳐주시도록 그분께 대한 복종을 새롭게 할 때다. 시대를 초월하는 진리로 우리의 정신을 새롭게 해준 두 저자에게 감사한다."

– 콘라드 음베웨, 카브와타 침례교회 목사

"이 책은 전문화와 분할의 방식으로 교회를 운영하는 것 대신에 새로운 대안을 제시한다. 이 책이 나온 시점은 매우 시의적절하다. 우리 가운데 많은 이들은 복음이 전문화와 분할 대신에 일반화와 통합 위에 공동체를 건설하는 것을 보기 원한다. 교회의 건강과 안녕을 위해 헌신해 온 두 사람이 훌륭한 결과물을 빚어 내었다."

– 데이비드 헬름, 홀리트리니티 교회 목사, "찰스 시므온 재단" 이사장

"우리 가운데 많은 이들은 여러 교회가 있는 동네에서 살고 있다. 그런데도 동네마다 범죄와 인종차별과 불신앙이 만연하고, 변화된 삶은 찾아보기 힘들다. 왜 교회들이 더 많은 영향력을 발휘하지 못하는지 그 이유가 궁금했던 적이 있는가? 모든 교회는 이 강력하고 예리한 책을 읽고 그들

의 매주 모임이 복음의 능력을 통해 그들의 공동체 안에 영향을 미치고 있는지 스스로 점검해보도록 도전받아야 한다."

– 프레드 루터 주니어, 프랭클린 애비뉴 침례교회 목사

"마크 데버와 제이미 던롭은 신실한 교회는 공동체 안에서 그리스도를 위해 눈길을 사로잡는 증거의 빛을 비추는 것을 항상 추구한다는 사실을 상기시켜준다."

– 토니 카터, 이스트포인트교회 목사

매력적인 공동체

The Compelling Community:
Where God's Power Makes a Church Attractive **(9Marks)**

Copyright © 2015 by Mark Dever and Jamie Dunlop
Published by Crossway
a publishing ministry of Good News Publishers
Wheaton, Illinois 60187, U.S.A.

This edition published by arrangement
with Crossway through rMaeng2, Seoul, Republic of Korea.
All right reserved.

This Korean Edition © 2021 by Reformed Practice Books, Seoul, Republic of Korea.

매력적인 공동체

지은이   마크 데버, 제이미 던롭
옮긴이   조계광
펴낸이   김종진
초판 발행 2021.6.14
등록번호 제2018-000357호
등록된 곳 서울특별시 강남구 선릉로107길 15, 202호
발행처   개혁된실천사
전화번호 02)6052-9696
이메일   mail@dailylearning.co.kr
웹사이트 www.dailylearning.co.kr

책값은 뒤표지에 있습니다.
ISBN 979-11-89697-20-4

매력적인 공동체

집단적 증거의 빛을 발산하는 공동체

마크 데버, 제이미 던롭 지음
조계광 옮김

개혁된실천사

기쁨과 감사를 담아 우리 교회에게

"당신들 때문에 우리 하나님 앞에서
우리가 느끼는 모든 기쁨으로 인해
우리는 하나님께 얼마나 큰 감사를
돌려드릴 수 있을까?"

목차

시리즈 서문

9Marks 도서 시리즈는 두 가지 기본 개념을 전제로 한다. 첫째, 지역 교회는 오늘날 많은 그리스도인들이 인식하는 것보다 그리스도인의 삶에 훨씬 더 중요하다는 것이다. 9Marks는, 건강한 그리스도인은 건강한 교회 멤버라고 믿는다.

둘째, 지역 교회는 그들의 삶을 하나님의 말씀에 따라 형성할 때 생명과 활력 안에서 성장한다. 하나님은 말씀하신다. 교회들은 그분의 말씀을 듣고 따라야 한다. 매우 간단하다. 교회가 듣고 따를 때, 교회는 자신이 따르는 분을 닮아 가기 시작한다. 교회는 그분의 사랑과 거룩함을 반사한다. 교회는 그분의 영광을 드러낸다. 교회는 그분의 말씀을 들을 때 그분을 닮아갈 것이다. 그렇기 때문에, 마크 데버의 책《건강한 교회의 9가지 특징》*Nine Marks of a Healthy Church*(부흥과개혁사)에서 가져온 "아홉 가지 표지"(9 marks)는 다음과 같이 거의 대부분 '성경적'biblical이라는 문구를 포함하고 있다.

- 강해 설교
- 성경적 신학
- 복음에 대한 성경적 이해
- 회심에 대한 성경적 이해
- 복음 전도에 대한 성경적 이해
- 교회 멤버십에 대한 성경적 이해
- 교회 권징에 대한 성경적 이해
- 제자훈련과 성장에 대한 성경적 이해
- 교회 리더십에 대한 성경적 이해

교회의 건강을 위해 다른 필요 사항들도(예를 들면, 기도) 열거할 수 있겠지만, 우리는 이 아홉 가지 실천사항들이 (기도와는 달리) 오늘날 가장 많이 간과되는 것들이라고 생각한다. 따라서 교회를 향한 우리의 기본적인 메시지는, 비즈니스를 성공시키는 최고의 실천사항들이나 최신 스타일 대신에 하나님을 바라보라는 것이다. 다시금 하나님의 말씀에 귀 기울임으로써 새롭게 시작하라.

이 전체 프로젝트의 일환으로 9Marks 도서 시리즈가 기획되었다. 이 책들의 목적은 아홉 가지 표지를 더욱 면밀히 여러 각도에서 조사하는 것이다. 어떤 책은 목사들을 대상으로 쓰였으며 어떤 책은 교회 멤버들을 대상으로 쓰였다. 이 모든 책들이 성경적 근거에 대한 신중한 검토, 신학에 대한 적절한 반영, 문화에 대한 적절한 고려, 집단적 적용, 그리고 심지어 약간의 개인적 권면까지 한 데 결합하길 소망한다. 최고의 기독교 서적은 언제나 신학과 실천을 동시에 갖춘다.

하나님이 이 도서 시리즈를 사용하사, 그분의 신부인 교회가 그분이 다시 오시는 날을 위해 영광스럽게 빛나는 모습으로 준비되게 하시기를 기도한다.

머리글

　당신의 교회 안의 "공동체"는 과연 무엇인가? 교제를 위한 월례 저녁 모임인가? 주일 예배 후에 나누는 대화인가? 아니면 당신을 잘 아는 좋은 친구들인가? 많은 사람이 **공동체**와 소그룹을 동일시한다. 지난 몇 달 동안, 나는 가깝게는 샌프란시스코에서부터 멀게는 상하이와 서울 출신의 나의 친구들에게 내가 교회 공동체에 관한 책을 쓰고 있다는 사실을 말했다. 그들은 한결같이 "소그룹에 관한 책을 말하나요?"라고 물었다. 나는 사람들이 저마다 공동체에 대해 품고 있는 포부(야망)에 따라 공동체를 달리 정의한다고 생각한다. 이 책을 통해 나는 교회 공동체에 대한 당신의 포부를 높이기도 하고 낮추기도 해서 그것을 옳게 조정하기를 원한다.

기준 높이기

우선 나는 교회 공동체에 대한 당신의 기준을 높이길 원한다. 나는 소그룹의 가치를 인정한다. 하지만 그것은 하나님이 공동체를 통해 교회 안에서 이루기를 원하시는 것 중에 지극히 작은 일부에 지나지 않는다. 이렇게 말할 수 있는 이유는 무엇일까? 그 이유는 복음이 세상을 변화시키는 모든 방법들 중에서 지역 교회라는 공동체가 가장 뚜렷하게 초자연적이기 때문이다. 지역 교회 공동체의 증언은 이 세상의 차원을 넘어선다. 바울은 "하늘에 있는 통치자들과 권세들"이 지켜보고 있다고 말했다(엡 3:9, 10). 이 책에서 나는 지역 교회 공동체를 그리스도 안에서 우리가 갖는 공통 분모로 인하여 모든 자연적 유대를 초월하여 경험하는 유대와 헌신으로 정의할 것이다. 공동체는 단지 "있으면 좋은" 것이 아니라 우리가 누구인지를 결정짓는 정체성의 핵심이다. 이런 것을 어떻게 소그룹이나 멘토링 사역에만 국한시킬 수 있겠는가?

겸손과 정직

한편, 나는 교회 공동체에 대한 당신의 포부를 낮추길 원한다. 즉, 당신이 당신의 교회 안에 공동체를 건설하기 위해 할 수 있는 것에 대한 당신의 포부를 낮추기를 원한다. 성경은 하나님이 공동체를 건설하신다고 가르친다. 우리는 공동체를 장려하고, 촉진하고, 보호하고, 활용할 수는 있지만, 감히 그것을 건설할 수는 없다. 우리 힘으로 공동체를 건설하겠다고 교만하게 나선다면 교회를 위한 하나님의 계획을 방해할 위험이 있다. 유감스럽게도 우리는 항상 그런 잘못을 저지른다.

그렇다면 이 책은 어떤 책일까? 이 책은 즉각적인 변화를 바라며 실행할 수 있는 공동체 건설의 방법론을 다루지 않는다. 이 책은 여러 해에 걸쳐 교회 안에서 점진적인 변화를 일으킬 수 있는 성경적 원리들을 제시하는 데 그 목적이 있다.

이 책은 단순히 관계적인 친밀감과 성취감에 관한 책이 아니다. 그 대신에, 이 책은 교회 공동체를 위한 하나님의 목적에(사람의 목적이 아닌) 집중하고 있다.

이 책은 "새로운" 책이 아니다. 이 책은 교회의 역사 대대로, 특히 종교개혁 이후로 수 세기에 걸쳐 논의되어 온 진리들을 현대적 관점에서 다시 다루고 있을 뿐이다.

이 책은 단순한 이론서가 아니다. 이 책은 내가 사역하는 교회가 좀 더 성경적인 공동체를 형성하기 위해 실제 삶의 문제들로 씨름했던 생생한 경험의 산물이다.

이 책은 한 교회에서 효과가 있었던 방법이 마치 모든 교회에 효과가 있을 것처럼 그것을 복제하라고 권하지 않는다. 오히려 이 책은 하나님의 말씀이 공동체에 관해 무엇을 말하는지 탐구함과 동시에 그 원리들을 당신의 지역 교회 안에서 구현할 수 있도록 실천적인 조언들을 제시한다.

이 책의 저자들

책 표지를 보면 저자가 두 명인 것을 알 수 있다. 그러나 나는 이 책에서 일인칭 단수를 사용했다. 이 책에서 "나"라는 대명사는 제이미 던롭을 가리키지만, 나 제이미 던롭은 마크 데버와 함께 이 책을 구상했다. 글은 내가 썼지만 우리는 모든 내용에 동의할 때까지 함께 최종 원고를 점검했다. 책 표지에 우리 두 사람의 이름을 나란히 게재한 이유는 이것이 솔직히 "나의 책"이라고 주장할 수가 없었기 때문이다. 잠시 그간의 경위를 설명하면 그 이유를 알 수 있을 것이다.

나는 거의 20년간 워싱턴 DC의 캐피톨힐 침례교회의 멤버로 있었다(마크 데버는 그 교회의 담임목사이다). 나는 그가 목회 사역을 시작한 직후인 1990년대 후반에 워싱턴 DC로 이주했고, 그 교회에 다니기 시작했다. 사실, 그 교회는 내가 등록한 첫 교회이다. 나는 교회가 서서히, 때로는 눈에 띄지 않게 이 책에서 말하는 유형의 공동체로 변화해 가는 과정을 지켜보았다. 몇 년 후에, 나와 아내는 샌프란시스코로 이사했고, 집 근처에 있는 훌륭한 장로교회에 등록했다. 그러나 다시 몇 년이 흘러 우리는 캐피톨 힐로 되돌아왔다. 샌프란시스코에서 좋은 교회를 찾지 못했기 때문이 아니었다. 샌프란시스코보다 워싱턴 DC가 더 좋았기 때문도 아니었다. 우리는 캐피톨힐 침례교회가 그리웠다. 마크 데버나 그의 설교보다 그의 말씀 사역을 통해 형성된 공동체가 더욱더 그리웠다. 워싱턴 DC로 돌아간 지 몇 년 후 나는 그 교회의 장로가 되었고, 그로부터 다시 몇 년 후 나는 기존의 직업을 그만두고, 협동 목사로서 교역자의 일원이 되었다.

나는 내가 사랑하게 된 교회 안에서 공동체가 형성되는 과정을 지켜보았다. 이 책은 그러한 유형의 공동체에 관한 것이다. 그런 점에서 이 책은 마크의 책이다. 이 책에서 앞으로 언급될 배후의 원리와 경험과 접근법은 물론, 심지어는 표현방식까지도 모두 그의 것이다. 이를테면 그는 오케스트라를 지휘해 온 셈이고, 나는 그것을 녹음했을 뿐이다. 물론 어떤 교회든 그 안에서 이루어진 모든 선한 것의 궁극적인 원천은 하나님이시기 때문에 이런 비유는 사실 적절하지 않다. 그러나 독자 여러분도 내 말이 무슨 뜻인지 충분히 짐작했을 것이다. 솔직히 말해 마크에게 오랫동안 배우다 보니, 때로는 그의 말과 생각이 어디에서 끝나고 나의 말과 생각이 어디에서 시작하는지조차 정확히 알기 어렵다.

이 책은 우리가 복음 안에서 오랫동안 서로 동역자로 일해 온 결과물이다. 따라서 이 책은 실제로 시도되지 않은 좋은 아이디어들로 가득 찬 책이 아니다. 또한 이 책은 "캐피톨 힐 교회의 사역 방식"을 다룬 책도 아니다. 먼저 이 책에 나오는 모든 것은 우리 교회에서 직접 실천했던 것이다. 마크와 나는 우리의 처방약을 직접 복용해보았다. 다른 한편으로 나는 이 책에서 단지 우리의 방식을 따르라고 말하지 않으려고 노력했다. 나는 우리 교회를 하나의 본보기로 제시했을 뿐이며, 나의 조언은 모두 나의 교회 경험이 아닌 성경에 근거한다. 나는 이 원리들이 당신의 교회에서는 다르게 구현되어야 하며 그럴 것이라고 확신한다.

감사하게도 이 책이 완성되기까지 도움을 준 사람들이 많다. 나의 아내 조안과 "나인 마크스 미니스트리"의 조너선 리먼이 나와 함께 원고를 인내심 있게 검토해주었다. 아이작 애덤스, 앤디 존슨, 맷 머커, 에릭 홈, 마이클 로렌스도 중요한 아이디어와 의견을 제공했다. 오리건주 포틀랜드에 있는 "힌슨 침례교회"는 내가 이 책을 쓰는 동안 내 가족을 잘 보살펴주었고, 캐피톨힐 침례교회는 내가 이 책을 쓸 수 있도록 동기를 부여해주고 격려해주고 시간을 허락해주었다.

이 책을 읽어야 할 사람들

마지막으로 독자들에 관해서 한마디 덧붙이고 싶다. 나는 교회 지도자들을 위해 이 책을 썼다. 목사나 목사 후보생들은 이 책이 정확히 자기를 위해 쓰였다는 사실을 쉽게 알 수 있을 것이다. 그 외의 교회 지도자들, 특히 장로들도 내가 염두에 둔 청중들이다. 물론 교회 지도자가 아니라고 해서 이 책을 내려놓을 필요는 없지만 책의 내용을 적절히 해석할 필요가 있을 것이다. 이 책을 통해 교회 지도자들을 더 잘 지원하게 되어도 좋고, 당신이 나중에 교회 안에서 행사할 미래의 리더십이 어떠한 모습이어야 할지 가늠해보아도 좋을 것이다.

나는 이 책이 모두에게 용기를 주고, 교회 안에서 공동체가 얼마나 중요한지 일깨워주는 역할을 하기를 바란다. 비록 당신이 나의 모든 의견에 동의하지는 않더라도, 아무쪼록 이 책을 통해 성경의 가르침에 깊이 직면함으로써 하나님이 원하시는 공동체의 역할과 기능에 대해 깨닫게 되기를 바란다. 그리고 이를 통해 당신이 교회 안에 있는 하나님의 영광으로 인해 그분을 찬양하게 되기를 바란다. 교회 지도자의 기량이 아무리 뛰어나고, 내가 책을 통해 아무리 좋은 조언을 제시하더라도 당신의 교회 안에서 초자연적인 공동체를 창조하는 능력은 예수 그리스도의 복음 안에 있다. 그리고 당신의 교회 안에 이루어진 그러한 초자연적인 공동체는 당신과 나를 북돋아 하나님의 보좌를 둘러싸고 영원한 찬양을 드리게 할 것이다.

이 목표를 염두에 두고, 읽고, 생각하고, 예배하라.

1부
공동체를 위한 비전

1장

공동체에 대한 두 가지 비전

우리 동네에는 상황이 서로 놀랍도록 비슷해서 연구해볼 필요가 있는 두 교회가 있다.

한 교회는 신학적으로 자유주의적인 노선을 따르는 교회이고, 다른 하나는 내가 목사로 사역하고 있는 교회로서 신학적으로 보수적인 노선을 따르는 교회다. 두 교회 모두 1867년에 설립되었고, 제2차 세계대전 전후로 워싱턴 DC의 인구 성장과 함께 상당한 양적 성장을 이루었으며, 주변 지역에 인종 갈등으로 인한 폭동이 일어났을 때는 심하게 약화되었다. 20세기 후반에 들어서자 두 교회는 교인들의 숫자가 줄어들었고, 교외 지역에서 도시로 출퇴근하는 나이든 신자들이 그 구성원의 대부분을 차지했다. 결국 두 교회는 더 이상 출석하지 않는 교인들을 걸러내기 위해 등록 명부를 정리했다. 두 교회의 미래는 매우 불투명해 보였다.

그러나 1990년대 후반이 되자 두 교회는 다시 성장하기 시작했다. 두 교회 모두 도시로 이주해 온 젊은 사람들을 끌어들였고, 다시금 지역사회에 뿌리를 내렸다. 오랫동안 두 교회의 성장세는 거의 비슷했다. 한 교회의 등록 교인수가 다른 교회의 교인수를 100명 이상 넘어서지 못했다. 두 교회 모두 지역사회의 빈자들을 돌보려고 힘쓰고 있고, 주일 오전뿐 아니라 일주일 내내 갖가지 활동으로 분주하며, 단합이 잘 된 공동체의 면모를 보이며 세상 언론의 관심을 끌고 있다.

그러나 역사는 비슷할지 몰라도 두 교회는 중요한 점에서 서로 크게 달랐다. 내가 1990년대에 워싱턴에 처음 이주해 왔을 때, 다른 한 교회(두 교회 중 신학적으로 자유주의적인 노선을 따르던 교회―편집주)의 목회자는 자신을 그리스도인으로 일컫지 않았다. 그는 속죄나 육체의 부활을 믿지 않았다. 어느 날 그가 내게 말한 바에 따르면, 그는 심지어 자기가 하나님을 믿는지조차도 확신하지 못했다. 우리 교회의 로고가 로마서 10장 17절("믿음은 들음에서 나며")을 인용하고 있는 반면에, 그들은 자기들이 "열린 성찬식을 거행하는 교회"임을 내세운다. 우리 교회는 역사적 기독교의 복음에 바탕을 두고 있고, 그들은 전혀 다른 복음에 초점을 맞춘다. 그러나 두 교회 모두 잘 성장하고 있는 것처럼 보인다.

내가 말하려는 요점은 무엇일까? 그것은 하나님 없이도 교회 안에 "공동체를 건설하는 것"이 가능하다는 것이다.

복음 없이 교회 공동체를 건설하는 방법

지금 이 책을 읽고 있고 있는 당신은 필시 예수 그리스도의 복음을 믿고 있을 것이다. 당신은 거룩하신 하나님과 죄의 현실과 속죄의 능력을 믿는 것은 물론이고, 그에 더해 성경을 하나님의 완전한 말씀으로 믿고 있을 것이다. 그러니 당신의 경우에는 복음 없는 공동체란 염려할 바가 아니다. 그렇지 않은가?

그런데 바로 이 지점에서 나는 당신에게 도전하고 싶다. 나는 우리가 항상 복음을 제쳐놓고 공동체를 건설하고 있다고 생각한다.

조금 전에 말한 자유주의 교회는 제쳐두자. 나는 복음주의 교회에 대해 우려하고 있다. 우리가 공동체를 건설함에 있어 복음을 부인하려고 한다는 것이 아니다. 오히려 나의 우려는, 우리의 선한 의도에도 불구하고, 우리가 복음 없이도 번창할 수 있는 공동체를 건설하고 있다는 것이다.

한 가지 예를 들면 다음과 같다. 어떤 싱글맘이 우리 교회에 나왔다고 가정해보자. 그녀는 어떤 사람을 친구로 사귀고 싶어 할 것이며, 누가 그녀를 가장 잘 이해할 수 있을까? 당연히 다른 싱글맘들일 것이다. 따라서 나는 그녀에게 싱글맘들로 구성된 소그룹에 참여하라고 권고할 것이고, 그녀는 그 공동체에 신속하게 적응해 잘지낼 것이다. 자, 그렇다면 모든 문제가 완벽하게 해결된 것인가? 꼭 그런 것은 아니다.

이런 순조로움은 "인구학적인 현상"일 뿐, "복음적인 현상"이라고 말하기 어렵다. 싱글맘들은 복음과는 상관없이 서로에게 자연스레 끌린다. 이 공동체는 멋지고 유익하지만, 복음의 능력에 대해서는 아무것도 말하지 않는다.

사실, 우리가 공동체를 건설할 때 사용하는 "도구들"은 대부분 복음 외의 다른 것과 관련이 있다.

- 비슷한 삶의 경험 : 독신자 모임, 신혼부부 성경공부 모임, 젊은 전문직 종사자 모임은 인구학적 구분에 따라 공동체를 건설한다.
- 비슷한 정체성 : 카우보이 교회, 오토바이족 교회, 예술인 교회는 복음을 믿는 교회이지만 복음 이외의 것이 그들의 정체성의 핵심을 이루고 있다.
- 비슷한 목표 : 굶주린 자들에게 음식을 제공하는 사역 팀, 초등학교를 지원하는 사역 팀, 인신매매 퇴치에 힘쓰는 사역 팀은 하나님을 영화롭게 하는 대의를 향한 열정에 기초하는 공동체이다.
- 비슷한 필요 : 프로그램에 기초한 교회는 사람들의 "느낀 욕구"felt needs의 유사성에 기초하여 각각의 프로그램별로 사람들을 모음으로써 공동체를 건설한다.
- 비슷한 사회적 지위 : 때로는 사회 안의 "유력자들"로만 구성된 사역 팀이나 교회가 형성되기도 한다.

아마도 이런 말이 좀 터무니없게 들릴 수도 있다. 불과 100단어도 안 되는 말로 싱글맘을 위한 성경공부 모임, 독신자 모임, 굶주린 자들에게 음식을 제공하는 사역을 마구 비판했으니 당연히 그럴 법도 하다. 그러나 잠시만 더 내 말을 들어달라. 이런 유형의 공동체 건설 전략들의 배후에는 새로운 시각으로 따져보고 점검해야 할 무언가가 존재한다.

싱글맘들을 위한 소그룹을 다시 생각해보자. 인생의 경험이 비슷한 사람들끼리 함께 어울리기를 원하는 것은 아무 문제가 되지 않는다. 그것은 아주 자연스러울 뿐 아니라 영적으로도 매우 유익할 수 있다. 그러나 이것이 우리가 "교회 공동체"로 일컫는 것의 전부라면 우리는 하나님이 건설하지 않으셔도 존재할 만한 것을 건설한 것이다.

내가 이 책을 저술한 목적은, 복음이 사실이 아니어도 필시 존재할 친밀한 우정을 나눌 때마다 죄의식을 느끼게 하는 것이 아니다. 나는 그리스도 외에는 아무런 공통점이 없는 비현실적인 관계 유형을 추구하는 것을 교회의 목표로 삼아야 한다고 주장하지 않는다. 오히려 나의 목적은 두 가지이다.

1. 순전히 자연적인 유대 관계를 바탕으로 공동체를 건설하는 것은 유익만큼이나 손실도 많다는 것을 일깨워주기 위해서다. 우리는 싱글맘들을 위한 소그룹 모임과 같은 수단을 활용할 때 단지 긍정적인 측면만을 바라보는 경향이 있다. 그러나 거기에

는 손실도 뒤따른다. 그런 모임이 교회 공동체의 전체적인 성격을 결정한다면, 우리의 공동체는 더 이상 세상의 이목을 사로잡을 수 없다.

2. 우리의 열망을 옳게 조정하게 하기 위해서다. 교회 안에서 자연스레 형성되는 관계들 가운데는 복음이 아니어도 얼마든지 존재할 수 있는 것들이 많다. 그런 관계는 선하고, 옳고, 유익하다. 그러나 더 나아가서 우리는 오직 복음 때문에 존재하는 관계들을 열망해야 할 필요가 있다. 우리는 유사성에 근거한 공동체만을 추구할 때가 많은데, 나는 우리가 분명하게 초자연적인 관계에 근거한 공동체를 추구할 수 있기를 바란다. 여기에서 "초자연적인"이라는 말은, 대중문화에서 통용되는 모호하고 신비스러운 영적 의미를 내포하지 않는다. 오히려 이 말은 주권자이신 하나님이 시공간 속에서 이 세상의 자연법칙을 넘어서는 일을 하고 계신다는 매우 성경적인 개념을 뜻한다.

두 유형의 공동체

나는 이 책에서 복음을 전하는 복음주의 교회 안에 존재하는 두 유형의 공동체를 서로 대조할 것이다. 그 가운데 하나를 "복음 플러스gospel-plus" 공동체로 일컫기로 한다. "복음 플러스" 공동체 안에서 이루어지는 관계들은 온통 복음에 다른 요소를 첨가한 것에 기초한다. 예를 들어, 샘과 조는 둘 다 그리스도인이지만 그들이 친구로 지내는 진정한 이유는 둘 다 40대의 독신남들이기 때문이거나, 문맹 퇴치의 열정을 공유하기 때문이거나, 의사로서 일하고 있기 때문이다. 복음 플러스 공동체를 지향하는 교회의 지도자들은 공동체를 형성하기 위해 이러한 유사성을 아주 적극적으로 이용한다. 그러나 전체로서 이런 유형의 공동체는 복음의 능력에 대해 거의 아무것도 말하지 않는다.

이 공동체를 "복음을 드러내는gospel-revealing" 공동체와 비교해보자. "복음을 드러내는" 공동체 안에서 형성되는 관계들은 오로지 복음의 진리와 능력에 기초한다. 이 공동체는 그리스도를 믿는 것 외에는 다른 공통점이 거의 없음에도 불구하고 서로에 대한 관심이 매우 깊다는 특징을 갖고 있다. 이 공동체 안에서도 유사성에 근거한 관계들이 원활하게 이루어질 수 있지만, 그것들이 핵심은 아니다. 이 공동체의 지도자들은 교인들이 자신의 편안한 삶을 박차고 나와 초자연적인 요인 없이는 불가능한 관계들을 발전시켜 나가도록 하는 데 사역의 초점을 맞춘다. 이 공동체는 그렇게 함으로써 복음의 능력을 드러낸다.

복음을 물리적으로 볼 수는 없다. 복음은 진리다. 그러나 초자연적인 공동체를 독려하면 복음을 보이게 만들 수 있다. 정전기를 일으키기 위해 풍선을 셔츠에 비비는 어린아이를 생각해보자. 그 풍선을 사람의 머리 위로 가져가면 어떤 현상이 나타날까? 머리카락이 풍선 방향으로 곤두설 것이다. 정전기를 눈으로 볼 수는 없지만, 그 효과(머리카락의 반응)는 분명하게 확인할 수 있다. 이런 이치는 "복음을 드러내는" 교회에도 똑같이 적용된다.

그러나 우리는 "복음을 드러내는" 공동체를 건설하는 쪽으로 우선적으로 끌리지 않는다. 우리는 "복음 플러스" 공동체 쪽으로 끌린다. 그것이 "먹혀든다"는 이유 때문이다. 소위 "니치 마케팅niche marketing"은 그것이 "먹혀든다"는 이유 때문에 수많은 교회 성장 계획의 바탕을 이룬다. 사람들은 자기와 비슷한 사람에게 끌리기 마련이다. 출석 교인이 200명인 교회를 맡아서 2년 안에 400명으로 불리라는 지시가 당신에게 주어졌다고 해보자. 그때 당신이 유사성에 근거하여 공동체를 건설하는 방법을 선택하지 않는다면 상당히 어리석어 보일 것이다.

최근에 내 친구는 그런 식의 성장을 요구받았다. 그는 중국인 교회의 영어를 말하는 회중을 목회하고 있다. 그가 받은 조언은 대부분 유사성에 초점을 맞추라는 것이었다. 예를 들면, "중국인 이민 2세대를 겨냥한 교회를 세워야 한다." "젊은 전문직업 종사자들을 위한 교회여야 한다." "영어를 말하는 중국인들만을 대상으로 해야 한다." 등의 조언이었다. 군중을 끌어모으려면 유사성에 근거한 공동체를 건설하라. 그것이 사람들에게 효과적으로 먹히는 방식이다.

이런 방법이 무슨 잘못인가? 이것은 조직 발전의 기본 법칙이 아닌가? 사람들을 일단 끌어모으고 나서 복음을 전하면 되지 않는가?

그렇지 않다. 이것은 문제가 된다. 그리스도인들이 복음 외에 다른 것을 중심으로 연합하면 하나님이 건설하지 않으셔도 존재할 공동체를 건설하는 것이다. 그런 공동체는 현대의 바벨탑이며, 하나님의 능력이 아닌 스스로의 힘을 과시할 뿐이다. 이런 유형의 공동체를 건설하기 위해 공들여 행하는 일들이 실제로는 교회를 위한 하나님의 목적을 훼손하는 결과를 낳는다. "복음 플러스" 공동체는 우리가 원하는 상호 친화적 관계는 가능하게 할 것이다. 하지만 그것은 복음의 진리와 능력에 대해서는 거의 말하지 않을 것이다. 그 이유를 이해하기 위해 에베소서에서 지역 교회를 위한 하나님의 목적을 살펴보자.

교회를 위한 하나님의 계획은 초자연적인 공동체이다

지역 교회를 위한 하나님의 계획은 무엇일까? 바울 사도는 에베소서 2장과 3장에서 그 대답을 제시했다. 에베소서 2장은 복음에서부터 시작한다(1-10절). 우리는 "허물과 죄로 죽었"지만(1절), 하나님이 "우리를 그리스도와 함께 살리셨"다(5절). "너희는 그 은혜에 의하여 믿음으로 말미암아 구원을 받았으니 이것은 너희에게서 난 것이 아니요 하나님의 선물이라 행위에서 난 것이 아니니 이는 누구든지 자랑하지 못하게 함이라"(8, 9절).

그러나 복음은 우리의 구원으로 끝나지 않는다. 복음은 필연적으로 몇 가지 함축된 의미로 우리를 이끈다. 그중 하나는 "일치unity"다. 바울은 에베소서 2장 후반부에서 유대인과 이방인에 관해 말하면서 하나님이 그들 사이에 놓인 적개심의 장벽을 허물어뜨리셨다고 강조했다. "이는 이 둘로 자기 안에서 한 새 사람을 지어 화평하게 하시고 또 십자가로 이 둘을 한 몸으로 하나님과 화목하게 하려 하심이라 원수 된 것을 십자가로 소멸하시고 또 오셔서 먼 데 있는 너희에게 평안을 전하시고 가까운 데 있는 자들에게 평안을 전하셨으니 이는 그로 말미암아 우리 둘이 한 성령 안에서 아버지께 나아감을 얻게 하려 하심이라"(15-18절).

오직 복음만이 일치를 이룰 수 있다는 것에 주목하라. 그리스도께서 십자가를 통해 그들의 적개심을 못 박으셨다. 복음 외에 그 무엇이 역사와 민족성과 종교와 문화가 전혀 다른 두 그룹의 사람들을 하나로 결합할 수 있겠는가?

그렇다면 유대인과 이방인을 하나로 연합시킨 목적이 무엇일까? 에베소서 3장 10절로 건너뛰어 살펴보면, 하나님의 목적은 "교회로 말미암아 하늘에 있는 통치자들과 권세들에게 하나님의 각종 지혜를 알게 하"는 것이다.

유대인과 이방인은 수 세기 동안 서로를 증오해 온 것 외에는 아무런 공통점이 없었다. 그보다는 덜 극단적이지만 굳이 그와 유사한 오늘날의 사례를 든다면, 우리 도시의 공화당 지지자들과 민주당 지지자들을 생각할 수 있다. 또는 명품 옷을 근사하게 차려입은 패션 리더들과 시끄러운 운동경기장에서 맥주를 벌컥벌컥 들이키는 관람객들이 서로를 향해 느끼는 혐오감 정도를 생각할 수 있다. 이런 식의 비교는 얼마든지 계속될 수 있다. 이렇게 서로 대조적인 사람들을 교회 안으로 불러모아 정기적으로 서로 부대끼게 만든다면 대소동이 벌어질 것이 뻔하지 않겠는가? 하지만 실제로는 그렇지 않다. 그들은 한 가지(그리스도로 말미암는 유대)를 공유하고 있기 때문에 놀라운 사랑과 연합 속에서 함께 살아간다. 세상이 작동하는 방식에 반대될 뿐 아니라 전혀 기대조차 할 수 없는 일치가 이루어진 것 때문에 "하늘에 있는 통치자들과 권세들"조차도 놀라 주목할 수밖에 없다. 하나님의 계획은 참으로 놀랍기 그지없다.[1]

"복음을 드러내는" 공동체는 두 가지 차원에서 주목할 만한 특징을 드러낸다(다음 쪽의 그림을 참조하라). 첫 번째 특징은 "넓이"다. 이 공동체는 유대인과 이방인처럼 서로 대립하는 사람들까지 모두 아우른다. 예수님은 산상 설교에서 "너희가 너희를 사랑하는 자를 사랑하면 무슨 상이 있으리요 세리도 이같이 아니하느냐"(마 5:46)라고 가르치셨다. 공동체가 하나님을 영화롭게 하는 방식 가운데 하나는 초자연적 능력 없이는 결코 서로 연합할 수 없는 사람들을 한자리에 불러 모으는 것이다. 에베소서 2장 18절을 잊지 말라. "이는 그로 말미암아 우리 둘이 한 성령 안에서 아버지께 나아감을 얻게 하려 하

---

1. 바울이 여기에서 보편 교회가 아닌 지역 교회를 가리키고 있다고 말할 수 있는 근거는 무엇일까? 그 근거는 크게 세 가지다. (1) 하늘의 모임에 적용되는 것이 지역 교회에 똑같이 적용되기 때문이다. 피터 오브라이언은 이 점을 다음과 같이 잘 주해했다. "승천하신 그리스도와의 새로운 관계는 신자들의 정기적인 모임(히 10:25 참조), 곧 '교회'를 통해 구체적으로 표현되는 것이 적절하기 때문에 3장 10절에 사용된 이 용어는 그리스도의 보좌 주위를 에워싸고 있는 하늘의 모임과 그리스도인들로 구성된 지역 교회를 동시에 가리키는 의미로 받아들일 수 있다."(*The Letter to the Ephesians*, Pillar New Testament Commentary [Grand Rapids, MI: Eerdmans, 1999] 246. (2) 에베소서의 나머지 내용이 대부분 지역 교회에 속한 신자들의 관계를 논의하고 있기 때문이다. (3) 에베소서 3장 10절이 장차 있을 하늘의 모임이 아닌 현재에 초점을 맞추고 있기 때문이다. 유대인과 이방인들의 모임은 곧 지역 교회를 가리킨다. 아울러 개개의 지역 교회는 요한계시록 7장에 언급된 거대하고 웅장한 하늘의 모임을 가리킨다.

심이라." 두 번째 특징은 "깊이"다. 이 공동체는 사람들을 한곳에 불러 모아 서로를 용납하게 만드는 것에 그치지 않는다. 이 공동체는 사람들이 서로에게 긴밀하게 헌신하도록 이끈다. 따라서 바울은 그들을 "새 사람new humanity"(엡 2:15) 또는 "하나님의 권속household"(엡 2:19)이라고 부를 수 있었다. 바울은 교회 안에 형성된 이 새로운 공동체를 세상에서 가장 깊은 자연적 유대 관계인 종족과 가족의 유대에 빗대었다.

이 공동체의 초자연적인 넓이와 깊이가 보이지 않는 하나님의 영광을 보이게 만든다. 이것이 에베소 교회가 지향해야 할 공동체의 궁극적인 목표였다. 오늘날의 교회는 공동체의 궁극적인 목표로 바로 이것을 지향해야 한다. 당신의 교회는 이것을 공동체의 궁극적인 목표로 삼고 있는가?

에베소서 2장에 나타난 공동체의 두 가지 차원

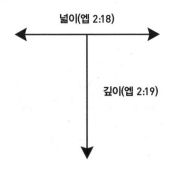

넓이(엡 2:18)

깊이(엡 2:19)

논의를 계속 발전시켜 나가기 전에 에베소서 2-3장에서 발견되는 두 가지 근본 요소를 간결하게 요약하면 다음과 같다.

1. 이 공동체의 특징은 그리스도 안에서의 공통성이다. "피가 물보다 진하다."라는 말이 있다. 세계사는 종족 간의 오랜 갈등의 역사이며 가족보다 더 가까운 사람은 없다. 그런데 분명한 예외가 하나 있다. 바로 교회다. 그리스도를 믿는 두 사람은 다른 것이 다 다르더라도 친족보다도 더 가깝다. 다시 말하지만 그들은 하나님의 가족이다.

2. 이 공동체가 초자연적이지 않다면 아무런 효력도 발휘하지 못한다. 여기서 "효력"이란 "공동체를 위한 하나님의 계획을 이루는 것"을 의미한다. 유대인과 이방인이 그리스도를 중심으로 연합하지 않고, 재치 있는 조직 운영 방법을 통한 상호 공존을 도모한다면 어떻게 될까? 과연 하나님의 각종 지혜를 드러낼 수 있을까? 그럴 수 없을 것이다. 그런 공동체는 그들 자신의 지혜와 능력을 드러낼 뿐, 에베소서에서 묘사하고 있는 공동체의 넓이와 깊이에 근접할 수 없을 것이다. 유대인 그리스도인들이 유대인 그리스도인들만을 사랑하고, 이방인 그리스도인들이 이방인 그리스도인들만 사랑한다면 어떻게 될까? 나쁜 시작은 아닐 것이다…하지만 바울이 에베소서에서 묘사한 공동체와 비교하면 복음 안에 있는 하나님의 능력에 대해 상대적으로 적게 말할 것이다.

그렇다면 그리스도 외에 다른 것을 공통점으로 하는 관계를 모두 삼가야 할까? 그럴 필요는 없다. 하나님은 우리의 사회적인 연관성을 활용하신다. 교회마다 특정한 문화와 분위기가 있고, 다수를 차지하는 사람들이 존재한다. 이를 부인하는 것, 곧 교인들이 그리스도 외에 아무런 공통점이 없다고 말하는 것은 정직하지 않은 말일 것이다. 같은 것끼리 서로 끌리는 것은 자연스러운 현실이다. 사람들이 익숙한 것을 편하게 느끼는 것은 아무런 잘못도 아니다. 그럼에도 불구하고 "무엇으로 공동체를 건설할 것인가? 어떤 수단을 사용할 것인가? '유사성에 근거한 사역'이라는 자연적 수단을 사용할 것인가? 아니면 비슷한 것에 이끌리는 우리의 성향을 인정하면서도 복음에 의한 초자연적인 연합 때문에 유사성이 필수조건은 아니게 된 공동체를 열망할 것인가?"라는 중요한 문제가 제기된다. 바울 사도는 "우리가 싸우는 무기는 육신에 속한 것이 아니요 오직 어떤 견고한 진도 무너뜨리는 하나님의 능력이라"(고후 10:4)라고 말했다. 양자의 차이는 시간이 지나면 명백하게 드러날 것이다. 자연적 수단들을 활용해 건설한 공동체는 시간이 흐르면서 사람들 간의 자연적 구분이 그 상태로 굳어질 것이다. 예를 들어 자연적 수단을 활용해 백인 중산층에 접근하면, 결국 백인 중산층으로 구성된 교회가 되고 말 것이다. 그러나 초자연적인 수단들을 활용해 건설한 공동체는 시간이 흐르면서 사람들을 구분하는 자연적 분리막들이 완화될 것이다. 그렇게 되면 백인들로만 구성되었던 교회가 놀랍게도 서서히 다양한 인종으로 구성된 교회로 변모할 것이다. 우리 교회가 바로 그런 변화의 과정을 거쳤다.

우리는 비슷한 것에 끌리는 우리의 성향을 인정하면서도 유사성이 필수조건은 아닌 그러한 공동체, 곧 단지 유사성에만 근거하지 않는 교회 공동체를 열망해야 한다. 그런 공동체는 자연적 이유만으로는 설명하기가 불가능하다.

하나님은 당신 교회의 공동체를 위해 큰 목적을 갖고 계신다. 그것은 복음을 보호하고, 사람들과 지역사회를 변화시키고, 회심하지 않은 사람들에게 희망의 빛을 비추는 것이다. 이런 사역을 이행하기 위해서 공동체는 뚜렷하게 초자연적이어야 한다. 이 공동체는 복음에 더하여 다른 유사성에 근거한 결합을 기반으로 형성된 공동체가 아니다. 이 공동체는 복음을 드러내는 공동체이다. 그러나 우리는 초자연적인 공동체가 아닌 "니치 마케팅"에 의존하는 공동체를 건설해 우리 자신의 기량을 뽐내려고 할 때가 너무나도 많다. 도대체 왜 그런 것일까?

"복음 플러스" 공동체를 건설하라는 압력

"복음 플러스gospel-plus" 공동체가 에베소서 2, 3장이 가르치는 초자연적인 공동체보다 더 확실한 길인 것처럼 보인다. 우리는 그런 공동체를 만드는 법을 알고 있다. 잠시 공동체 건설을 동물원에서 멸종 위기에 처한 동물들을 번식시키는 일과 비교해보자. 간단히 생각하면, 검은 발 흰족제비들만의 특별하고 자연적인 방법으로 번식을 시도하게 놔두고, 새끼를 낳기를 기다릴 수 있다. 그러나 그것은 너무 많은 위험이 뒤따르는 일이기 때문에 단지 우연에만 맡겨 둘 수는 없는 노릇이다. 따라서 우리 도시의 동물원에서는 교배 시기와 온도와 음식을 정확하게 측정하는 등, 검은 발 흰족제비들이 가능한 확실하게 번식할 수 있도록 최선을 다한다.

우리에게도 멸종 위기에 처한 종이 있다. 그것은 바로 교회 공동체이다. 우리는 이것이 얼마나 중요한지를 알고 있다. 공동체는 사람들에게 소속감을 심어준다. 사람들은 소속감을 느끼는 단체 안에 머물면서 자원해서 일하고 베풀지만, 소속감을 느끼지 못하는 공동체는 떠나고 만다. 따라서 교회의 성장과 사역의 성공은 효과적인 공동체 건설에 달려 있다. 이것은 매우 중요한 사안이기 때문에 우리는 가능한 한 확실한 방법을 적용하려고 한다. 우리는 우리 스스로 통제할 수 있는 것을 원한다. 그에 더해, 우리는 가능한 많은 사람들이 믿음을 갖게 되기를 원하며, 이것은 좋은 일이기도 하다!

그래서 우리는 무엇을 하는가? 우리는 흰족제비 번식 프로젝트처럼 측정가능하고 반복가능한 공동체를 추구한다. 즉, 스프레드시트에서 복사 · 붙여넣기를 하듯 손쉽게 복제할 수 있는 공동체를 원한다. 우리는 사람들을 인생의 단계에 따라 구분한 소그룹에 소속시키거나, 인구학적으로 나누어 상호 친화적인 그룹에 배치하거나, 정확한 동질성에 도달할 때까지 "타겟 시장"의 범위를 좁히는 방법을 적용한다.

이런 압박감은 어제오늘만의 문제가 아니다. 이안 머레이는《부흥과 부흥주의》라는 책에서 미국 개신교 자유주의가 전적으로 자연적인 수단을 통해 겉보기에 초자연적인 결과들을 추구하려는 그리스도인들의 성향에서 비롯되었다고 진단했다.[2] 머레이의 설명에 따르면 1730년대와 1740년대에 일어난 1차 대각성 운동은 참된 "부흥"이었다. 하나님은 평범한 은혜의 수단들(말씀 선포와 기도)을 초자연적으로 축복하셨다. 그러나 시간이 흐르면서 그런 은혜의 수단에 대한 하나님의 축복이 차츰 줄어들었다. 19세기 초에 일어난 2차 대각성 운동은 전적으로 기계적인 수단을 통해 참 부흥과 동일한 결과들을 얻으려고 시도했다. 머레이는 이를 "부흥주의"로 일컬었다. 그의 책은 그런 성향에서 비롯된 미국 교회 내의 파괴적인 결과들을 연대순으로 기술하고 있다. 그 파괴적인 결과들은 지금도 여전히 건재하다.

"복음 플러스" 공동체를 건설하면 우리가 원하는 상호 친화적인 관계를 형성할 수는 있다. 그러나 하나님의 비상한 역사 없이는, 세상의 이목을 사로잡는 초자연적인 공동체의 넓이와 깊이에 도달할 수 없다. 우리가 만들어 내는 것도 그저 인구학적인 현상일 뿐, 복음 현상은 아니다.

그렇다면 어떻게 해야 바울이 에베소서에서 언급한 공동체를 함양할 수 있을까?

---

2. Iain Murray, *Revival and Revivalism* (Edinburgh, UK: The Banner of Truth Trust, 1994).

본체가 아닌 그림자에 관한 책

묘하게도 우리는 지나친 관심을 배제함으로써 그런 공동체를 건설할 수 있다. 그런데 그것은 어려운 일이다. 걱정을 버리고, 조급함을 버리는 것은 어려운 일이다. 초자연적인 사역을 방해하지 않는 것은 어려운 일이다. 교회 공동체를 건설하는 일은 자전거 타는 법을 배우는 것과 비슷하다. 자전거를 작동하는 방법(왼발을 앞으로 밀고, 그런 다음에는 오른발을 빠르게 밀고, 핸들을 약간 틀면서 오른쪽으로 몸을 기울인다)에 지나치게 관심을 쏟으면 십중팔구 넘어지기 쉽다. 그러나 앞에 있는 목표 지점에만 집중하면 자전거는 잘 굴러간다.

그런 점에서 교회 공동체는 본체가 아닌 그림자다. 우리는 그것에 관심을 집중하면 안 된다. 물론 이 책은 교회 안에서 공동체를 건설하는 문제를 다루며, 우리는 모두 교회 안에서 삶을 공유하는 유기적인 관계를 구축할 수 있기를 바란다. 이 책은 교회 지도자들이 교인들을 도와 그런 관계가 형성될 수 있는 비옥한 토양을 형성하는 방법을 탐구한다. 그러나 먼저 우리는 그런 공동체가 진정한 핵심이 아니라는 사실을 기억해야 한다. 진정한 핵심, 곧 본체는 하나님이시다. 하나님은 영원불멸하시다. 그분은 "가까이 가지 못할 빛에 거하시고 어떤 사람도 보지 못하였고 또 볼 수 없는" 분이시다(딤전 6:16). 하나님을 어떻게 알 수 있는가? 그분의 말씀으로 알 수 있다. 하나님의 영광은 어떻게 볼 수 있는가? 교회를 통해 볼 수 있다. 그리스도의 몸은 하나님의 충만함이다(엡 1:23). 교회를 통해 현세에서 하나님의 영광이 가장 확연하게 나타난다(엡 3:10). 따라서 지역 교회 안의 공동체를 묘사하는 것은 천국 보좌로부터 발산되는 빛나는 광채를 묘사하는 것과 같다. 핵심은 공동체가 아닌 하나님이다. 공동체는 단지 그 결과일 뿐이다.

교회라는 우리의 새로운 사회는 "서로를 찬양하는 사회"가 아니라 "찬양을 공유하는 사회"다. 우리의 서로를 향한 애정은 파생적이다. 그것은 우리를 이 세상의 수많은 "공동체들"로부터 구원하여 자기 가족으로 삼으신 하나님을 예배하는 데서 비롯한 것이다. 우리의 정체성은 우리의 가문이나 우리의 직업이나 우리의 관심사나 우리의 포부가 아니라 우리가 그리스도 안에 있다는 사실에 의해 결정된다. 우리는 그리스도인이다. 나는 교외 지역에 사는 전문직업인 계층에 속하지만, 그리스도를 믿지 않는 나의 친형제보다 그리스도 안에서 형제가 된 수단 출신의 노동자요 시골 사람인 동료 신자와 더 많은 공통점을 공유한다. 이런 이유로 천국에서는 그리스도의 공로를 높이 기리기 위해 "각 족속과 방언과 백성과 나라 가운데에서 사람들을 피로 사서 하나님께 드리시고"(계 5:9)라는 찬양이 크게 울려 퍼지고 있다. 우리가 추구하는 공동체가 핵심이 아니라 교회 안에 있는 하나님과 그분의 영광이 핵심이다.

이 책의 나머지 내용

어떤 면에서, 지역 교회 안에서 에베소서 3장의 공동체를 건설하는 일은 간단하다. 복음을 믿으면 신약성경에 묘사된 초자연적인 공동체가 이루어진다. 우리의 문제는 성령께서 행하시는 이 중요한 사역이 단번에 이루어지기를 바라는 조급함 때문에 인위적으로 그런 공동체를 건설하려고 애쓰는 데 있다. 그런 잘못된 접근 방식이 공동체의 깊이와 넓이에 어떤 영향을 미치는지 생각해보라.

- 깊이에 미치는 나쁜 영향 : 다른 그리스도인들을 향한 초자연적인 깊이를 가진 헌신(이것은 믿음의 고유한 특성임)을 행하라고 요청하는 대신에, 우리는 그들에게 새신자들에게 가능한 가장 낮은 수준의 헌신을 요구한다. 우리는 그들에게 "그냥 참여하기만 하면 됩니다. 우리는 어떠한 기대치도 갖고 있지 않습니다."라고 말한다. 우리는 그들의 믿음이 성장하면서 자연스레 서로에 대한 헌신의 깊이가 더 깊어지기를 바란다. 그러나 그들을 처음에 끌어들인 방법이 그들의 성장을 가로막는 장애 요인이 되어 버린다. 사람들을 소비자처럼 대하면서 끌어들이면, 교회는 결국 요구만 하는 소비자들로 가득하게 된다. 그런 방법은 성도들이 일정 수준의 헌신은 쉽게 느끼게 할 수 있을지 몰라도, 지속성과 깊이를 갖춘 상호 간의 사랑을 타협하는 결과를 낳기 마련이다. 소비자중심주의는 은혜의 복음에 정면으로 배치된다.
- 넓이에 미치는 나쁜 영향 : 사람들을 소비자로서 교회로 끌어들이기 때문에 교회 안에서 다른 사람들을 향한 본질적인 헌

신이 이루어지지 않는다. 따라서 우리는 그러한 헌신을 인위적으로 만들어야 한다. 어떻게 그렇게 할 것인가? 유사성에 근거한 사역을 통해서이다. 우리는 신자들에게 예수님 외에는 공통점이 거의 없는 사람들을 사랑하라고 요구하는 대신에, 관계가 원활하게 형성될 수 있을 것으로 생각되는 유사 그룹들을 만들어 거기에 사람들을 끼워 넣는다. 그 결과, 우리의 교회 "공동체"는 하나님이 의도하신 초자연적인 넓이를 드러내지 못하게 되고, 상호 독립적이고 동질적인 여러 공동체들의 단순한 집합체가 되어 버린다.

이 책을 읽다 보면 내가 말하는 것에 선뜻 동의하기가 쉽지 않을 수도 있다. 아마 "잠깐만요. 이러한 사역을 하지 않으면 어떻게 사람들이 교회에 나오겠어요? 당신은 사람들을 교회로 불러 모을 생각이 없나요?"라고 말할지도 모른다. 그러나 나는 우리가 사람들을 끌어모으기 위해 시도하다가 실제로는 초자연적인 공동체를 함양하는 우리의 능력을 잃게 되는 결과를 낳을까봐 걱정된다. 하나님은 교회 공동체가 오늘날 우리가 하는 일들보다 심오하게 더 매력적인 공동체가 되기를 바라신다. 그렇게 하려면 소그룹에 대한 접근 방식, 주일 예배의 목적, 교인 등록 정책 등 사역의 대부분을 재고할 필요가 있다. 그런 다음에는 하나님의 능력으로 이루어지는 공동체, 곧 그 아름다움과 매력이 하늘에까지 미칠 공동체를 위한 기초작업을 시작해야 한다.

우리는 공동체를 건설하려고 노력하지만, 그 와중에 그것이 하나님의 초자연적인 행위로 이루어져야 한다는 것을 잊고서 이를 방해할 때가 많다. 우리는 하나님의 때를 기다리지 않고, 조급한 마음으로 그토록 중요한 희생제사를 스스로 처리했던 사울 왕처럼 우리의 방식대로 일을 해나가려고 한다. 이 책의 나머지 내용은 교회 지도자들이 성경적인 공동체 건설을 방해하지 않고 촉진할 수 있는 방법을 다룬다.

2장에서는 무엇이 "초자연적인 공동체"를 초자연적으로 만드는지 살펴보고, 3장과 4장에서는 초자연적인 공동체의 두 가지 가장 뚜렷한 특징을 갖추는 방법을 논의할 것이다(3장-헌신의 깊이, 4장-다양성의 넓이). 그런 기초를 다진 후에는, 책의 나머지 부분에서 이 기본 원리들을 설교와 기도에 적용하는 방법, 개인적인 관계들을 독려하는 방법, 갈등과 죄를 처리하는 방법을 차례로 다룰 것이다. 끝으로, 마지막 두 장에서는 복음 전도와 교회 개척을 통해 공동체를 신실하게 섬기는 일을 논의하는 데 집중할 것이다.

결론 : 모든 공동체가 다 똑같지는 않다

이번 장의 서두에서 내가 목회하는 교회와 성경의 권위를 믿는 믿음을 오래전에 부인한 이웃 교회가 서로 놀랍도록 비슷하게 성장했다고 지적한 바 있다. 그러나 나는 이 두 교회의 공동체적 삶이 서로 비슷하다고 생각해본 적이 단 한순간도 없다. 이웃 교회는 세상이 충분히 이해할 수 있다. 그 교회는 확실히 특별하기는 하지만 예측 불가능하지는 않다. 그렇다면 우리 교회는 어떨까? 이 책에서 만나게 될 사람들, 곧 전에 믿음이 없었던 나의 이웃들은 우리 교회에 뭔가 초자연적인 것이 있다고 말한다. 그들은 비그리스도인으로서 뭐라고 콕 집어 설명할 수는 없었지만, 교회가 자기들의 신경을 거슬리는 복음을 그 핵심으로 삼고 있음에도 불구하고 교회로부터 뭔가 심오하게 매혹적인 느낌을 받을 수 있었다고 증언한다.

이번 장을 마무리하기 전에 교회 공동체에 대한 우리의 태도를 평가하는 데 도움이 되는 질문을 몇 가지 제시하면 다음과 같다.

1. 당신은 교회에서 우리가 공동체라고 부를 만한 관계망의 "성공적" 구축을 어떻게 정의하는가? 그러한 기준은 에베소서 3장 10절("교회를 통해 하나님의 각종 지혜를 알게 하는 것")에 얼마나 잘 부합하는가?

2. 지역 교회 안에서 공동체를 배양하기 위한 당신의 목적과 목표가 오직 하나님만이 창조하실 수 있는 것에 부합하는가? 아니면 인위적으로 만들 수 있는 "복음 플러스" 공동체에 부합하는가?

3. 당신은 교인들에게 다양한 프로그램과 활동을 "판매해야" 한다는 압박을 느끼는가? 아니면 교인들에게 소비자중심주의적인 사고방식을 버리라고 호소하는가?

4. 당신은 교회 밖에서 다른 교인들과 무엇에 관해 대화를 나누는

가? 일상적인 대화가 동네 술집이나 동네 야유회나 청소년 스포츠 경기장에서 흔히 들을 수 있는 대화의 내용과 얼마나 다른가?

5. 교회 안에서 형성된 당신의 친구 관계 가운데 당신이 그리스도 인이 아니어도 계속 유지될 것 같은 관계가 얼마나 되는가?

이 책의 주제는 다음과 같다. 초자연적인 깊이와 넓이를 갖춘 공동체, 곧 복음을 드러내는 참된 공동체는 하나님의 말씀을 믿는 믿음에서 자연스럽게 비롯하는 결과물이다. 그러나 우리는 조급한 마음에서 초자연적인 깊이와 넓이를 타협함으로써 교회를 위한 하나님의 계획을 훼손하는 "복음 플러스" 공동체를 건설하려고 애쓴다. 우리의 그릇된 성향을 극복하고, 교회 안에 성경적인 공동체를 구축하려면 어떻게 해야 할까? 이 문제의 답을 찾기 위해 먼저 하나님의 공동체가 어떻게 "초자연적"인 특성을 띠게 되는지 정확하게 조사해보자.

2장

하나님이 주신 공동체

섬뜩한 광경이었다. 바벨론에 유배된 에스겔은 예루살렘 성전에 관한 환상을 보았다.[1] 솔로몬의 시대부터 줄곧 성전을 가득 채웠던 하나님의 영광이 이제 바퀴 달린 보좌 위에 머물러 있었고, 하늘을 나는 그룹들이 그 보좌를 지탱하고 있었다. 그런데 보좌가 움직이기 시작하더니 지성소를 떠나 성전 문지방에 잠시 멈추었다가 다시 움직여 성전을 떠나 동쪽 문을 지나 멀리 가버렸다. 그것은 하나님의 영광이 성전을 떠나는 광경이었다. 참으로 두려운 일이 아닐 수 없었다.

그러나 겉으로는 아무것도 달라진 것이 없어 보였다. 성전도 거기 그대로 있었고, 하나님의 백성도 거기 그대로 있었다. 일상의 삶도 계속되고 있었으며, 모든 것이 똑같아 보였다.

최소한 당장에는 그렇게 보였다.

---

1. 에스겔서 10장.

에스겔의 환상과 우리의 교회

당신의 교회에서 그와 똑같은 일이 일어난다면 어떨까? 주일 모임, 성찬, 소그룹, 책임성 accountability 있는 관계, 예배 후의 대화 등 교회에서 이루어지는 모든 공동체 활동을 생각해보라. 하나님의 성령과 그분의 초자연적인 능력이 당신의 교회를 떠난다면 어떤 일이 일어나겠는가?

- 어떤 사람들은 즉시 교회에 대한 소속감을 더 이상 느끼지 못하게 될까? 아니면 모든 사람들이 이전과 똑같은 이유로 교회에 계속 나올까?
- 사람들을 결속하는 요인이 모두 사라졌기에 어떤 관계들이 즉각 해체될까? 아니면 그 관계들이 복음 외에 다른 요인에 근거하기 때문에 계속 지속될까?
- 사람들이 소그룹에서 나누는 대화에 눈에 띄는 변화가 일어날까? 서로의 삶에 대해 어려운 대화(상대가 듣기 거북해할 수 있는 성경적 권면, 조언 등을 해주는 것을 의미함—편집주)를 나누는 것을 이제는 주저하게 되지 않을까? 아니면 관계 속의 자기희생이 처음부터 성령님과 무관했던 것인가?
- 교인들이 더 이상 서로의 짐을 지려고 하지 않는 탓에 목회 상담 요청이 쇄도하기 시작하지는 않을까? 아니면 교인들이 교역자들을 영적 필요를 느낄 때 도움을 구할 "전문가"로만 생

각해 온 것은 아닌가?

나는 하나님이 그분의 초자연적인 능력을 거두시자마자 우리 교회가 큰 충격을 받고 혼란에 빠지게 될 정도로 교회가 평상시에 하나님의 초자연적인 능력에 의존하고 있기를 바란다. 하지만 우리 가운데 많은 이가 에스겔의 환상과 같은 일이 오늘날 일어나도 별반 차이를 의식하지 못할 방식으로 공동체를 건설해 온 것은 아닌지 참으로 두렵다.

보잉 747기를 생각해보자. 보잉 747기가 출시되기 전까지만 해도 모든 상업용 비행기는 유압 동력hydraulic power이 작동하지 않을 때를 대비해서 수동 제어로 비행할 수 있게 설계되었다. 그러나 슈퍼 점보 제트기의 출현으로 충분한 기술적 신뢰성이 확보되자 "수동 전환"은 더 이상 필요 없게 되었다. 보잉 747기는 물론이고 그 후의 거의 모든 비행기가 수동 제어 없이 유압 동력에 온전히 의존하게 되었다.

혹시 당신의 교회 공동체가 수동 제어로 날고 있지는 않은가?

당신은 복음 외에 다른 유대 관계에 근거해 당신의 공동체를 건설해 오지는 않았는가? 그것은 오로지 전능하신 하나님의 초자연적인 능력에만 의존하고 있는가? 혹시 공동체 건설을 그저 과학의 영역으로 간주하고 초자연적인 것을 선택 사안으로 여기고 있지는 않은가?

이런 질문들이 과연 중요한가?

물론이다. 교회 공동체가 하나님의 초자연적인 영을 통해 생명력을 얻지 않으면 초자연적인 공동체라고 말할 수 없다. 교회 공동체가 초자연적이지 않다면, 그것은 위조 공동체일 수밖에 없다. 그런 공동체는 겉으로는 성경적인 공동체인 것처럼 보여도, 그 본래의 목적을 이루기가 불가능하며, 세상 앞에서 하나님의 지혜를 드러낼 수 없다(엡 3:10).

이 점을 이해하기 위해 교회 공동체가 초자연적이지 않을 때 잃게 되는 것이 무엇인지 성경에 근거하여 살펴보고, 무엇이 교회 공동체를 초자연적인 공동체로 만드는지 설명함으로써 이번 장을 마치고자 한다.

교회 공동체가 초자연적이지 않을 때 우리가 잃는 것

앞서 1장에서는 복음 외에 다른 것을 중심으로 교회 공동체를 건설하면 교회를 위한 하나님의 목적을 타협하게 된다고 말했다. 이때 잃게 되는 것은 정확히 무엇인가? 마태복음 마지막 부분에서 교회를 향한 예수님의 명령을 살펴보자.

> "하늘과 땅의 모든 권세를 내게 주셨으니 그러므로 너희는 가서 모든 민족을 제자로 삼아 아버지와 아들과 성령의 이름으로 세례(또는 침례)를 베풀고 내가 너희에게 분부한 모든 것을 가르쳐 지키게 하라 볼지어다 내가 세상 끝날까지 너희와 항상 함께 있으리라"(마

28:18-20).

지나친 단순화라고 생각할지 모르겠으나, 예수님의 지상명령은 크게 두 가지를 요구한다. 우리는 모든 민족에게 복음을 전하고 믿는 자들에게 세례(또는 침례)를 주어야 한다. 다시 말해, 우리는 **복음 전도를 해야** 한다. 그리고 회심한 사람들을 가르쳐 그리스도께서 명령하신 것을 모두 지키게 해야 한다. 다시 말해, 우리는 **제자화해야** 한다.

초자연적이지 못한 지역 교회를 건설하면 지상명령의 두 요소, 즉 복음 전도와 제자화를 타협하는 결과를 낳을 수밖에 없다.

1. 복음 전도를 타협함

요한복음 13장에 기록된 예수님의 말씀은 복음전도적 능력을 묘사한다. "너희가 서로 사랑하면 이로써 모든 사람이 너희가 내 제자인 줄 알리라"(35절). 그러나 아무 사랑이나 다 그런 능력을 갖는 것이 아니다. 앞 절에 보면 그런 사랑의 기준이 분명하게 명시되어 있다. "내가 너희를 사랑한 것 같이 너희도 서로 사랑하라"(34절). 예수님을 믿는 신자의 특징은 사랑이다. 그 사랑은 예수님이 우리에게 보여주신 사랑, 곧 희생적이고 초자연적이며 하나님을 영화롭게 하는 사랑이다. 이것은 십자가의 깊이를 갖는 동시에 하늘에서 땅에까지 미치는 넓이를 지닌 사랑이다. 요한은 "우리가 사랑함은 그가 먼저 우리를 사랑하셨음이라"(요일 4:19)라고 말했다.

교회 공동체 안에 복음 외에 다른 것을 중심으로 형성된 사랑이 존재할까? 물론이다. 알코올 중독자 갱생을 위한 모임이나 로터리클럽이나 페이스북에서 발견되는 공동체 유형을 생각해보라. 그런 공동체 안에도 실질적이며 놀라운 우정이 존재한다(심지어는 사랑도 존재한다). 그렇다면 그런 우정이나 사랑은 예수님이 요한복음 13장에서 묘사하신, 하나님 없이는 설명이 불가능한 사랑일까? 그렇지 않다. 그것은 세상 사람들이 쉽게 이해할 수 있는 자연적 사랑이다. 요한복음 13장과 에베소서 3장의 사랑은 초자연적이다. 자연적으로는 설명되지 않는 지역 교회 공동체는 복음의 초자연적 능력을 확증한다.

사도행전에는 복음을 확증하는 지역 교회의 능력을 시사하는 흥미로운 패턴이 발견된다. 사도행전에서 어떤 지역에 복음이 전파될 때마다 "기사와 표적"(행 2:43)이 뒤따른다. 표적은 설명을 요구했고(행 2:12), 그 대답은 복음이었다. 우선 오순절에 나타난 방언의 표적과 예루살렘에서의 복음 선포가 사도행전의 서두를 장식하고 있다. 그 후 복음은 사마리아로 확대되었다. 누가는 "무리가 빌립의 말도 듣고 행하는 표적도 보고 한마음으로 그가 하는 말을 따르니라"(행 8:6)라고 증언한다. 베드로가 룻다와 욥바에서 복음을 전하자, 두 도시에서도 기적이 복음의 말씀을 확증했다(행 9:35, 42). 바울의 1차 전도 여행도 동일한 공식을 따른다. 구브로(행 13:12), 이고니온(14:3), 루스드라(14:11)에서 초자연적인 표적이 뒤따랐다. 표적이 있었다고 기록되지 않은 유일한 예외는 비시디아 안디옥이다. 바울은 발에 티끌을 떨어 버리고 그곳을 떠났다(13:51).

그러나 이 도시들에 관한 이야기를 다시 살펴보면 일단 교회가 설립된 이후에는 기적적인 표적이 더 이상 언급되지 않는 것을 알 수 있다. 그 대신에 누가는 두 가지 주제(복음이 더 널리 전파된 것과 교회를 굳건하게 한 것)만을 중점적으로 기록한다(행 8:25, 9:31, 14:22, 16:4, 18:23, 20:2).

교회가 설립된 후에도 표적이 일어났으나 단지 언급되지 않은 것이 아닐까? 물론 그럴 수도 있다. 하지만 그런 패턴이 존재한다면 그 이유는 무엇일까? 성경은 분명한 대답을 제시하지 않지만, 내 추측에 따르면 그런 기적적인 표적들은 복음의 진리를 확증하기 위한 일시적인 수단이었을 것이다. 여기서 일시적이라는 것은 복음을 확증하기 위한 항구적인 기적적 수단(즉 교회)이 확립되기 이전까지의 기간을 의미한다. 복음이 어떤 지역에 처음 전파될 때 성령께서 기적적인 표적을 베푸신다. 하지만 일단 그곳에 복음이 뿌리를 내리면 그때는 기적적인 공동체를 세우신다.[2] 이것은 요한복음 13장 35절 말씀의 구현이다. 즉 복음을 확증하는 공동체를 통해 복음 전도가 더욱 강력한 힘을 발휘한다. 우리가 그런 공동체의 초자연적인 특성을 저버릴 때, 우리는 복음 전도를 타협하는 것이다.

2. 제자화를 타협함

복음 전도만 문제가 되는 것이 아니다. 초자연적이지 못한 공동

---

2. 복음의 진리를 확증하는 교회 안에서 기적적인 표적이 일어났다고 보고된 곳은 신약성경에서 고린도전서 14장이 유일하다(22절). 그러나 이 경우도 그 일차적인 목표는 기적적인 지역 교회 공동체를 건설하는 것이었다(26절).

체는 제자화도 불가피하게 타협하게 된다.

2004년에 버지니아의 성공회 주교는 "분열보다는 이단이 더 낫다."고 말했다.[3] 그의 말은 성경을 믿는 보수적인 신자들, 곧 동성애자 주교가 임명되고 나서 교단을 떠나려고 했던 사람들을 겨냥한 것이었다. 지난 세기 동안 자유주의 신학을 표방하는 주류 교회들은 이 말을 표어처럼 사용해 왔다. 때로 복음주의자들은 그에 대한 반발로 일치를 주장하는 것을 자유주의로 향하는 길이라고 간주했다. 그러나 신약성경에 따르면 양측의 입장이 모두 잘못임을 알 수 있다. 일치와 진리는 서로 공생 관계를 맺고 있다. 이 둘 중 어느 것 하나만 따로 존재할 수는 없다.

예수님은 마태복음 28장에서 제자들에게 "내가 너희에게 분부한 모든 것을 가르쳐 지키게 하라"고 명령하셨다. 우리는 예수님의 가르침에 충실해야 하고, 그것을 후대의 사람들에게 부탁해야 한다 (딤후 2:2 참조). 에베소서 4장에서 우리는 이 명령이 실행되는 것을 볼 수 있다.

> "그가 어떤 사람은 사도로, 어떤 사람은 선지자로, 어떤 사람은 복음 전하는 자로, 어떤 사람은 목사와 교사로 삼으셨으니 이는 성도를 온전하게 하여 봉사의 일을 하게 하며 그리스도의 몸을 세우려 하

---

3. Julia Duin, "Heresy Better Idea Than Schism?" *The Washington Times*, January 31, 2004.

심이라 우리가 다 하나님의 아들을 믿는 것과 아는 일에 하나가 되어 온전한 사람을 이루어 그리스도의 장성한 분량이 충만한 데까지 이르리니 이는 우리가 이제부터 어린 아이가 되지 아니하여 사람의 속임수와 간사한 유혹에 빠져 온갖 교훈의 풍조에 밀려 요동하지 않게 하려 함이라 오직 사랑 안에서 참된 것을 하여 범사에 그에게까지 자랄지라 그는 머리니 곧 그리스도라 그에게서 온 몸이 각 마디를 통하여 도움을 받음으로 연결되고 결합되어 각 지체의 분량대로 역사하여 그 몸을 자라게 하며 사랑 안에서 스스로 세우느니라"(11-16절).

14절을 한 번 더 읽어보자. "이는 우리가 이제부터 어린 아이가 되지 아니하여 사람의 속임수와 간사한 유혹에 빠져 온갖 교훈의 풍조에 밀려 요동하지 않게 하려 함이라." 교리를 굳게 붙잡고, 거짓 가르침을 거부하고, 무슨 일이 있든지 인내로써 예수님이 명령하신 것을 모두 지키는 것, 이것이 실제적인 제자도이다.

하나님이 우리의 제자도를 보존하기 위해 충실한 교사들을 사용하신다고 말한다면 이 말은 맞는 말일까? 아니다. 엄밀히 말하자면 그렇지 않다. 위의 본문에 나타난 인과관계의 사슬을 유심히 살펴보라. 시작은 그리스도다. 그분이 말씀의 사역자들을 허락하신다(11절). 그러나 사역자들은 우리를 직접 보호하지 않는다.[4] 오히려 그

---

4. 물론 교회 지도자들은 때로는 거짓 교사들과 거짓 가르침을 물리치기 위해 직접 나서기

들은 "성도를 온전하게 하여 봉사의 일을 하게 하며 그리스도의 몸을 세우는"(12절) 일을 한다. "세운다"는 것은 과연 어떻게 만드는 것을 의미하는가? 13절을 보라. "우리가 다 하나님의 아들을 믿는 것과 아는 일에 하나가 되어 온전한 사람을 이루어 그리스도의 장성한 분량이 충만한 데까지 이르리니." 이것으로 견고한 제자도를 가져오는 인과관계의 황금 사슬이 완성된다. 그리스도께서는 지도자들을 허락하시고, 그들이 교인들을 훈련하는 사역의 일을 하게 하신다. 그리고 그 결과 교인들이 연합하고 성숙하게 된다. 그런 회중적 힘을 통해 "온갖 교훈의 풍조에 밀려 요동하는"(14절) 일이 예방된다.

신조나 신앙고백이나 신앙선언문은 유익하다. 교단 차원의 감독 기능도 유익하고, 건전한 공적 가르침도 중요하다. 그러나 복음 설교로 인해 형성되는 초자연적인 믿음의 공동체보다 복음을 더 안전하게 보호하는 수단은 없다. 공동체가 초자연적인 속성을 잃어버리면, 한 세대가 지나기 전에 복음을 잃게 될 것이다.

이와 유사한 본문인 골로새서 2장 2-4절에 대한 설교에서 마이클 로렌스 목사는 이렇게 말했다.

어느 정도는 포스트모더니스트가 옳다. 지식에는 사회적 측면이

도 한다(행 20:28-31, 딛 1:9). 그러나 이것이 중요하긴 해도 그 본질상 수동적인 반응에 지나지 않는다. 교리를 적극적으로 보호하는 일반적인 방법은 교인들을 구비시키는 것이다.

있고, 우리의 현실 인식에는 공동체적 측면이 있다. 이것이 문화가 그토록 강력한 힘을 지니는 이유다. 문화는 무엇이 사실이고 무엇이 그럴듯한 것인지에 대한 우리의 인식에 영향을 미친다. 문화는 이 타락한 세상에서 하나님을 부인하고 자아를 높이는 불신앙의 태도를 그럴듯하다고 뒷받침하는 배경으로 작용한다. 이것이 사도들이 교회의 일치를 그토록 힘써 강조했던 이유다. 교회는 문화를 거슬러서, 믿음을 그럴듯하게 여기는 대안적인 배경을 제공한다.[5]

기독교 공동체는 믿음을 그럴듯한 것으로 보이게 한다. 세상의 거짓말을 믿고 싶은 유혹을 느낄 때, 공동체는 하나님의 진리가 완전하다는 사실을 기억할 수 있도록 도와준다. 의심이나 유혹을 느끼고 나서 믿음으로 되돌아가는 일이 수십 번 반복되는 것이 나의 일상이다. 그런 일이 수백 번 반복되는 것이 교회의 삶이다. 그런 일이 수백만 번 되풀이되더라도 복음은 보존되어 다음 세대에게 전달된다. 우리는 "우리가 믿는 도리의 소망을 움직이지 말며 굳게 잡고 서로 돌아보아 사랑과 선행을 격려"해야 한다(히 10:23, 24). 이것이 함께 모이는 것을 소홀히 해서는 안 되는 이유다(25절). 하나님은 지역 교회라는 메커니즘을 사용하여 복음을 순전하게 보호하신다. 이

5. Michael Lawrence, *What Else Do You Need for Unity?*, May 1, 2011, http://hinsonchurch.org/gatherings/sermons/category/what-else-do-you-need.html.

런 이유로 바울은 교회를 "진리의 기둥과 터"(딤전 3:15)로 일컬을 수 있었다.

당신은 이렇게 물어볼 수도 있을 것이다. "그래요. 나는 기독교 공동체가 우리의 제자도를 보존하는 데 중대한 영향을 미친다고 생각해요. 그렇다면 어떤 기독교 공동체든지 그런 영향을 미치는 것 아닌가요? 교회에서 운영하는 클럽이나 대학 시절의 그리스도인 친구들로 구성된 공동체는 그런 영향을 미칠 수 없는 것인가요? 이것이 지역 교회의 초자연적인 공동체와 대체 어떤 관련이 있나요?"

내가 1장에서 언급한 공동체의 넓이와 깊이에 대해 잠시 생각해 보라. 대학 시절의 그리스도인 친구들로 구성된 공동체의 깊이와 넓이에 대해 생각해보자. 그들은 많은 공통점을 공유하기 때문에 서로 친밀하게 지낼 수 있다. 그러나 서로에 대한 그들의 헌신이 그들이 공유하는 자연적 유사성의 차원을 넘어 더 깊어질 것이라는 보장은 없다. 이 점을 에베소 교회의 유대인 및 이방인 신자들과 비교해보라. 세상적인 견지에서 그들은 공통점이 거의 없었다. 그래서 직관에 사뭇 반하게도 서로를 향한 그들의 헌신은 훨씬 더 깊다. 그들의 헌신은 자연적 유사성이 아니라 반석처럼 든든한 그리스도의 사랑에 의존한다. 대학 시절의 그리스도인 친구들과도 어쩌면 그런 깊이 있는 헌신의 관계를 맺을 수도 있겠지만, 반드시 그러리라는 보장은 없다. 왜냐하면 여러 가지 이유에서 그들은 서로에게 피상적으로 헌신할 가능성이 높기 때문이다. 그와는 대조적으로, 그리스도께 복종하는 마음으로 서로에게 헌신하는 신자들로 구성된 교회는, 그 헌신의 깊이가 사랑으로 진리를 말할 수 있을 만큼 깊다(엡 4:15). 대학 시절의 친구들로 구성된 공동체 안에서는 자연적인 유사성을 바탕으로 관계의 깊이가 형성되기에, 깊이 있는 헌신이 이루어지리라는 보장이 없다.

대학 시절의 친구들로 이루어진 공동체는 넓이 면에서도 충분하지 않다. 바울은 내가 조금 전에 언급한 황금 사슬을 설명하면서 몸의 각 지체가 자기 분량대로 역사한다고 말했다(엡 4:16). 만일 지체의 일부가 없다면 그런 일이 어떻게 가능하겠는가? 바울에 따르면, 우리의 교리를 보존하기 위해 우리가 가장 편안하게 여기는 지체들만이 아닌 "몸 전체"가 필요하다. 즉 복음의 신실성을 유지하기 위해 우리는 우리와 사뭇 다른 사람들이 필요하다.

무엇이 교회의 일차적인 존재 이유일까? 그것은 "가서 모든 민족을 제자로 삼아 아버지와 아들과 성령의 이름으로 세례를 베풀고 내가 너희에게 분부한 모든 것을 가르쳐 지키게" 하는 것이다(마 28:19, 20). 초자연적인 공동체 없이도 당신의 교회는 많은 일을 성취할 수 있겠지만, 우리의 창조주이자 주인이신 예수님이 주신 사명의 달성은 크게 방해받을 것이다.

무엇이 공동체를 초자연적으로 만드는가

나는 지금까지 이번 장에서 "초자연적"이라는 용어를 22회 사용했다. 그러나 그것이 무엇을 의미하는지는 아직 뚜렷하게 밝히지 않았다. 이것이 기독교 진영에서 흔히 발견되는 문제다. "초자연적인 사랑," "하나님의 능력 안에서 행하라," "그리스도를 의지하라" 등의 말들이 그 정확한 의미 규정 없이 마구 사용되고 있다. 새신자에게 "그리스도를 의지하세요."라고 말하면, 그는 고개를 힘차게 끄덕일 테지만, 실상은 내일 아침 잠자리에서 깨어났을 때 자신이 어떻게 행동해야 하는지에 대해 아무것도 모를 것이다.

"초자연적인 공동체"에 대해 말할 때도 그와 똑같은 일이 발생하기 쉽다. 나는 교회 공동체가 그 깊이와 넓이에 있어 초자연적이어야 한다고 주장했다. 나는 1장에서 "초자연적"이라는 말을 하나님이 시간과 공간의 차원 안에서 이 세상의 자연법칙에 어긋나는 일을 하고 계신다는 성경적 개념으로 정의한 바 있다. 그러나 공동체가 어떻게 초자연적인 속성을 지니게 되는지, 그 메카니즘을 정확하게 이해하지 않으면, 지역 교회를 위한 성경적 비전을 삶 속에서 구현해 낼 가능성이 희박해진다. 따라서 이 지점에서 예수님이 하신 주목할 만한 말씀을 살펴봐야 한다.

누가복음 7장에는 죄인인 여자가 눈물과 향유로 예수님의 발을 씻은 이야기가 나온다. 그 광경을 지켜보던 바리새인 시몬은 경악을 금하지 못했다. 예수님은 빚을 적게 탕감받은 사람보다 많이 탕감받은 사람이 더 많이 사랑한다는 의미가 담긴 비유를 가르치시고 나서, "이러므로 내가 네게 말하노니 그의 많은 죄가 사하여졌도다 이는 그의 사랑함이 많음이라 사함을 받은 일이 적은 자는 적게 사랑하느니라"(47절)라는 한 문장으로 모든 것을 요약하셨다.

예수님의 말씀은 바리새인 시몬의 자기 의가 허구임을 드러냈다. 그는 자기가 하나님을 사랑으로 잘 섬겼기 때문에 죄 사함을 받았다고 생각했다. 언뜻 보면 그런 생각이 "그의 많은 죄가 사하여졌도다 이는 그의 사랑함이 많음이라"라는 예수님의 말씀과 정확하게 일치하는 것처럼 보인다. 하나님이 우리를 사랑하시도록 우리가 사람들을 사랑한다는 것이다.

그러나 예수님의 말씀을 계속 읽어보면 그것이 그분 말씀의 요지가 아니라는 사실을 알 수 있다. 예수님은 그 말씀을 하시고 나서 "사함을 받은 일이 적은 자는 적게 사랑하느니라"라고 덧붙이셨다. 사랑이 용서의 원인이 아니다. 오히려 그 반대다. 용서가 사랑의 원인이다. 이것이 예수님이 가르치신 비유의 요지다. 작고한 성경학자 조지 케어드는 "그녀의 사랑은 그녀가 갈구하는 용서의 근거가 아니었다. 그것은 그녀가 용서받았다는 증거였다."라고 잘 요약했다.[6] 예수님은 그녀에게 확신을 주기 위해 "네 믿음이 너를 구원하였으니 평안히 가라"(50절)고 말씀하셨다.

우리의 사랑은 하나님으로부터 받은 용서에 대한 우리의 이해에 비례한다. 우리의 용서가 초자연적이기 때문에 우리는 하나님을 초자연적으로 사랑할 수 있다.

하나님을 사랑하면 동료 신자들을 사랑하기 마련이다. 이 규칙에

---

6. G. B. Caird, *Saint Luke* (1963; repr., Harmondsworth, Middlesex, England: Penguin, 1987), 115.

예외는 없다. 요한 사도는 "누구든지 하나님을 사랑하노라 하고 그 형제를 미워하면 이는 거짓말하는 자니"(요일 4:20)라고 말했다. 그는 앞서 19절에서는 "우리가 사랑함은 그가 먼저 우리를 사랑하셨음이라"라고 말했다. 다른 것 모두를 차치하고도 이것이 초자연적인 교회 공동체의 핵심 중의 핵심이다. 이것은 무지개 빛깔처럼 찬란하고, 핵폭탄처럼 강력한 힘을 지닌다. 초자연적인 용서가 초자연적인 사랑을 일으킨다. 이 두 가지를 차례로 설명하면 다음과 같다.

1. 초자연적인 용서

그리스도인들은 예수 그리스도의 대속적 죽음과 부활을 통해 죄 사함을 받았다. 우리의 용서를 초자연적으로 만드는 것은 무엇일까? 기적이 일어나지 않으면 그런 용서는 불가능하다는 사실이다. 죄의 교리를 생각해보자. 우리는 거룩하고 선하신 하나님을 자의적으로 거역함으로써 그분의 완전한 공의를 범했고, 그 결과 그분의 의로운 진노를 초래하게 되었다. 옛 신조가 진술한 대로 "우리는 본질상 하나님의 율법이 요구하는 거룩함을 온전히 결여할 뿐 아니라 악으로 기울어지는 성향을 갖고 있다. 따라서 우리는 어떠한 변호나 변명의 여지없이 영원한 멸망에 이르는 의로운 심판 아래 놓여 있다."[7]

우리의 가장 근본적인 문제는 삶의 의미 부재도 아니며, 채워지

---

7. The New Hampshire Confession, 1833. See Phillip Shaff, ed., *The Creeds of Christendom* (1931; repr., Grand Rapids: Baker, 1998), 3:743.

지 않은 공허한 느낌 또는 불만족스러운 느낌도 아니며, 공동체 안에서 알려지지 않은 현실도 아니다. 우리의 근본 문제는 우리가 복음을 전할 때 종종 복음의 혜택으로 "강조하려고" 애쓰는 이 땅의 것들과는 아무런 상관이 없다.

우리의 문제는 죄다. 우리의 죄는 가증스럽다. 인간적으로 볼 때, 우리의 구원은 꿈도 꾸지 못할 일이다. 무한히 거룩하고 선하신 하나님의 공의를 위반했는데(더욱이 우리가 하나님이 되기 위해 그런 죄를 저질렀는데) 과연 무엇을 기대할 수 있겠는가? 하나님이 우리의 죄를 묵과하신다면 그분은 더 이상 선하실 수 없다. 하나님이 우리를 심판하시면 우리는 정죄받아 지옥에 갈 수밖에 없다. 그러나 참으로 놀랍게도, 고린도후서 5장 21절은 "하나님이 죄를 알지도 못하신 이를 우리를 대신하여 죄로 삼으신 것은 우리로 하여금 그 안에서 하나님의 의가 되게 하려 하심이라"라고 말한다. 하나님도 의로우시며 동시에 죄인들도 의롭다 할 수 있는 길이 속죄의 기적을 통해 열렸다(롬 3:6 참조). 죄 없으신 하나님의 아들께서 우리를 대신해 자신을 희생하심으로써 자비과 공의가 서로 만났다. 이런 점에서 우리의 용서는 지극히 초자연적이다.

2. 초자연적인 사랑

우리는 하나님의 용서를 이해하는 만큼 하나님을 사랑한다. 그리고 하나님을 사랑하는 것은 곧 우리 주위에 있는 사람들을 사랑하는 것이다. 예수님이 누가복음 7장에서 가르치신 것은 영적 세계의

절대 법칙이다. 많이 용서받은 사람이 많이 사랑한다. 여기에 예외
는 없다. 요한일서 4장 20절을 다시 읽어보자. "보는 바 그 형제를
사랑하지 아니하는 자는 보지 못하는 바 하나님을 사랑할 수 없느
니라." 우리의 상호 간의 사랑은, 보이지 않는 하나님의 사랑을 이
해했다는 가시적인 증거다.

사랑하지 않는 냉랭한 마음은 두 가지 중 하나다. 즉 그것은 용서
를 받지 못했거나 용서의 깊이를 이해하지 못했다는 것이다. 우리
의 죄와 그리스도의 십자가를 더 잘 이해할수록 용서를 더 깊이 이
해할 수 있고, 거기에서 더 많은 사랑이 흘러나온다. 교회 공동체 안
에 있는 사랑이 초자연적인 이유는, 이 사랑이 다른 사람들의 사랑
스러움이나 자신의 선함에 근거하지 않고 그리스도의 십자가를 통
해 주어진 초자연적인 용서에 근거하기 때문이다.

초자연적인 교회 공동체 안에서는 이 원리가 끊임없이 작동한다.
교인들은 자신의 죄와 그리스도 안에서의 용서라는 도무지 믿기지
않는 현실을 이해한다. 그것이 하나님을 향한 사랑을 촉발하고, 연
쇄적으로 다른 사람들을 향한 사랑을 불러일으킨다. 이처럼 그들은
인간적인 힘이 아닌 자기들을 먼저 사랑하신 분의 초자연적인 힘으
로 사랑한다.

결론 : 두 가지 원리

그러나 회중은 지도자 없이 스스로 그렇게 사랑하는 것이 아니

라, 교회 지도자들의 면밀한 돌봄 아래 그런 사랑을 실천한다. 교회 지도자들은 수많은 결정을 내리며, 이 결정들은 초자연적인 공동체를 세우기도 하고 훼손하기도 한다. 이 사역을 해야 할까, 저 사역을 해야 할까? 교인으로 등록하지 않은 방문자들의 소그룹 모임 참여를 허락해야 하나, 말아야 하나? 소외된 것처럼 보이는 형제를 어떻게 도울 수 있을까? 이런 현실적인 문제들을 초자연적인 공동체를 세우는 방향으로 처리해 나가려면 다음 두 가지 원리를 염두에 두어야 한다.

1. 중생이 공동체에 선행한다

교회를 새로 설립해 몇 달 동안 사역하다 보면 신생 교회 가운데 비기독교인들이 상당수를 차지하게 될 것이다. 그런 사람들은 전에 교회를 다녀본 경험은 있을지 몰라도 거듭났다는 증거는 거의 없을 것이다. 그런 사람들로 이루어진 공동체는 아직 미성숙한 상태다. 내가 이번 장에서 논의한 어떠한 내용도 그리스도 안에 있지 않은 사람에게는 불가능하다. 사실 목회자가 교인들에게 동기를 부여하기가 매우 어렵다면 그것은 곧 교인들 중 많은 이들이 아직 거듭나지 못했다는 표징이다. 사람들을 모으는 사역을 통해 그저 이름뿐인 그리스도인들을 불러모았다면, 그런 사람들이 예수님의 제자처럼 행동하도록 만들기 위해서는 교묘한 책략이나 강압적인 수단을 사용할 수밖에 없을 것이다.

나의 조언은 강단에서나 개인적인 대화를 통해서나 복음을 전하라는 것이다. 교인들과 만나 그들의 영적 상태를 점검하라. 그들에게 교회의 신앙선언문을 이해하고, 이에 동의할 것을 요청하라. 그리스도인으로 보이는 사람들을 독려해 그렇지 않은 사람들과 함께 성경을 공부하게 하라. 그들의 삶의 열매가 그들의 참된 마음 상태를 드러내거든 권징을 통해 그들 가운데 일부를 멤버십에서 제명할 수도 있을 것이다. 하나님이 그들에게 긍휼을 베푸신다면 오히려 그것이 그들에게 지속적인 유익이 될 수 있다(딤전 5:24, 고전 5:5). 그러나 교회의 등록 교인 전체에 걸쳐 실제로 성경적인 공동체가 건설되는 것을 보려는 야망은 보류하라.

어쩌면 내가 1장에서 묘사한 "복음 플러스" 공동체를 건설하는 방법을 적용하고픈 유혹을 느끼는지도 모른다. 그러나 그렇게 하면 그저 이름뿐인 그리스도인들에게 편안한 교회가 건설될 수밖에 없다. 진지한 그리스도인들, 곧 믿음에 깊은 관심을 기울이는 참 신자들이 선호할 만한 교회 공동체를 원한다면, 인생의 궁극적인 문제에 대해 아무런 관심이 없는 명목상의 그리스도인들의 흥미를 자극할 공동체를 추구해서는 안 된다. 성경이 가르치는 하나님의 계획은 초자연적인 공동체이므로, 오직 그런 공동체를 건설해야 교회 안의 불신자들에게 복음을 전할 수 있을 거라고 확신해야 한다. 심지어 교회 공동체가 다소 활기를 잃더라도, 인내하면서 복음 설교에 초점을 맞추라. 때로는 결실이 있기까지 수년이 걸릴 수도 있지만, 그럴 만한 가치가 충분하다.

흉측한 두꺼비에게 화려한 옷을 입혀 공주의 마음을 얻으려는 시도를 멈추고, 초자연적인 용서로 인해 두꺼비가 매혹적인 왕자로 변화되게 하라. 그러면 공주가 제 발로 달려올 것이다. 이 책의 나머지 내용은 지역 교회 안에 대체로 거듭난 멤버십regenerate membership이 형성되어 있는 것을 전제로 한다.[8]

2. 신학이 실천에 선행한다

풍성한 공동체를 건설하려면 신학에 깊은 관심을 기울이는 것을 자제해야 한다고 생각하는 그리스도인들이 많다. 그들은 신학은 분열을 가져오고, 공동체는 연합을 가져온다고 믿는다. 이것이 옳은 생각일까? 만일 이번 장에서 논의한 내용을 잘 이해했다면 그런 생각이 터무니없다는 것을 알아차렸을 것이다. 우리의 사랑은 용서에 비례하지는 않지만 용서에 대한 우리의 이해에 비례한다는 것을 기억하라. 그리스도께서 십자가에서 감당하신 초자연적인 희생을 통해 죄의 용서를 받은 사람이 자신의 죄의 깊이와 속죄의 기적에 대해 충분히 이해하지 못한다면, 그의 사랑은 미지근한 상태에 머물고 말 것이다. 하나님과 그리스도 안에서 우리를 향한 그분의 사랑에 대해서는 아무리 많이 알아도 지나치지 않다. 신학만 알고, 다른

---

8. "대체로 거듭난"이란 표현을 사용한 이유는 모든 멤버가 거듭난 그리스도인으로 구성되었다고 장담할 수 있는 교회는 존재하지 않기 때문이다. 이 책은 모든 멤버가 거듭난 그리스도인이라는 완전한 상태를 전제로 하지 않는다. 오히려 이 책은 신중한 태도로 중생의 증거를 보이는 사람들에게만(비록 때로는 그런 증거를 잘못 판단하기도 할지라도) 등록 교인의 자격을 부여하는 교회를 전제로 한다. 이 점에 대해 좀 더 자세히 알고 싶다면 다음 자료를 참조하라. Church Membership by Jonathan Leeman (Wheaton, IL: Crossway, 2011).

사람을 사랑하지 않는 사람이 있다면, 그의 문제는 하나님에 관한 지식은 있지만 그 지식을 심령 깊이 간직하지 못한 데 있다. 사실 요한일서는 그런 사람이 심지어 참 신자가 아닐 수도 있다고 경고한다.

초자연적인 공동체는 건전한 신학에서부터 출발한다. 초자연적인 공동체는 죄의 사악함을 변명하지 않을 뿐 아니라, 인격적인 지옥 안에서 하나님이 인격적인 진노를 퍼부으시는 것을 인정한다(지옥은 하나님의 공의에서 비롯하는 논리적인 결론으로서 심지어 하나님도 그 결론에 당황해 하신다는 입장에 반대한다). 초자연적인 공동체는 속죄의 기적을 높이 찬양한다. 십자가에서 그렇게 끔찍한 것이 어떻게 그렇게 아름다운 것을 이룰 수 있었는지 기이히 여긴다. 초자연적인 공동체는 죽은 자 가운데서 다시 살아나신 그리스도의 부활을 통해 삶이 변화되기를 기대한다. 이 책의 나머지 부분은 사랑으로 이런 진리를 명확하게 그리고 주저함 없이 선포하는 교회를 전제로 한다.

그렇다면 우리는 이 초자연적인 사랑이 우리 교회 안에 뿌리를 내리게 하기 위해 무엇을 할 수 있을까? 우선 교인들 가운데 깊은 헌신이 예상되게 할 수 있을 것이다.

3장

공동체의 깊이

오늘날은 소비자 시대다. 모든 교회 지도자들이 공통으로 느끼는 것이 한 가지 있다면 그것은 소비자중심주의적인 사고방식에 대한 실망감일 것이다. 최근에 〈리더십 저널〉이라는 잡지의 특집 기사에서 복음주의의 모든 진영에서(구도자 친화적인 방식이나 현대적 예전을 활용하는 교회에 이르기까지, 초대형교회에서 작은 가정 교회에 이르기까지) 활동하는 목회자들에게 예배와 관련해 소비자중심주의적인 경향에 어떻게 대처하고 있느냐고 물었다.[1] 그러자 "소그룹의 활성화를 권장한다", "훌륭한 음악을 준비한다", "유머를 사용한다", "유행을 따르지 않으려고 열심히 노력한다", "사람들을 변화시키기 위해 말씀에 의지한다" 등의 대답들이 나왔다. 관점이 저마다 다르기 때문에 대답도 당연히 크게 엇갈릴 수밖에 없다. 그러나 해결 방안은 제각기 다르

---

1. Eric Reed, "Human Hands, God's Fingertips," *Leadership Journal*(Spring 2011), http://www.christianitytoday.com/le/2011/spring/humanhands.html.

지만 지도자들 모두가 이 문제의식에 공감했다. 소비자중심주의는 위험하다. 건강한 교회는 소비자가 아닌 공급자를 필요로 한다. 소비자들만 예배당에 가득하다면 전등불은 누가 켜고, 어린이 사역은 누가 이끌고, 예배당 문 앞에서 사람들은 누가 맞이할 것인가? 교회 안에서의 헌신을 옹호하는 것은 예수님을 옹호하는 일만큼이나 당연해 보인다.

편안함에 근거한 헌신

그러나 소비자중심주의를 퇴치하기 위해 사용하는 전략이 오히려 그것을 더욱 부추기는 결과를 낳는다. 그 이유를 설명하면 다음과 같다.

모든 교회는 교인들의 헌신을 요구한다. 교회는 "최근에 교회가 나를 위해 무엇을 해주었지?"라고 생각하며 뒷짐을 지고 있는 교인들이 아닌 "내게 맡겨만 주세요."라고 말하는 교인들을 원한다.

그렇다면 사람들은 지역 교회에 어떻게 헌신할까? 대개는 세상에서 다른 일에 헌신할 때와 같은 방식으로 헌신한다. 예를 들어 애플사 제품을 사는 데 어떻게 헌신하는지 생각해보라. 처음에는 애플의 맥북도 여느 컴퓨터와 다를 게 없어 보이고, 아이패드도 여느 태블릿 PC와 다를 게 없어 보인다. 그러나 친구의 맥북을 빌려 이메일을 점검하는 순간, 화면 멈춤 현상이 자신의 컴퓨터만큼 심하지 않은 것을 곧 발견하게 된다. 그러면 아직은 헌신적인 맥북 사용자는 아니지만 상당한 호기심이 발동하기 마련이다. 그러다가 마침내 그동안 사용해 오던 컴퓨터가 수명을 다하면 비록 가격이 더 비싸더라도 애플사 제품을 구입한다. 당신이 맥을 사용하고 있는 모습을 친구들이 보게 되고, 특히 유행에 가장 민감한 친구들이 큰 반응을 보인다. 맥에 익숙해지면 모든 것이 너무나 사용하기 수월한 것에 감탄하게 되고, 카페에서 컴퓨터 작업을 할 때도 훨씬 더 자연스럽게 보인다. 그러던 중 고모할머니가 성탄절에 아이패드를 선물하고, 어느 날 맥에 관해 많은 말을 하는 자신을 발견하게 된다. 맥북이 마치 자신의 두뇌의 뗄 수 없는 일부가 된 것처럼 느껴진다. 결국은 머지않아 맥 컨벤션에 참석하게 되고, 자녀들에게는 애플사 로고가 박힌 옷을 입히고, 자신은 어디를 가든 청바지에 검정 터틀넥 스웨터를 입고 다닌다. 마침내 애플사의 헌신적인 고객으로 거듭나게 된 것이다.

그런 일이 어떻게 일어났을까? 물론 단번에 이루어진 변화는 아니었다. 처음에는 애플사의 팬이 되려는 의도가 전혀 없었다. 그러나 조금씩 관심을 기울이다 보니 애플사 제품이 더욱더 매력적으로 보이기 시작했고, 마침내 거기에 깊이 빠져들기에 이르렀다.

교회 안에서 헌신이 일어나는 과정도 이와 비슷하다. 우리는 새 신자들에게 어떠한 헌신도 요구하지 않는다는 말로 시작해서, 단지 교회가 성경을 배우고 자녀들을 교육하고 공동체에 참여하고 하나님과 친밀해질 기회를 가질 최적의 장소라고 선전한다. 그러다가 사람들이 교회에 좀 더 깊이 발을 들여놓아 편안함을 느끼게 되면 좀 더 깊은 헌신을 요구하기 시작한다.

이런 과정들을 몇 가지 생각해보면 다음과 같다.

- 사역 경험을 통한 헌신 : 섬김은 사람들의 흥미를 자극해 더 깊은 헌신으로 나아가게 하는 수단으로 활용된다. 찬양팀에 합류하면, 사역의 맛을 알게 되고 좀 더 깊이 헌신하게 될 것이라는 식이다.
- 소그룹을 통한 헌신 : 우리는 소그룹을 교회로 들어가는 관문으로 권장한다. 소그룹에 합류하고, 그것이 마음에 들면 교회의 다른 분야에서 좀 더 깊이 헌신할 수 있는 길을 모색해보라는 식이다.
- 상담을 통한 헌신 : 우리가 목회 상담을 통해 사람들의 문제를 다룰 수 있다면, 그들은 교회에 더 크게 헌신하는 데 관심을 갖게 될 것이다. 따라서 상담은 더 깊은 헌신으로 들어가는 관문이 될 수 있다.

이러한 모델은 헌신을 점진적인 과정으로 여긴다. 나는 이를 "편안함에 근거한 헌신"으로 일컫고자 한다. 사람들은 교회 공동체가 자신들의 필요를 채워주는 것을 경험함에 따라 차츰 편안함을 느끼고, 좀 더 깊이 헌신하기에 이른다. 따라서 우리는 본능적으로 교회에 진입하는 과정을 수월하게 만들고, 깊이 참여할수록 더 많은 유익을 얻는다는 점을 강조하게 된다. 바라기는 사람들이 잘 정착함에 따라, 소비자처럼 행동하는 것이 줄어들고 공급자처럼 행동하는 것이 늘어날 것이다.

우리는 교회 안에서의 헌신을 이런 식으로 생각한다. 이런 생각이 얼마나 흔한지를 확인하려면 교회 소프트웨어가 어떤 식으로 작동하는지를 관찰하면 된다. 어느 회사에서 만든 소프트웨어가 되었든, 교회 데이터베이스 프로그램의 목적은 하나다. 그것은 봉사 기회들, 소그룹 모임, 지도자의 역할 등을 통한 "동화의 과정(사람들이 일반적인 참석자에서 헌신적인 교인들로 변하는 과정)"을 추적하는 것이다. 소프트웨어가 그런 식으로 디자인되는 이유는 무엇일까? 우리가 그런 소프트웨어를 원하며, 그것을 위해 기꺼이 비용을 지불하고자 하기 때문이다.

예기치 못한 문제점들

그러나 편안함에 근거한 헌신 모델이 흔하기는 하지만, 그것은 우리가 진정으로 바라는 교회 공동체 건설에 도움이 되지 않는다. 구체적으로 말해, 이 사고방식은 세 가지 문제점을 지니고 있다.

1. 이것은 그리스도인이 된다는 것이 무슨 의미인지에 대해 절반의 진실만을 말하고 있다. 신학자 J. I. 패커는 "절반의 진리가 온전한 진리를 가장하면 완전한 비진리가 된다."고 말했다.[2] 신약성경

---

2. J. I. Packer, *A Quest for Godliness* (Wheaton, IL: Crossway, 1990), 126.

은 그리스도인을 성숙해 가면서 점진적으로 공급자로 되어가야 할 소비자로 간주하지 않는다. 신약성경은 모든 그리스도인을 처음부터 공급자로 간주한다. 그리스도인이라면 누구나 때로 고통스럽더라도 의미 있고 의도적인 방식으로 교회에 깊이 헌신해야 한다. 앞장에서 인용한 요한일서의 말씀을 예로 들어보자. 요한은 아주 칼같이 단호한 말로, 그리스도를 따르는 것은 다른 그리스도인들을 사랑하는 것이라고 말했다.

> "우리가 사랑함은 그가 먼저 우리를 사랑하셨음이라 누구든지 하나님을 사랑하노라 하고 그 형제를 미워하면 이는 거짓말하는 자니 보는 바 그 형제를 사랑하지 아니하는 자는 보지 못하는 바 하나님을 사랑할 수 없느니라 우리가 이 계명을 주께 받았나니 하나님을 사랑하는 자는 또한 그 형제를 사랑할지니라"(요일 4:19-21).

요한에 따르면, 신자들 간의 사랑은 성숙함의 표징이 아닌 구원 신앙의 표징이다. 사람들이 순전히 교회가 자신에게 제공해주는 것 때문에 교회에 참여한다면 그것은 요한일서가 묘사하는 그리스도인의 모습과는 전혀 들어맞지 않는다. 편안함에 근거한 헌신을 중심으로 건설된 교회는 제아무리 소비자중심주의를 극복하려고 노력한다 하더라도, 여전히 사람들을 소비자로 끌어모으는 경향을 탈피하기 어렵다. 사람들을 소비자로 끌어모은다면 그리스도를 따르는 것이 무슨 의미인지에 대한 온전한 진리를 일깨워주기가 불가능하다.

이렇게 말하면 "그러나 현실을 직시합시다. 사람들은 소비자입니다. 소비자인 그들의 이목을 사로잡지 못한다면 어떻게 그들을 끌어모을 수 있다는 말입니까? 그들을 소비자로 받아들여 거기에서부터 발전시켜 나가는 것이 자연스럽지 않을까요?"라는 반문을 제기할지도 모르겠다. 이런 질문은 두 번째 문제점과 곧장 연결된다.

2. 편안함에 근거한 헌신은 헌신이 있어도 반드시 복음의 능력이 나타나는 것은 아니다. 성경적인 교회 공동체는 동기와 사랑에 있어서부터 초자연적인 속성을 드러내 보여야 한다. 사람들을 편안함에 근거한 헌신이라는 쉬운 길로 이끄는 것은 세상 속의 다른 단체에 헌신하는 것과 아무런 차이를 만들어 내지 못한다. 어떤 믿지 않는 부동산업자가 우리 교회에 처음 나오기 시작하면서 보였던 반응이 기억난다. 그는 우리 교회에 대해 알기 시작하면서 한 가지 특별한 특징에 호기심을 느꼈다. 그것은 우리 교회가 사람들의 상호 이익이 아닌 사뭇 다른 요인에 기초하여 건설된 공동체라는 것이었다. 그는 이렇게 말했다. "복음주의 그리스도인들은 어리숙하다는 생각이 들었습니다. 모르몬교 신자들이나 유대교 신자들은 매우 친밀한 공동체를 구축하고 있습니다. 그것이 그들에게는 굉장한 사업상의 기회를 제공합니다. 그런데 왜 복음주의자들은 그와 똑같은 공동체를 이루고 있으면서도 그것을 활용하지 않는 걸까요?" 그는 "보상적인" 관계를 뛰어넘는 "무언가"가 있음을 감지하고 그것을 탐구하기 시작하면서 우리 교인 가운데 한 사람과 마가복음을 함께

공부했다. 나는 그가 구원을 받아 세례(또는 침례)를 받고, 우리 교회 교인이 되기를 바랐다. 그러나 안타깝게도 신앙에 관한 그의 관심은 차츰 사라지고 말았다. 그러나 그의 관찰력만큼은 뛰어났다. 교회 안에서의 헌신이 그것으로 인한 보상이나 이익을 초월하면, 그것은 무언가 더 깊은 것을 가리키게 된다.

3. 관계는 헌신을 통해 번성한다. 몇 년 전, 케이틀린이라는 이름의 새내기 대학생이 우리 교회를 방문했다. 그녀는 우리 교회의 말씀 사역은 좋아했지만 교회가 멤버십을 강조하는 것을 탐탁지 않게 여겼다. 그 이유는 그것이 배타적이고 강제적이라고 느꼈기 때문이다. "교회 안의 사람들을 사랑하기 위해서 왜 한 장의 종이에 서명해야 하는가?"라는 것이 그녀의 생각이었다. 그녀가 원했던 것은 공식적 관계가 아닌 참된 관계였다. 그녀는 몇 년 동안 다른 여러 교회를 전전하다가 마침내 우리 교회에 다시 돌아와 교인으로 등록했다! 왜 마음이 바뀌었을까? 나중에 알고 보니 그녀가 못마땅하게 생각했던 것(멤버십)이 그녀가 갈망하던 것(참된 관계)을 얻기 위한 필수 요소임을 깨달았기 때문이었다. 그녀는 교회가 요구하는 멤버십 헌신을 무시하며 이 교회, 저 교회를 떠돌았지만 그곳들에서의 관계가 깊지 않다는 것을 발견하게 되었다. 그녀는 멤버십을 중요하게 여기는 교회에 등록한 학교 친구들과 대화를 나누면서 자신이 그토록 원했던 공동체에 관한 소식을 들을 수 있었다.

케이틀린은 헌신이 공동체의 필수 요소라는 사실을 발견했다. 그녀는 처음에는 자기에게 맞는 교회를 찾기 위해 아무 부담 없이 들

락거릴 수 있는 교회를 원했다. 그러나 그녀를 소비자로 대하는 교회들 안에는 소비자들만이 가득했다. 사람들을 소비자로 여겨 끌어모으려고 애쓴다면, 말 그대로 소비자들만 넘쳐날 것이다. 소비자중심주의는 결국 참된 관계를 질식시킨다.

소명에 근거한 헌신

지금까지 편안함에 근거한 헌신에 초점을 맞추는 교회의 모습을 살펴보았다. 그러나 교회 멤버십에 근거한 헌신 위에 건설된 교회의 모습은 그와는 사뭇 다르다. 그런 교회는 교인 등록과 동시에 헌신을 요구한다. 즉 사람들은 솔직히 잘 모르는 일단의 그리스도인들에게 자신을 결속시킨다. 세례(또는 침례)를 받는 사람은 그리스도를 따르기로 진지하게 헌신(서약)부터 하면서 시작하는 것이다. 그리고 그러한 헌신은 주로 다른 신자들을 사랑하겠다는 헌신이다. 교회 멤버십은 그 일반적인 헌신을 특정한 사람들에 대한 헌신과 결속시킨다. 이 헌신은 친근감이나 편안함이나 소속감에서 비롯하지 않는다(물론 참된 헌신에는 그런 감정들도 아울러 포함된다). 그것은 그리스도를 따르는 과정의 일부로서 행해진다. 케이틀린이 발견한 대로 모든 사람이 원하는 것(참된 공동체)은 사람들이 탐탁하게 생각하지 않는 것(교회 멤버십)과 밀접하게 관련된다.

편안함에 근거한 헌신이 아니라 소명에 근거한 헌신을 추구해야 한다. 우리가 지역 교회 안에서 동료 신자들에게 헌신하는 이유는 그것이 우리를 그분의 가족 안으로 부르시는 하나님의 부르심의 일부이기 때문이다. 이것이 그리스도인이 된다는 것의 의미다. 앞서 인용한 요한일서 본문을 생각해보라. "그가 먼저 우리를 사랑하셨음이라"는 말씀대로 우리는 구원에서부터 시작해서 동료 신자들에 대한 사랑으로 나아간다. "하나님을 사랑하는 자는 또한 그 형제를 사랑할지니라." 하나님의 사랑으로 구원받은 사람은 동료 신자를 사랑한다. 이에는 예외가 없다. 따라서 우리는 지역 교회에 대한 헌신을 "점진적인 과정"이 아닌 "일시에 일어나는 사건"으로 간주해야 한다. 여기에서 "사건"은 우리의 구원을 가리키며, 헌신은 성숙하면서 차츰 이루어지는 것이 아니라 구원의 필연적인 결과로 수반된다.

그러나 동료 신자들을 갈수록 더 많이 사랑하는 것은 옳고 선한 일이 아닌가? 물론이다. 신약성경을 살펴보면 그런 기도가 종종 발견된다. 예를 들면, 데살로니가전서 3장 12절이다. "또 주께서 우리가 너희를 사랑함과 같이 너희도 피차간과 모든 사람에 대한 사랑이 더욱 많아 넘치게 하사." 헌신의 성장은 좋은 일이다. 그러나 성장해야 비로소 헌신한다는 개념은 비성경적이다. 잠시 뒤에 좀 더 자세히 살펴보겠지만, 모든 신자가 감당해야 할 교회를 위한 헌신의 기본적인 수준은 상당히 깊다. 내가 말하려는 요점은 지역 교회에 대한 우리의 완전한 헌신이 처음부터 이루어져야 한다는 것이 아니라 상당히 높은 수준의 헌신이 처음부터 이루어져야 한다는 것이다.

편안함에 근거한 헌신은 그 자체로는 아무런 문제가 없지만, 그것을 교회 안에서 공동체를 건설하는 주된 수단으로 삼을 때 문제가 발생한다. 처음에는 새로운 출석자들에게 전혀 아무런 헌신도 요구하지 않다가[3] 차츰 시간이 지나면서 편안함에 근거한 헌신에 의존한다면, 세상과 다른 공동체가 아닌 피상적인 관계에 근거한 소비자중심주의적인 공동체가 건설될 수밖에 없다. 우리는 참 신자들에게 깊고 의미 있는 방식으로 교회 공동체에 헌신할 것을 요구하고, 거기에서 출발하여 시간이 갈수록 사랑이 더 많아지기를 바라야 한다. 이것이 신자를 향한 하나님의 부르심이다. 신자는 교회 공동체에 대해 특별한 애정을 느끼기 전에도 그런 부르심에 충실해야 한다. 이 일이 이루어질 때, 그리스도를 따르는 것이 무슨 의미인지 정직하게 드러내는 공동체, 기독교적 관계를 풍성하게 촉진하는 공동체가 건설될 것이다.

성경은 상당한 수준의 헌신을 가정한다

그렇다면 이 헌신은 구체적으로 어떤 모습인가? 은혜로 구원받은 죄인들에게서 무엇을 기대해야 할까? 이 물음에 대한 대답이 성경 곳곳에서 발견된다. 성경은 놀라울 정도로 높은 수준의 헌신을 요구한다. 성경이 모든 그리스도인에게 요구하는 상호 헌신은 다음과 같다.

---

3. 나는 교회에 새로 출석하기 시작한 사람 중 이미 그리스도인인 사람을 염두에 두고 있다.

깊고 희생적으로 서로 사랑하라

로마서 12장 13-16절은 "성도들의 쓸 것을 공급하며 손 대접하기를 힘쓰라…즐거워하는 자들과 함께 즐거워하고 우는 자들과 함께 울라 서로 마음을 같이하며"라고 말한다. 아내와 내가 자녀를 낳을 수 없는 상태이더라도 동료 교인들이 아이를 낳으면 함께 즐거워해야 하고, 내가 새 직장을 잡았더라도 동료 신자가 직장을 잃었다면 함께 슬퍼해야 한다. 나의 재물과 시간과 가정을 다른 신자들을 돌보는 데 사용해야 한다. 그 이유는 그들이 하나님의 백성이기 때문이다. 작은 일이지만 나는 우리 교회 안에서 그런 모습을 종종 목격하곤 한다. 교인들이 개인적으로 잘 모르는 동료 교인의 결혼식에 참석할 때가 있다. 그런 상황에서는 대개 다음과 같은 대화가 오갈 것이다. "모리스와 토냐를 어떻게 아십니까?" "우리는 같은 교회 교인입니다." "네, 그건 아는데요. 개인적으로 어떤 관계이십니까?" "개인적으로는 잘 모르지만 같은 교회에 다니는 동료 교인이기에 결혼식에 참여해 축하해주고 싶었습니다." "정말인가요? 그들을 잘 모르는데도요? 어떻게 그럴 수 있죠?" 이것이 복음의 힘이다.

서로 정기적으로 모이라

히브리서 10장 25절은 "모이기를 폐하는 어떤 사람들의 습관과 같이 하지 말고 오직 권하여 그 날이 가까움을 볼수록 더욱 그리하자"라고 말한다. 그리스도인 됨이 의미하는 바는 정기적으로 다른 그리스도인들과 함께 지역 교회로 모이는 것을 포함한다. 신자들은 그리스도의 이름으로 모이는 자들이다(마 18:20).

서로 격려하라

히브리서 10장 24절은 "서로 돌아보아 사랑과 선행을 격려하며"
라고 명령한다. 이런 일이 가능하려면 25절의 말씀대로 먼저 모이
는 것이 필요하다. 그리스도인들은 함께 모여 서로 사랑과 선행을
격려해야 한다.

서로 보호하라

히브리서에 언급된 상호 격려는 주일 예배가 끝나자마자 출입문
을 향해 서둘러 나가면서 몇 마디 인사말을 주고받는 것 이상의 의
미를 지닌다.[4] 히브리서 3장 12-13절을 보면 서로를 격려하는 것
이 무슨 의미인지를 분명하게 알 수 있다.

> "형제들아 너희는 삼가 혹 너희 중에 누가 믿지 아니하는 악한 마음
> 을 품고 살아 계신 하나님에게서 떨어질까 조심할 것이요 오직 오
> 늘이라 일컫는 동안에 매일 피차 권면하여 너희 중에 누구든지 죄

---

4. 나는 이 책에서 모든 교회가 일요일 아침에 모이는 것을 전제로 했다. 그렇게 한 이유
는 그런 습관이 초대 교회에서부터 전해져 온 전 세계 교회의 전통이기 때문이다(고전
16:1-2, 행 20:7). 초대 교회 신자들은 한 주의 첫째 날에 모여 그리스도의 부활을 기념
했다. 그러나 이것을 일요일 아침 외에 다른 시간에 모이기로 결정한 교회를 암묵적으로
비판하는 의미로 받아들여서는 곤란하다. 모임 시간을 결정할 때 고려할 상황은 교회마
다 다를 것이 분명하다.

의 유혹으로 완고하게 되지 않도록 하라."

권면은 불신앙을 방지하는 예방책이다. 권면한다는 것은 서로의 믿음을 굳세게 한다는 뜻이다. 그것은 의심하는 자들을 긍휼로 대하는 것이고(유 22절), 믿음의 방패를 굳게 붙잡도록 서로를 돕는 것이다(엡 6:16). 권면한다는 것은 곧 믿음을 위해 함께 싸우는 것이다.

서로를 보호할 책임은 단지 교회 지도자들만이 아니라 모든 멤버에게 주어졌다. 히브리서 3장은 목회자들만이 아니라 모든 그리스도인을 위해 기록되었다. 바울은 고린도전서 5장에서 고린도 교회의 신자 하나가 죄를 회개하지 않은 것을 두고 교회 전체를 책망했다. 그는 거짓 교사들이 갈라디아 교회에 거짓 가르침을 전하기 시작했을 때에도 교회 전체에 편지를 써서 행동을 촉구했다. 물론 우리는 지혜와 사랑을 겸비한 지도자들의 지도 아래 불신앙과 부도덕의 자기 기만에 빠지지 않도록 서로를 보호해야 한다(딛 1:9). 그러나 신약성경은 궁극적으로 서로를 보호할 책임을 전체 교회에게 부여한다.

구체적인 사례는 이밖에도 얼마든지 더 나열할 수 있지만, 위의 네 가지 범주는 유익한 출발점이 될 것이다. 성경은 모든 그리스도인이 서로를 깊이 희생적으로 사랑하고, 정기적으로 모이고, 믿음을 위해 싸우도록 서로 격려하고, 어려운 대화(상대의 죄를 솔직하게 경고하는 것 등의 대화를 의미함—편집주)나 교회 권징을 통해서라도 서로를 보호하는 것을 기본적으로 가정한다. 각 경우에, 신자가 교회를 위해 감당해야 하는 가장 기본적인 헌신의 수준은 놀라울 만큼 깊다.

그러나 여기에서 멈춘다면 기독교적 사랑에 대한 신약성경의 온전한 가르침에 여전히 미치지 못할 것이다. 성경은 상당히 높은 수준의 헌신을 요구할 뿐 아니라, 공식적인 헌신을 요구한다.

성경은 공식적인 헌신을 가정한다

앞에서 케이틀린이 교회 멤버십을 탐탁하게 여기지 않았다고 말한 바 있다. 그녀는 "교회 안의 사람들을 사랑하기 위해 왜 한 장의 종이에 서명해야 하는가?"라고 생각했다. 교회 멤버십이라는 공식적인 헌신(서약)이 기독교적 사랑의 필수 요소일까? 신약성경이 요구하는 공식성은 과연 어떤 차이를 가져오는가? 이 물음에 대한 대답을 찾기 위해 고린도전서 5장을 살펴보자. 바울은 그곳에서 이렇게 말했다.

> "내가 너희에게 쓴 편지에 음행하는 자들을 사귀지 말라 하였거니와 이 말은 이 세상의 음행하는 자들이나 탐하는 자들이나 속여 빼앗는 자들이나 우상 숭배하는 자들을 도무지 사귀지 말라 하는 것이 아니니 만일 그리하려면 너희가 세상 밖으로 나가야 할 것이라 이제 내가 너희에게 쓴 것은 만일 어떤 형제라 일컫는 자가 음행하거나 탐욕을 부리거나 우상 숭배를 하거나 모욕하거나 술 취하거나 속여 빼앗거든 사귀지도 말고 그런 자와는 함께 먹지도 말라 함이라

밖에 있는 사람들을 판단하는 것이야 내게 무슨 상관이 있으리요마는 교회 안에 있는 사람들이야 너희가 판단하지 아니하랴 밖에 있는 사람들은 하나님이 심판하시려니와 이 악한 사람은 너희 중에서 내쫓으라"(9-13절).

여기서 우리는 교회의 "안"과 "밖"을 구분하는 구분선이 있다는 것에 주목해야 한다(12절). 이것이 단지 "물리적으로 신자들과 함께 모이는 사람들"과 "그렇지 않은 사람들"을 구분하는 선일까? 그렇지 않다. 바울은 몇 장 뒤에서 불신자들도 신자들과 함께 교회에 모일 수 있다고 말했다(고전 14:23-25). 이 구분선은 교회를 규정하는 선이다. 한쪽에는 스스로를 신자로 일컬으며 그러한 고백을 교회의 판단 앞에 제출하는 사람들이 있고, 다른 한쪽에는 교회에 출석은 하지만 그런 헌신을 하지 않는 사람들이 있다. 바울은 교회의 권징에 대해 언급하면서 "이러한 사람은 많은 사람에게서 벌 받는 것이 마땅하도다"라고 말했다(고후 2:6). 여기서 교인들의 관계가 일정한 공식성을 갖추고 있었던 것을 엿볼 수 있다. 그래야만 바울이 말한 "많은 사람"이 누구인지 판별할 수 있다.

"교회에 말하고"(마 18:17)라는 예수님의 명령도 이와 비슷한 맥락에서 생각할 수 있다. 예수님은 개개의 신자들이 모두 교회의 일부라는 전제하에 말씀하셨다. 그분은 회중이 개개인의 신자 위에 어느 정도의 권위를 갖는다고 가정하신다. 이 모든 것은 신자와 교회 간의 자의식적인 관계self-conscious relationship를 가리킨다. 신자는 자기가 누구에게 설명 책임을 지는지 알고, 교회는 자기가 누구를 위해 책임성을 발휘해야 하는지 안다. 바울의 표현에 따르면 누가 "안"에 있고, 누가 "밖"에 있는지 안다.

이 두 성경 본문 모두 교회의 권징을 다룬다. 교회의 권징은 성경이 지역 교회에 대한 헌신의 공식성에 대해 가장 분명하게 말하는 대목이다. 공식성은 상황이 좋을 때는 대개 겉으로 뚜렷하게 드러나지 않는다. 자동차 제조사와 그 부품 공급사의 관계가 원만하고 판매가 잘 이루어지는 때에는, 캐비닛 안에 있는 계약서에는 먼지만 수북하게 쌓인다. 그러나 분쟁이 발생하는 순간, 공식적인 계약서가 주목을 받는다. 그와 마찬가지로 상황이 잘못되었을 때 어떤 일이 발생하는지에 대한 성경의 가르침을 면밀하게 살펴보면 헌신의 공식성에 대해 많은 것을 이해할 수 있다.

교회의 리더십에 관한 신약성경의 가르침을 살펴보아도 공식적인 헌신이 어떤 의미를 지니는지를 알 수 있다. 예를 들어, 히브리서 13장 17절은 "너희를 인도하는 자들에게 순종하고 복종하라 그들은 너희 영혼을 위하여 경성하기를 자신들이 청산할 자인 것 같이 하느니라 그들로 하여금 즐거움으로 이것을 하게 하고 근심으로 하게 하지 말라 그렇지 않으면 너희에게 유익이 없느니라"라고 말한다. 신자들이 어떤 교회 지도자들에게 복종해야 한다는 것인가? 아무 교회 지도자에게나 복종하라는 것인가? 그렇지 않다. 신자들은 자기가 속한 교회의 지도자들에게 복종해야 한다. 또한 교회 지도자들은 어떤 신자들을 위해 자신이 청산할 자인 것 같이 해야 할까?

교회 문을 열고 들어오는 모든 사람을 위해 그렇게 해야 할까? 그렇지 않다. 그들은 교회에 등록된 특정한 신자들에 대해서 책임을 진다.

교회의 규모와 상관없이 누가 교회 "안"에 있는 사람인지 아무도 알 수 없을 정도로 모호하다면, 그 양 떼에 대해 언젠가 청산해야 하는 교회 지도자들은 참으로 불쌍하지 않을 수 없다. 또한 특정한 교회의 지도자들에게 순종하지 않고, 스스로 그들 자신의 목자로서의 책임을 짊어지려고 하는 교회 출석자들도 불쌍하기는 마찬가지다.

교회 권징이나 교회의 리더십에 관한 성경의 가르침을 살펴보면, 지역 교회에 대한 헌신은 자의식적인 결정(스스로 의식하며 내리는 결정—편집주)이라는 사실을 분명하게 알 수 있다. 신자들은 자신이 누구에게 헌신하는지 알며, 교회와 지도자들은 자신이 누구를 책임져야 하는지 안다.

이런 기본적인 수준의 기독교적 헌신을 무엇이라 부를까? 이 책의 목적상, 바울이 고린도전서, 에베소서, 골로새서에서 교회를 몸으로 일컫고 신자들을 그 지체로 일컫은 것을 그대로 유지하는 것이 좋을 듯하다. 모든 신자는 소비자가 아닌 공급자로 행동하면서, 특정한 신자들로 이루어진 몸을 향해 자의식적이고 의미 있는 헌신을 해야 한다. 그 이유는 그들이 "성숙한" 그리스도인이라서가 아니라 "그저" 그리스도인이기 때문이다.

그렇다면 이것은 모든 교회가 인쇄된 멤버 명단, 멤버십 강좌, 멤버십 언약 등을 반드시 갖추고 있어야 한다는 의미일까? 그렇지는 않다. 등록 교인 체제의 실제적 운영은 상황에 따라 다르겠지만, 그것은 반드시 자의식적인 과정을 통해 이루어져야 한다. 다시 말해, 새신자들은 자신이 어떤 헌신을 해야 하는지 충분히 인지한 상태에서 교회의 멤버가 되어야 하고, 기존 교인들도 자신의 책임을 충분히 이해하고 있어야 한다. 나의 경우에 다음과 같은 방법들이 유익한 것으로 입증되었다.

새 등록 교인이 교회에 등록할 때 짊어지게 될 책임을 확실하게 일깨워주기 위한 방법

- 새신자가 등록하면 그에게 멤버의 책임과 의무를 설명하는 수업(여섯 개의 강좌)에 참여할 것을 요구한다. 우리는 이 과정을 통해 관련된 진리를 새 멤버들에게 잘 알리길 원한다. 새 멤버들은 이 과정을 통해 등록 교인이 된다는 것이 무엇을 의미하며, 그들이 누구에게 헌신할 것인지를 이해하게 될 것이다.
- 새신자는 교인 등록 전에 장로와 한 시간 동안 면담하면서 자신이 믿음을 갖게 된 과정에 대한 간증을 나누고, 복음에 대해 설명해보고, 멤버는 어떠해야 하는지 대화한다.
- 새 멤버에게 교회 언약(앞 장에서 논의한 "서로___하라"는 성경의 명령들을 요약한 문서)을 이해하고 이에 서명할 것을 요구한다.

멤버들에 대한 회중의 책임을 확실하게 일깨워주기 위한 방법

- 교인 주소록을 계속 갱신하고, 멤버들에게 매달 전체 멤버를

위해 기도하도록 독려한다.

- 성찬식을 거행하기 전에 멤버들은 모두 기립하여 다 함께 교회 언약을 읽으면서, 자신들이 무엇을 행하기로 헌신했었는지 새롭게 상기하는 시간을 갖는다.

- 새 멤버가 등록하면 그 사람을 면담한 장로가(멤버십 인터뷰를 의미함—편집주) 자신이 전해 들은 간증을 회중에게 간단하게 보고한다. 그 후, 회중에게 그 사람을 멤버로 받아들일 것인지 묻는 투표를 요청한다(저자가 소속된 교회는 회중주의 정치 체제를 채택하고 있음—편집주). 투표를 하는 이유 가운데 하나는 누구를 교회의 일원으로 받아들일지 결정하는 책임이 회중에게 있다는 사실을 분명하게 주지시키기 위해서다(마 18:17-19, 고전 5:12 참조). 아울러 또 하나의 이유는 새 멤버를 교회의 가족으로 받아들이는 책임은 물론, 관계가 허락하는 대로 그 사람에게 우리의 삶을 기꺼이 열어 보여야 할 책임을 부담하는 것은 회중에 의한 공식적인 허입 절차를 기반으로 하기 때문이다.

당신은 당신의 상황에 맞게 이러한 방법들을 적절히 활용할 수 있을 것이다. 다만 교회 멤버십은 우리가 편안해지기 전에도 소명에 근거한 헌신을 행하는 것을 의미함을 지속적으로 분명하게 일깨워주어야 한다.

일부 교회가 이런 성경적인 비전에 미치지 못하는 이유는 모든 공식적인 것을 무조건 싫어하는 까닭에 등록 교인 체제를 전혀 갖추고 있지 않아서이다. 또는 등록 교인 체제는 갖추고 있지만 그것을 진지하게 운용하지 않아서이다. 그렇게 운용되는 등록 교인 체제는 의미 있는 체제가 못 되며, 신자들에게 의미 있는 헌신을 독려할 수가 없다. 이밖에도 어떤 교회들은 의미 있는 등록 교인 체제를 추구하는 동시에 소비자중심주의적으로 교회 헌신의 유익을 "판매하는" 것을 시도한다. 우리는 그런 결함 많은 방법을 시도하지 말고, 신자들을 그리스도의 참 제자도(교회에 대한 자의식적이고, 의미 있는 헌신을 포함하는 제자도)로 이끌어야 한다.

공식적인 헌신이 비공식적인 헌신을 촉진한다

이런 공식성은 실제로 어떠한 차이를 가져올까? 확실히 성경은 비공식적인 헌신에 일차적 중요성을 부여한다. 그렇다면 공식적인 등록 교인 체제가 멤버들 사이에서 이루어지는 비공식적인 헌신의 문화에 어떻게 기여할까? 케이틀린의 표현을 빌려 말하자면, 그저 종이 한 장이 내가 나의 교회를 사랑하는 것에 무슨 도움이 될까? 이 질문에 대해 세 가지로 나눠 대답하면 다음과 같다.

1. **공식적인 헌신은 비공식적인 헌신을 확언하는 데 기여한다.** 이를 설명하는 데는 결혼의 비유가 도움이 된다. 팀 켈러는 이 진리를 결혼에 적용하여 다음과 같이 묘사했다.

사랑에 대한 성경의 가르침은 얼마나 많은 것을 받기를 원하느냐가 아니라 누군가에게 나 자신을 얼마나 많이 내어줄 수 있느냐에 우선적인 초점을 맞춘다. 이 사람을 위해 나를 얼마만큼 기꺼이 내어줄 것인가? 나의 자유를 얼마만큼 기꺼이 포기할 것인가? 나의 귀중한 시간과 감정과 자산을 얼마만큼 기꺼이 할애할 것인가? 그런 점에서 결혼 서약은 유익할 뿐 아니라 일종의 테스트이기도 하다. "당신을 사랑해. 하지만 결혼으로 우리 사랑을 망치지는 말자."라고 말하는 것은 "다른 선택의 여지를 모두 포기할 만큼 당신을 사랑하지 않아. 그렇게 철저하게 나를 당신에게 내어주고 싶을 만큼은 당신을 사랑하지 않아."라는 의미일 때가 많다. 즉 "당신을 사랑하는 일에 그깟 종이 한 장이 뭐가 필요해."라는 말은 "당신을 향한 나의 사랑은 결혼의 수준까지는 미치지 못해."라는 뜻을 내포하고 있다.[5]

결혼과 교회 멤버십은 많은 점에서 서로 다르지만(예를 들어 한 교회에 등록한다고 해서 나중에 다른 교회에 등록할 "선택의 여지"까지 모두 포기해야 하는 것은 아니다), 공식적인 헌신과 비공식적인 헌신이 상호보완적이라는 점에서는 서로 유사성이 있다. 어떤 사람이 당신 교회의 맥락에서 "서로___하라"라는 명령을 지키기를 원한다고 말해 놓고서, 멤버십을 통해 그 명령을 따르는 공식적인 헌신을 거부한다면 그는 정말로 그 명령을 지키기를 원하는 것인가? 팀 켈러의 말을 근거로 추론하면, 그런 식의 교회 사랑은 멤버십의 수준까지는 미치지 못한다고

---

5. Timothy Keller, *The Meaning of Marriage* (New York: Riverhead, 2011), 78.

할 수 있다. 공식적인 헌신은 성경이 가르치는 대로 교회를 사랑하겠노라고 결정하는 주체가 누구이고, 또 그 사람이 예수님을 따르려는 진정한 의도를 지니고 있는지를 판단하는 주체가 누구인지를 분명하게 보여준다.[6]

2. **공식적인 헌신은 비공식적인 헌신을 가시화시킨다.** 온라인상의 낯선 판매자가 파는 물건을 구매할 때는 판매자의 신원이 확실한지 신중히 점검해야 한다. 판매자가 아마존닷컴의 일원인가? "베리사인"과 같은 보안 인증 전문업체의 인증을 받았는가? "비자 안심클릭서비스"와 같은 전자상거래 보안이 제공되어 있는가? 판매자가 이러한 온라인 보안 체계에 공식적으로 헌신했다면, 그가 나의 개인적인 정보를 신중하게 다룰 것이라고 확신할 수 있다. 그와 마찬가지로 지역 교회에서의 공식적인 헌신은 비공식적인 헌신을 공시하는 기능을 담당한다. 만일 내가 교회에서 안면이 거의 없는 사람에게 다가가서 "알고 보니 우리가 서로 한 블록 떨어진 곳에서 일하고 있더군요. 매주 목요일 점심시간에 함께 식사하면서 시편을 공부하는 것이 어때요?"라고 말했다고 가정해보자. "현실" 세계에서는 그 말을 들은 상대방이 나를 의심스럽게 쳐다보며 내가 소시오패스가 아닌지 궁금해할 수 있다. 그러나 만일 그 사람이 당신 교

---

6. "공식적인"이라고 해서 반드시 "문서로 기록된" 것을 뜻하는 것은 아니다. 박해를 받는 상황에 처해 있는 작은 교회를 생각해보라. 그런 교회는 보안 때문에 기록된 전체 멤버 명단을 갖추고 있지 않을 것이다. 그러나 멤버들은 누가 헌신의 서약을 했고, 누가 안 했는지를 확실하게 알고 있을 것이다. "교회 멤버십"이라는 말은 성경에 없지만 그 원리는 분명하게 나타나 있다. 다만 그것을 적용하는 방법은 상황에 따라 달라질 것이 분명하다.

회의 일원이라면 그렇게 말하는 것이 조금도 이상하지 않을 것이다. 왜냐하면 등록 교인이 될 때 우리는 서로를 돌보기로 헌신했기 때문이다. 교회 안에 상호 헌신의 문화가 조성된 상황에서는 그런 식의 관계의 도약이 얼마든지 가능하다. 서로에 대한 공식적인 헌신은 비공식적인 헌신을 가시화시키기 때문에 관계가 좀 더 빠르게 증진될 수 있다.

3. **공식적인 헌신은 비공식적인 헌신에 책임성을 부여한다.** 비공식적인 헌신만으로는 회개하지 않은 죄를 처리하기에 역부족일 때가 더러 있다. 그런 경우에는 마태복음 18장 16절("한두 사람을 데리고 가서")의 단계에서 마태복음 18장 17절("교회에 말하고")의 단계로 나아가는 것이 필요하다. 공식적인 헌신은, 자기 기만을 저지하기 위해 하나님이 사용하시는 이 땅에서의 마지막 방어벽이다. 교회는 죄를 지은 신자에게 "당신의 삶에 존재하는 회개하지 않은 죄에 기초하여, 우리는 더 이상 당신이 그리스도인이라고 확신하지 않습니다."라고 말할 수 있다. 멤버십이라는 공식적인 헌신 없이도 교회가 권징을 행사할 수 있을까? 불가능하지는 않을 것이다. 그러나 교회의 권징과 권위에 복종하는 삶을 살겠다는 공식적인 헌신의 서약이 없으면 안 그래도 어려운 상황이 더욱 어려워진다. 아울러 공식적인 헌신은 교회의 권위가 남용되는 교회 문화를 방지한다. 어떤 교회들에서는 "지혜"라는 이름으로 합법적인 기독교적 자유가 묵살되기도 하고, 제자도가 한 인물에 대한 숭배로 전락하기도 한다. 서로에 대한 책임이 문서로 작성되고 교회 멤버십이라는 공식적인 제도

를 통해 논의되면, 지역 교회 안에서 권위가 남용되는 일이 쉽게 발생하기 어렵다.

공식적인 멤버십이 신자들 상호 간의 비공식적인 헌신을 보완하는 방식은 크게 세 가지다. 그러나 논의를 계속 전개해 나가기에 앞서, 잠시 각자의 교회에 대해 생각해보자. 누구나 자기 교회 안에 헌신의 문화가 조성되기를 바랄 것이다. 그렇다면 당신이 답해야 할 질문은 이것이다. "당신 교회 안에서 공식적인 헌신 개념이 비공식적인 헌신의 문화를 얼마나 증진시키는가, 아니면 방해하는가?" 다음의 질문들을 생각해보자.

• 당신 교회의 등록 교인 체제(또는 그와 비슷한 제도)는 새로 등록하는 새신자가 감당해야 할 헌신의 내용을 분명하게 명시하고 있는가? 아니면 등록 교인이 된다는 것이 실제로 무엇을 해야 한다는 의미인지 불분명한가?

• 모든 멤버들이 누가 공식적인 헌신을 했고, 누가 하지 않았는지 알고 있는가? 아니면 교회 지도자들 외에는 아무도 모르고 있는가?

• 등록 교인이 되는 것이 회중의 나머지 사람들과 관계를 맺는 방식에 실제로 변화를 가져오는가? 아니면 성경이 요구하는 다른 신자들을 향한 헌신 없이도 교회 공동체에 온전히 참여하는 것이 가능한가?

• 교회의 등록 교인 체제가 원활한 관계 형성을 위한 안전한 분

위기를 제공하는가? 아니면 등록 교인인 것이 교회에 대한 개인의 헌신에 별로 영향을 미치지 못하는가?

• 교회의 등록 교인 체제를 통해 교회에 합류한다는 것이 교회의 책임성accountability과 권징에 복종하는 것을 의미한다는 사실이 분명하게 드러나는가? 아니면 개인들과 온 교회에 대한 책임성accountability이 교회 안에서 전혀 논의되지 않고 있는가?

우리 집 근처에 있는 미국 식물원United States Botanic Garden은 온열대 식물을 기르기 위해 1933년에 건축한 유리 건물이다. 내가 좋아하는 겨울철 활동 가운데 하나는 가족들과 함께 이 식물원을 산책하는 것이다. 그곳에 들어서면 도시의 습한 냉기는 사라지고 열대우림 지역의 따뜻한 공기가 물씬 느껴진다. 교회의 등록 교인 체제를, 차가운 바깥세상을 차단해 풍요로운 관계의 생태계를 가능하게 하는 식물원의 유리막으로 생각해보라. 교회 안에서 깊은 관계의 문화가 형성되려면, 헌신의 문화가 필요하다. 헌신의 문화를 조성하려면, 사람들이 당신의 교회 공동체의 멤버가 되기 위한 전제조건으로서 요구되는 성경적인 헌신의 수준이 어떠해야 할지 깊이 생각해보라.

결론 : 소명에 근거한 헌신이 반문화적인 이유

목회자가 교회에서 "최고 영업 책임자"가 된 것 같은 기분을 느끼는가? 목회자는 어린이 사역에 대한 지원을 호소하고, 소그룹에 참여할 사람들이나 음식 기부 행사에 지원할 사람들을 모집하고, 기금을 마련하고, 사람들이 교회에 좀 더 열심히 헌신하도록 독려하는 일을 하는 데 시간과 노력을 기울인다. 참으로 고단한 일이 아닐 수 없다. 편안함에 근거한 헌신은 그런 결과를 낳을 수밖에 없다. 그런데도 우리가 그런 방식을 고집하는 이유는 무엇일까?

그 이유는 그것이 사람들이 일반적으로 사고하고 행동하는 방식이기 때문이다. 편안함에 근거한 헌신은 "사용해보고 구매한다"는 익숙하면서도 매혹적인 사고방식을 부추긴다. 그와는 대조적으로 소명에 근거한 헌신은, 깊은 관계에 앞서 의미 있고 공식적인 헌신이 필요하다고 강조함으로써 사람들을 불쾌하게 만든다. 사람들은 위로부터 주어진 방식이 아니라 자기들의 방식에 따라 관계를 형성하기를 원한다. 결국 "지역 교회에 대한 공식적인 헌신"은 본질상 "권위에 대한 복종"을 다르게 표현한 것이다. 지역 교회에 헌신한다는 것은 다른 신자들에게 우리를 가르칠 수 있는 권한을 부여하고, 그들로부터 살아가는 방식을 기꺼이 배우겠다는 것을 의미한다. 그런데 여기에 문제가 있다. 오늘날의 문화는 권위에 대해 매우 회의적이다. 사람들은 "권력은 부패한다. 절대 권력은 절대적으로 부패한다."는 말을 종종 인용한다.[7]

그러나 성경은 권위를 회의적으로 바라보는 보편적 풍조가 지혜

---

7. Letter from Lord Acton to Bishop Mandell Creighton, 1887.

롭지 못하다고 가르친다. 사실 그것은 마귀적인 풍조이다. 권위를 불신하는 태도는 우리 시대에 비로소 생겨난 것이 아니다. 그것은 에덴동산의 뱀과 더불어 시작되었다. 사탄은 하와의 생각 속에 하나 님이 우리를 사랑하신다면 우리에게 "안 된다"고 말씀하실 리 없다 는 거짓말을 각인시켰다. 사랑은 항상 모든 것을 용인해야 한다는 말 은 거짓이다.

소명에 근거한 헌신은 오늘날의 문화가 표방하는 모든 것을 거스 른다. 그러나 그런 반문화적인 태도에는 확실한 근거가 있다. 성경 은 권위란 기본적으로 우리의 유익을 위한 것이라고 가르친다. 그 리스도인이 되기 위한 회개의 가장 기초 단계는 우주의 절대적인 권위자께서 우리의 유익을 위하신다는 사실을 인식하는 것이다. 합 당하게 행사되는 권위는 항상 진리를 분명하게 드러내고, 사탄의 거짓말에 대한 중요한 반증이 된다.

신약성경 서신서의 저자들이, 복음을 실천하는 삶의 필수 요소로 권위에 대한 복종(여기에는 교회 안에서 다른 신자들을 사랑하는 것도 포함된다)을 강조한 것은 조금도 놀랍지 않다. 에베소서에 따르면, 권위에 대한 복종은 시간을 가장 잘 선용하는 것이다(엡 5:16, 22, 23, 6:1-4, 6-9). 디 도서에 따르면, 그래야만 "모든 선한 일 행하기를 준비"할 수 있다 (딛 3:1, 2:3, 7, 9). 베드로는 교회를 향해 "이방인 중에서 행실을 선하 게 가지라"고 요청하며(벧전 2:12), 이것은 베드로전서의 주요 적용으 로서 그 책의 나머지 부분의 많은 내용이 이 권면과 관련되어 있다. 그런데 바로 다음 구절에는 "순종하라"는 명령이 나온다. 신약성경에 나타나는 얼마나 많은 다양한 목적들이 권위와 밀접하게 관련되어 있는지 발견했는가? 교회 멤버십의 권위에 복종하도록 요구하는 것은 사람들이 지닌 가장 기본적인 전제들과 맞서는 것이다. 그러나 이 싸움은 싸울 가치가 충분하다. 왜냐하면 권위의 기본적인 선함을 보여주는 것이 곧 하나님을 보여주는 것의 한 부분을 구성하기 때문이다.

소명에 근거한 헌신의 실제 적용은 교회의 구조와 작동의 수많은 디테일과 관련된다. 그런 디테일에 대해서 이 책의 5-10장에서 다룰 것이다. 그러나 그에 앞서 신약성경이 가르치는 기독교 공동체의 또 하나의 뚜렷한 특징을 먼저 짚고 넘어가야 한다.

4장

공동체의 넓이

내 친구 빌리 앤더슨은 60대 초반부터 우리 교회에 출석하기 시작했다. 당시에 그는 그리스도인이 아니었으며, 하버드대학교에서 "군중의 광기"라는 인기 있는 강의를 맡아 학생들을 가르치고 있었다. 그것은 뉴잉글랜드의 마녀 사냥, 도시 전설(아무 근거가 없지만 마치 사실인 듯 퍼지는 놀라운 이야기—역자주), 금융 공황과 같은 현상에 근거해 대중 심리의 여러 개념들을 분석하는 강의였다. 이처럼 군중 연구에 관해 화려한 경력을 갖고 있었음에도 불구하고, 그는 교회 회중의 다양성에 깊은 인상을 받았으며, 그에 더해 회중 안에서 이루어지는 교제의 진정성에 깊은 인상을 받았다. 그는 이렇게 말했다. "예배당 문을 열고 들어서는 순간부터 생생하게 느껴졌습니다. 뭔가 특별한 일이 일어나고 있는 것이 분명했죠. 사람들의 관계가 부자연스럽다기보다는 매우 비범하게 보였습니다. 전에는 이해하기 어려웠던 건강한 교회의 개념이 비로소 이해되기 시작했습니다." 집단적인 증언의 힘이 그를 새롭게 일깨운 것이다. 그동안 기독교에 대해 생각해 오던 것이 뒤집히기 시작한 것이다. 그리고 그의 그러한 경험은 결국 그리스도 안의 새 생명으로 인도되는 제반 과정의 출발점이 되었다.

그렇다면 이런 집단적인 증언의 힘은 어디에서 비롯한 것일까? 그리스도인이 되면 완전한 정체성의 변화가 일어난다. 그리스도인은 새로운 피조물이자(고후 5:17) 하나님의 자녀요(갈 4:5) 그리스도와 연합한 자이다(롬 6:1-8). 그리스도인이라는 사실이 가족이나 인종이나 직업이나 민족성이나 성별이나 인격적 기질보다 우리의 정체성을 결정하는 더 근본적인 요소가 된다. 동료 그리스도인들과의 연합이 다른 모든 형태의 연대보다 우선한다. 이것은 복음의 사람들이 있는 곳에는 항상 다양성이 존재한다는 것을 의미한다. 복음이 있는 곳에 다양성은 자라난다.

다양성은 당신이 과거에 생각해 온 것보다 더 중요할 수도 있고, 그와 동시에 덜 중요할 수도 있다. 그것이 더 중요한 이유는 빌이 발견한 대로 복음의 진리를 웅장하게 증언하기 때문이다(엡 3:10). 다양성은 단지 "있으면 좋은 것"이 아니라 교회의 가장 뚜렷한 초자연적인 특징 가운데 하나다. 가시적인 연합은 보이지 않는 복음의 능력을 분명하게 드러낸다.

그러나 그와 동시에 다양성은 우리가 생각하는 것보다 덜 중요할 수 있다. 그 이유는 그 자체가 목적이 아니기 때문이다. 다양성은 본체가 아닌 결과다. 이를테면 온도 조절장치가 아닌 온도계인 셈이다. 다양성은 교회의 영적 온도에 대한 정보를 제공할 뿐, 그 자체로 성숙함의 정도를 조절하는 능력은 없다. 지역 교회 안의 다양성은 그 자체만으로는 별로 중요하지 않다. 그러나 그것이 복음의 일치라는 좀 더 깊은 현실을 반영할 때에는 더할 나위 없이 중요해진다.

그렇다면 이 책에서 한 장이나 따로 할애해서 단지 "일어나는" 결과일 뿐인 다양성을 다루는 이유는 무엇일까? 그 이유는 우리가 교회의 다양성이 지닌 목적과 성격을 오해하는 까닭에 그것을 거부할 때가 많기 때문이다. 우리는 복음에 근거한 공동체가 아닌 유사성에 근거한 공동체를 건설하려는 경향이 있다. 우리는 우리와 다른 사람들을 사랑하기 위해 감당해야 할 희생을 등한시할 때가 많다. 이번 장에서는 먼저 에베소서 3장을 중심으로 다양성의 목적을 살펴보고, 그 후 다양성의 성격을 살펴보고, 마지막으로는 교회 안의 복음적 연합을 방해하는 세 가지 요소를 살펴볼 것이다.

다양성의 목적

성경이 가르치는 다양성의 목적을 이해하려면 앞서 1장에서 살펴본 에베소서 본문으로 돌아갈 필요가 있다. 교회의 목적에 관한 바울의 진술에서부터 시작해보자.

"모든 성도 중에 지극히 작은 자보다 더 작은 나에게 이 은혜를 주신 것은 측량할 수 없는 그리스도의 풍성함을 이방인에게 전하게 하시고 영원부터 만물을 창조하신 하나님 속에 감추어졌던 비밀의 경륜이 어떠한 것을 드러내게 하려 하심이라 이는 이제 교회로 말미암아 하늘에 있는 통치자들과 권세들에게 하나님의 각종 지혜를 알게 하려 하심이니 곧 영원부터 우리 주 그리스도 예수 안에서 예정하신 뜻대로 하신 것이라"(엡 3:8-11).

무엇이 하나님의 영원한 목적일까? 그것은 교회가 모든 피조물에게 그분의 지혜를 보여주는 것이다. 어떻게 이 목적을 이룰 수 있을까? 바울은 여기에서 만물을 창조하신 하나님 안에 감추어졌던 "비밀"을 염두에 두고 있다. 바울은 이 비밀에 대해 3장 6절에서 이미 설명한 바 있다.

"이는(이 비밀은) 이방인들이 복음으로 말미암아 그리스도 예수 안에서 함께 상속자가 되고 함께 지체가 되고 함께 약속에 참여하는 자가 됨이라."

하나님이 이루신 일은 참으로 놀랍기 그지없다. 하나님은 언젠가 이방인들을 자기 가족으로 삼겠다고 수백 년 동안 약속해 오셨다.

"그가 이르시되 네가 나의 종이 되어 야곱의 지파들을 일으키며 이스라엘 중에 보전된 자를 돌아오게 할 것은 매우 쉬운 일이라 내가 또 너를 이방의 빛으로 삼아 나의 구원을 베풀어서 땅 끝까지 이르게 하리라"(사 49:6).

이제 하나님은 그리스도 안에서, 바울을 통해, 이 약속을 이루셨다. 이제 그리스도 안에서, 아브라함의 **혈통**을 이어받은 사람들만이 아니라 그의 **믿음**을 공유하는 사람들이 모두 그의 후손이 된다.

도대체 하나님의 가족들의 일치가 얼마나 굉장한 것이기에 "하늘에 있는 통치자들과 권세들"까지 이목을 집중하는 것일까? 그 이유는 그리스도 이전에 유대인들과 이방인들의 사이가 그만큼 크게 벌어져 있었기 때문이다. 바울은 에베소서 2장 14절에서 그런 반목을 "원수 된 것 곧 중간에 막힌 담"으로 일컬었다. 이 둘은 단지 종족만 달랐던 것이 아니다. 문화도 달랐고, 종교도 달랐다. 그들은 서로를 노골적으로 적대시했다. 그러나 그리스도께서 마지막 숨을 거두시는 순간에, 인간과 하나님 사이를 갈라놓은 휘장이 위에서부터 아래로 단번에 찢어졌고, 이와 동시에 이방인과 유대인을 나누는 장벽이 허물어졌다. 하나님이 그들의 일치를 통해 큰 영광을 얻으시는 이유는 그 이전까지의 반목이 그처럼 극단적이었기 때문이다.

어쩌면 1세기의 일반 독자들은 이렇게 말할지도 모른다. "그런 식의 일치는 불가능하다. 그렇게 되려면 기적이 일어나야 한다."

바로 그 말대로 기적이 일어났다. 이런 일치와 에베소서 3장 14-19절에 기록된 바울의 기도가 어떤 관계를 지니고 있는지에 주목하라.

"이러므로 내가 하늘과 땅에 있는 각 족속에게 이름을 주신 아버지 앞에 무릎을 꿇고 비노니 그의 영광의 풍성함을 따라 그의 성령으로 말미암아 너희 속사람을 능력으로 강건하게 하시오며 믿음으로 말미암아 그리스도께서 너희 마음에 계시게 하시옵고 너희가 사랑 가운데서 뿌리가 박히고 터가 굳어져서 능히 모든 성도와 함께 지식에 넘치는 그리스도의 사랑을 알고 그 너비와 길이와 높이와 깊이가 어떠함을 깨달아 하나님의 모든 충만하신 것으로 너희에게 충만하게 하시기를 구하노라."

바울은 에베소서 3장 앞부분에서 인간의 능력으로는 불가능한 일을 묘사했으며, 이에 따라 불가능한 것을 구하는 기도로 3장을 마무리한다. 그는 성령으로 말미암은 능력으로 우리를 강건하게 하사 우리가 지식에 넘치는 그리스도의 사랑의 엄청난 광대함을 깨달을 수 있게 해달라고 성부 하나님께 기도했다. 삼위일체 하나님의 세 위격께서는 지역 교회 안에서 그의 영원한 목적을 함께 이루신다. 따라서 20-21절에서 바울이 다음과 같이 잘 알려진 송영으로 기도를 마치는 것은 매우 적절했다.

"우리 가운데서 역사하시는 능력대로 우리가 구하거나 생각하는 모든 것에 더 넘치도록 능히 하실 이에게 교회 안에서와 그리스도 예수 안에서 영광이 대대로 영원무궁하기를 원하노라 아멘."

바울은 불가능한 것을 구했다. 그러나 하나님의 능력이 "우리 가운데서 역사"하면 하나님이 그 일을 이루시고 영광을 얻으실 것이다.

당신의 교회 안에도 그런 역사가 일어날 수 있다. 세상이 보기에 서로 공통점이 거의 없는 사람들이 가족보다 더 가깝게 서로 사랑하면 온 하늘이 복음의 열매를 경이롭게 바라본다.

당신의 지역 교회 안에 존재하는 다양성을 통해 달성할 "영원한 목적"은 무엇일까? 그것은 십자가의 능력을 보여주는 것이다. 에베소서 3장에서 알 수 있는 대로, 전에는 서로 극과 극으로 분리되어 있었던 사람들이 하나로 연합함으로써 하나님의 영광을 드러낸다. 이 점을 결혼에 빗대어 생각하면 이해하기 쉽다. 결혼을 통해 다양성과 일치가 동시에 달성된다. 이것이 창세기 2장의 역설이다. 결혼의 능력은 남편과 아내가 서로 다르다는 사실에 있다. 하와는 아담의 "돕는 배필"로 창조되었다(창 2:18). 그러나 창세기 2장 마지막에서 이 두 사람이 서로 합하여 한 몸을 이룬다는 말씀이 발견된다(24절). 결혼의 능력은 우리가 서로 다르다는 사실에 있지만 그런 차이는 연합과 일치와 하나 됨이 없으면 한갓 약점에 지나지 않는다.

이 비유는 지역 교회에도 똑같이 적용된다. 초자연적인 복음의 능력을 보여줄 수 있는 우리의 능력은 우리의 다양성에 있다. 그러나 일치가 결여된 다양성은 그리스도의 명예를 더럽히는 불화와 갈등의 원인일 뿐이다.

그렇다면 오늘날 어떤 유형의 다양성이 십자가를 선포하는가?

어떤 다양성이 중요한가

이 책을 읽는 미국의 독자들 가운데는 교회가 인종차별이라는 도덕적인 재앙의 죄책을 공유하는 지역에 사는 사람들이 많을 것이다. 그 결과, 우리는 교회 안에 인종적 다양성이 존재할 수 있도록 각별히 관심을 기울인다. 그런 관심은 고귀한 것이다. 성경은 인종적 다양성을 기꺼이 긍정한다. 사실, 에베소서 3장에서 바울이 말한 내용에 그러한 것이 포함되어 있다.

그러나 **다양성**을 단지 **인종적 다양성**으로 이해한다면 에베소서 3장의 핵심을 간과한 것이다. 단일 민족으로 구성된 지역도 있다. 여기서 내가 말하는 다양성이란 오직 복음이 아니면 연합될 수 없는 모든 배경적 차이를 포함한다. 이것을 기준 삼을 때, 여러 유형의 차이가 에베소서 3장의 기본적 패턴에 들어맞는다. 사회가 중요시하는 모든 구분들을 생각해보라. 교회는 이것들을 반드시 뛰어넘어야 한다.

연령의 경계선. "여러 세대를 아우르는multigenerational"이라는 용어가 복음주의자들 사이에서 좋은 의미의 유행어로 사용되고 있다. 세상에서는 그런 것을 보기 힘들다. 내가 우리 교회에 끌리게 된 첫 번째 이유는 아마 이 다양성이었을 것이다. 나는 우리 교회에서, 1940년대에 교회에 나오기 시작한 나이 많은 세대가 1990년대에 갓 성년이 된 세대와 함께 어울리는 모습을 볼 수 있었다. 놀랍게도 그들은 하나의 공동체처럼 움직였다. 젊은이들은 요양원을 방문하여 금요일 밤을 보냈고, 80대 노인들은 20대 청년들과 함께 칸쿤에서 휴가를 보냈다.

부의 경계선. 세상에서도 부자들이 가난한 자들에게 자선을 베푸는 것을 흔히 볼 수 있다. 그러나 부자들은 그러고 나서는 다른 부자들이나 최소한 교육적 수준이 자신과 비슷한 사람들과 어울리는 편안한 만남으로 물러난다. 교회에서는 그래서는 안 된다. 이것이 야고보가 교회에서 부자들을 특별대우하는 것을 강하게 꾸짖은 이유였다. 그는 "너희가 만일 성경에 기록된 대로 네 이웃 사랑하기를 네 몸과 같이 하라 하신 최고의 법을 지키면 잘하는 것이거니와 만일 너희가 사람을 차별하여 대하면 죄를 짓는 것이니 율법이 너희를 범법자로 정죄하리라"(약 2:8-9)라고 말했다.

정치의 경계선. 지역 교회는 도덕적인 문제들에 대해 강하게 말해야 한다. 그러나 도덕적 권위가 어떠한 세부적인 공공 정책에 정확하게 대응되는 것은 매우 드문 일이다. 따라서 그리스도인들은 정부 정책에 대해 견해가 엇갈릴 수 있으며, 그럼에도 하나님의 나라라는 더 궁극적인 현실 안에서 서로 연합할 수 있는 길을 모색해야 한다. 물론, 1930년대 독일의 나치당처럼 터무니없는 도덕적 권위를 주장하는 정권이 있다면 교회는 정치적으로 어느 편에 설 것인지를 분명하게 선택해야 한다. 그러나 다행히도 하나님의 은혜 덕분에 교회가 그런 극단적인 상황에 처하는 경우는 그리 많지 않다.

사회적 능력의 경계선. 사회적으로 어려운 처지에 있는 사람들이 당신의 교회를 피난처로 묘사하는가? 아니면 교회도 바깥세상과 마찬가지로 냉랭하고 비인격적이라는 것을 발견하는가? 사회적 능력이 성령 안에서의 참된 교제를 가로막는 장애 요인이 되어서는 안된다.

문화적 배경의 경계선. 어릴 때부터 교회에서 성장한 사람들은 자신의 문화적 배경에 따라 교회가 어떤 분위기여야 하는지에 대해 기대하는 바가 있다. 따라서 교인들의 지역적 배경(교외 지역, 시골 지역, 도시 지역 등), 종교적 배경(전례주의, 오순절주의, 흑인 교회 전통 등) 및 출신국에 있어 다양성을 갖는 교회가 가능하려면 어느 정도의 희생 감수가 필요하다. 다수 문화에 속한 사람이든 소수 문화에 속한 사람이든 모두가 희생을 감수해야 한다는 점을 교인들에게 주지시키라. 일치를 이루려면 주 안에서 형제자매가 된 사람들을 위해 자신의 이익을 희생해야 한다.

우리가 경계선을 넘는 사랑으로 주변 세상을 어리둥절하게 만들고자 할 때, 때로 어떤 유형의 다양성이 다른 유형보다 더 큰 반향을 일으킬 수 있다. 보스턴 교외 지역에 있는 한 교회가 생각난다. 그 교회는 피부색은 같아도 사회적 신분이 크게 다른 네 개 마을의 교차 지점에 위치해 있었다. 이런 곳에서 한때 마약 중독자였던 웨이머스 출신의 신자가 저녁과 주말에 여러 번에 걸쳐 힝햄 출신의 한 은행 간부에게 결혼생활에 대한 진실한 조언을 아끼지 않는다면, 이것은 주변 세상을 놀라게 할 것이 틀림없다. 한편, 우리 교회는 미국 내에서 인종적으로 가장 분리된 지역 가운데 한곳에 위치해 있기 때문에, 우리 교회가 인종적 다양성을 추구한다면 주변에 큰 파장을 일으킬 수 있다. 물론 우리 도시의 불신자들 사이에서도 얼마든지 인종적 다양성을 발견할 수 있다. 예를 들면 아이비리그 출신의 젊은 정치적 진보주의자들의 경우가 그렇다. 그러나 우리 교회를 방문한 사람들로부터 내가 종종 듣곤 하는 첫마디는 우리 교회가 다양한 인종적 배경을 지니고 있으면서도 하나의 공동체로 기능하고 있다는 것이다.

각자 자신의 교회는 어떤지 생각해보라. 당신의 교회는 사회가 강조하는 어떤 경계선을 복음으로 무너뜨렸는가?

다양성은 불가피하다

이 모든 말들이 다 좋은 말이다. 그러나, 우리의 교회 안에서 이런 일이 실제로 일어나게 하려면 어떻게 해야 하나? 지역 교회는 일반적으로 다양성을 그 특징으로 하는 모임이 아니다. 어떻게 해야 이런 상황을 바꿀 수 있을까?

나의 대답은 언뜻 순진하게 들릴 수 있으며, 심지어 불쾌할 만큼 순진하게 들릴 수도 있다. 교회 안에 일치와 다양성을 가져오기 위해 아무것도 할 필요 없다는 것이 나의 대답이다.

하나님이 이미 그것을 이루셨다. 몇 단락 후에 나는 우리가 그것을 삶으로 살아 내기 위해 열심히 노력해야 한다는 것에 대해 이야기하겠다. 일단 잠시 동안은 하나님이 어떻게 복음으로 일치와 다양성을 이루셨는지를 생각해보자. 앞에서 언급한 에베소서 2장과

3장의 증언이 중요하다. 바울이 그곳에서 사용한 동사들을 유심히 살펴보라. 에베소서 2장 12절의 "밖에 있었고", "소망이 없고", "하나님도 없는"과 2장 13, 14절의 "가까워졌느니라", "우리의 화평이신지라", "둘로 하나를 만드사", "막힌 담을 허시고"와 같은 표현들을 주목하라. 이 표현들은 2장 11절에서부터 3장 마지막까지 기록된 일치에 관한 대목에서 핵심적인 역할을 한다. 이것은 아직 이루어지지 않은 것을 갈망하는 표현이 아니다. 바울은 우리의 구원과 관련해 이미 일어난 일을 묘사하고 있다. 에베소서 2장 첫 구절에서부터 에베소서 3장 마지막 구절에 이르기까지 명령어는 단 한 번만 사용되었다. 에베소서 2장 11, 12절에 등장하는 "생각하라"가 그것이다. **"생각하라**…그 때에 너희는 그리스도 밖에 있었고 이스라엘 나라 밖의 사람이라 약속의 언약들에 대하여는 외인이요 세상에서 소망이 없고 하나님도 없는 자이더니"(12절). 우리는 과거에 우리가 어떠했는지를 기억해야만 그리스도께서 이루신 것을 온전히 이해할 수 있다. 바울이 우리에게 하라고 요구하는 것은 이것이 전부이다.

물론 우리는 예수님의 죽음을 통해 어떤 형태의 일치가 이루어졌는지를 정확하게 규정해야 한다. 이것은 그리스도인을 자처하는 모든 사람의 일치가 아닌 참된 그리스도인들 간의 일치이다. 그리고 이것은 조직체적인 일치organizational unity가 아니다(즉 같은 교단이나 같은 교회에 속해야 한다는 의미가 아니다). 그럼에도 불구하고 우리는 이 일치가 이미 이루어진 사실이라고 인식해야 한다. 우리가 한 번도 만나본 적이 없는 참된 신자들을 향해 느끼는 유대감이 이 사실을 증언한다.

불이 필연적으로 열기를 뿜는 것과 마찬가지로 예수 그리스도의 복음으로부터 필연적으로 다양성 안에서의 일치가 생겨난다. 이와 관련해서 우리가 해야 할 일은 아무것도 없다. 하나님이 교회 공동체 안에서 이 불가능한 일을 이루시는 동안 우리는 그저 지켜보며 그분을 예배하면 된다.

그렇다면 이것은 우리가 가만히 뒷짐을 지고 앉아 인격적 기질과 배경이 각기 다른 사람들이 저절로 서로를 사랑할 것을 기대하기만 하면 된다는 의미인가? 그렇지 않다. 사실 바울은 오직 하나님만이 에베소 교회 안에서 유대인과 이방인을 하나로 연합하신다고 말하고 나서 곧바로 에베소서 4장 3절에서 "평안의 매는 줄로 성령이 하나 되게 하신 것을 힘써 지키라"고 당부했다. 바울 서신 대부분이 그렇듯이 에베소서의 전반부도 "이것이 그리스도 안에서 너희의 새로운 정체성이다. 너희는 생명을 얻은 죄인일 뿐 아니라 원래는 외인이었는데 이제 하나가 되었다."고 가르친다. 그러고 나서 후반부는 "그러므로 그리스도 안에서 너희에게 주어진 새로운 정체성을 따라 살라."고 가르친다.

우리는 일치를 함양할 역할을 갖는다. 우리는 식물에 조심스레 물을 주는 농부처럼 행동해야 한다. 다시 말해, 우리의 삶에 일치를 이룬 장본인은 우리가 아닌 하나님이시지만 그분의 섭리 가운데서 그것을 건강하게 유지해 나가는 데 있어서 우리의 행동은 매우 중요하다.

그러나 우리는 그리스도 안에서의 일치를 잘 지키지 못하고 오히려 그것을 방해할 때가 많다. 우리는 종종 복음의 자연스러운 일치를 방해한다. 우리는 과연 어떤 식으로 그것을 방해할까? 많은 요인이 있겠지만 여기에서는 간단하게 몇 가지만 언급하고 이번 장을 마무리하겠다. 일치와 다양성을 방해하는 요인은 크게 세 가지다.

방해 요인 1 : 유사성에 근거한 사역

나는 농사를 그렇게 잘 짓는 편이 못 된다. 그러나 지난 몇 년 동안 집 뒤뜰에서 다양한 과일과 채소를 기르려고 노력해 왔다. 우리집 뒤뜰은 놀이터, 실외 식사 공간, 수영장, 가족 농장의 역할을 동시에 감당한다. 첫해에 토마토를 기르면서 나는 그것을 배수가 잘되는 화분에 심고 매일 물을 주었다. 그런데 열매가 익을 즈음에 보니, 실망스럽게도 모두 썩은 토마토만 달린 것이 눈에 띄었다. 나는 황급히 인터넷을 검색해 문제의 원인을 찾아냈다. 물을 너무 자주 준 탓에 토양에서 칼슘이 씻겨 나가 영양분이 충분하게 공급되지 않은 것이 원인이었다. 뜨거운 여름철의 햇볕 아래에서도 토마토가 잘 자랄 능력이 있다고 믿었더라면 풍성한 수확물을 얻었을 것이다. 다행히도 인터넷 검색을 통해 발견한 조언 덕분에 남은 토마토는 조금 건질 수 있었다. 아내는 칼슘이 함유된 제산제를 가져다가 토마토 화분에 뿌리는 나의 모습을 도끼눈을 뜨고 바라보았다.

나의 문제는 행동의 결핍이 아닌 믿음의 결핍에 있었다. 이것은 교회 안에서 공동체를 신장시켜 나가는 일에도 똑같이 적용된다.

바울은 일치와 다양성을 성취해야 할 목적이 아닌 필연적인 사실, 곧 복음이 역사하는 곳이면 어디에나 나타나는 현실로 묘사했다. 그러나 우리는 복음이 그리스도인들의 그런 폭넓은 다양성을 하나로 연합할 수 있는 능력을 지니고 있다는 사실을 믿으려고 하지 않고, 좀 더 쉽게 공동체를 이루는 방법을 시도한다. 다시 말해, 우리는 연령이나 결혼 여부나 직업이나 좋아하는 음악 등의 유사성에 근거해 사람들을 결집하려고 시도한다. 그렇게 하면 사람들이 함께 어울리며 교제를 나눌 공동체를 확실하게 건설할 수 있을 것이다. 그러나 그런 공동체는 세상을 놀라게 하지 못한다. 왜냐하면 그러한 결집력은 복음이 아닌 자연적 유사성에서 비롯된 것이기 때문이다.

당신이 20대의 양키스 팬들을 같은 공간에 모아 놓으면 그들은 서로 흥겹게 어울릴 것이 틀림없다. 그들은 멋진 공동체를 형성할 것이다. 그러나 그런 일은 그리스도인 여부와 상관없이 일어나는 일이다. 유사성에 근거한 교회 사역의 예를 몇 가지 나열하면 다음과 같다.

- 연령별로 반을 나눈 주일학교. 이것은 내가 속한 남침례회 교단에서 흔히 볼 수 있는 관행이다.
- 인생의 단계에 근거한 소그룹 구성. 독신자들을 위한 소그룹, 신혼부부들을 위한 소그룹, 젊은 부부들을 위한 소그룹, 자녀들이 장성해 모두 떠나고 홀로 남은 부부들을 위한 소그룹 등.
- 다양한 인생의 단계에 속한 사람들의 필요를 채워주기 위한 지원 사역. 이혼자들을 위한 지원 사역, 대학생 자녀를 둔 부부

들을 위한 지원 사역, 의료 종사자들이나 회계사들이나 알코
올 중독자가 있는 가정들을 위한 지원 사역 등.

- 독신 남녀들을 위한 모임.
- 전문직 종사자들, 예술가, 홈스쿨 가정 등 특정 동종 집단을 대
  상으로 교회를 형성하는 것.

이런 식의 사역은 이외에도 많다. 유사성에 근거한 사역이 교회
안에서 공동체를 형성하는 가장 흔한 방법이다. 이런 방법을 사용
하는 이유는 대개 믿음이 부족해서다. 에베소서에서 알 수 있듯이,
복음은 유대인과 이방인을 하나로 연합시켰다. 그러나 우리는 복음
이 미혼모와 은퇴자를 연합시킬 수 있다는 사실을 믿지 못하기 때
문에 그들의 특정한 상황에 맞는 각각의 공동체를 제공하려고 시도
한다.

여기에서 나에 관한 두 가지 사실을 잠시 언급하는 것이 유익하
리라고 생각된다. 첫째, 아내와 나는 지난 10년 동안 신혼부부들을
위한 소그룹을 지도하는 데 많은 시간을 할애했다. 둘째, 나는 교회
에서 장로들을 대신해 여전도회를 감독하는 일을 돕고 있다. 따라
서 내 말을 오해하지 말기 바란다. 나는 유사성에 근거한 사역이 악
하다고 생각하지 않는다. 나는 단지 그것이 위험하다고 생각할 뿐
이다. 유사성에 근거한 사역은 교회로서의 공동체를 그런 식으로
특정지움으로써, 복음을 통해 이루어지는 초자연적인 다양성을 모
호하게 만든다. 그러나 나는 공통점이 있는 사람들과의 관계를 이

용한 목회 사역도 그 나름대로 유용하다는 점을 무시하지 않는다.

중요한 것은 무엇이 교회 공동체의 성격을 규정하느냐는 것이다. 미국 농무부가 강조하는 "균형 있는 식단"을 여기에 비유적으로 적용하면 유익할 수 있다.[1] 햄버거와 감자튀김만 먹는 것은 건강하지 못하다. 균형 있는 식단에는 과일과 채소, 곡물과 단백질이 골고루 포함된다. 그와 비슷하게 우리도 교회 안에서 골고루 균형을 갖춘 관계를 발전시켜 나가야 한다. 교회에는 유사성에 근거한 관계들이 있기 마련이다. 그런 관계들도 마땅히 감사하게 여겨야 한다. 유사성에 근거한 관계는 중요하고, 독특한 이해의 차원을 열어준다. 그러나 다른 공통점이 없어도 오직 그리스도인이라는 이유 하나만으로 서로 친구가 될 수 있는 관계, 곧 세상의 관점으로는 설명하기 어려운 관계가 존재한다. 이것이 핵심이다. 이 두 가지 관계는 모두 중요하고 건전하다. 때로 이 둘은 서로 겹치기도 한다. 그러나 두 번째 관계가 존재하지 않는다면 경각심을 느껴야 마땅하다.

방문자들과 교인들이 유사성에 근거한 공동체로 일컬을 공동체만 형성했다면, 당신은 에베소서 2장과 3장의 비전에 못 미치는 일을 해 온 것이다.

---

1. 이 비유는 내 친구 매트 머커가 생각해 낸 것이다. 그는 이번 장의 초고를 활용해 자기 교회에서 다양성에 관해 가르쳤다.

방해 요인 2 : 소비자중심주의

지금까지 말해 온 대로 다양성 안에서의 일치는 복음의 자연스러운 결과물이다. 언뜻 생각하면 이 말은 교회가 "나를 중심으로" 돌아가기를 바라는 소비자중심주의적인 사고방식에 부응하는 것처럼 들린다. 소비자중심주의는 이렇게 말할 것이다. "나는 다양성을 갖춘 교회에 다니는 것이 좋아. 다양성이 저절로 갖추어지는 것이라면 나는 아무것도 희생할 필요가 없잖아."

그러나 성경은 복음에서 자연히 따라나오는 좋은 것들에 대한 언급으로 가득하면서도 여전히 우리의 큰 희생을 요구한다. 바울은 데살로니가전서 4장 3절에서 "하나님의 뜻은 이것이니 너희의 거룩함이라"라고 말한다. 그러나 바울은, 우리의 거룩함이 하나님의 범할 수 없는 확정적인 뜻임에도 불구하고 다음 구절에서 "각각 거룩함과 존귀함으로 자기의 아내 대할 줄을 알고"라고 덧붙였다. 이것은 복음을 믿는 믿음이 있는 곳에 거룩함이 자연스레 수반되지만, 그럼에도 우리는 거룩함을 추구하기 위해 매일의 싸움을 수행해야 한다는 의미를 지닌다.

같은 원리가 다양성에도 적용된다. 하지만 소비자중심주의를 지향하는 시대에 살고 있는 우리는 아무런 희생 없이 그것이 저절로 이루어질 것처럼 생각할 때가 많다. "예배에 어떤 음악을 사용해야 하는가?"라는 간단한 문제를 예로 들어보자. "어떤 종류의 음악이 내가 하나님을 예배하는 데 가장 도움이 될까?"라는 식으로 개인주의적인 관점에서 음악이라는 주제를 다루는 그리스도인들이 많다. 그런데 각자의 배경(특히 문화적 배경)이 다양하기 때문에 이 질문에 대한 대답은 저마다 다를 수 있다. 어떤 교회는 음악 스타일에 따라 예배 장소나 예배 횟수를 복수화함으로써 이 문제를 해결하려고 시도한다. 이것은 내가 조금 전에 비판한 "유사성에 근거한 사역"의 원리를 반영한 것이다. 또 교회가 채택한 음악 스타일이 문화적인 의미를 지닌다는 사실을 아예 무시하는 교회(비교적 서로 비슷한 사람들끼리 모인 교회)도 있고, 여러 스타일의 음악을 사용해 모두에게 골고루 혜택을 주려고 시도하는 교회도 있으며(이 경우는 정교한 음악적 기교가 필요하고 모두가 약간의 희생을 감수해야 한다), 모든 종류의 사람에게 통할 수 있도록 최대한 단순한 음악을 사용하는 교회도 있다(이런 방식은 내가 선호하는 방식이지만 어느 정도의 희생이 뒤따른다).

음악 스타일에 관한 것만 해도 이 정도다. 교회의 다른 모든 측면에 관련해서도 이와 비슷한 문제들이 발생한다. 그러나 이것이 전체적인 핵심이다. 돈 카슨은 《Love in Hard Places》(힘든 곳에서의 사랑)라는 책에서 "교회는 '자연적인' 친구들로 구성되지 않는다. 오히려 교회는 자연적 원수들로 구성된다. 우리를 함께 묶는 것은 공통된 교육, 동일한 인종, 비슷한 소득 수준, 비슷한 정치적 견해, 공통된 조상, 똑같은 억양, 동일한 직종 따위가 아니다…이런 점에서 우리는 예수님을 위해 서로를 사랑하는 자연적 원수들의 집합체다."라고 말했다.[2] 자연적 친구들로 구성된 교회는 복음의 능력을 보여주

---

2. D. A. Carson, *Love in Hard Places* (Wheaton, IL: Crossway, 2002), 61.

기 어렵다. 그러나 자연적 원수들로 구성된 교회, 곧 복음을 드러내는 교회는 삶의 모든 측면에서 희생을 요구한다. 바울이 로마서 12장 1절에서 "너희 몸을…산 제물로 드리라"고 말하고 나서 곧바로 4절에서 교회의 삶을 언급한 것은 조금도 놀랍지 않다.

다양성을 갖춘 교회에 다니는 것을 좋아하면서도 당신과 상당히 다른 누군가를 사랑하기 위해 손가락 하나 까딱하지 않으려 하는 일이 얼마든지 가능하다. 따라서 실천적인 사람이 되자. 과연 어떤 종류의 희생을 감수해야만 다양성 안에서 일치를 증진시키는 데 도움이 될 수 있을까?

- 내가 자연스레 끌리지 않는 사람에게 다가가서 관계를 맺기 위해 나의 편안함을 희생하는 것도 한 방법이다. 예를 들어 예배 후에 대화를 나눌 수 있는 두 사람을 발견했다고 하자. 그런 경우에는 어울리기가 불편한 사람에게도 최소한 절반의 시간을 할애해 대화를 나누어야 한다.
- 나의 취향을 희생하는 것도 한 방법이다. 예를 들면 "교제 시간에 어떤 종류의 음식을 먹을까? 교회에서 어떤 찬송가를 좀 더 자주 부르면 좋을까?"와 같은 문제들이다. 로마서 12장 10절은 "형제를 사랑하여 서로 우애하고 존경하기를 서로 먼저 하며"라고 말한다.
- 나의 재물과 시간을 희생해 어려운 처지에 있는 동료 교인들을 섬기는 것도 한 방법이다. 사회적인 관점에서 볼 때 나의 시간

이 그런 신자들의 시간보다 더 귀중하게 생각되더라도 기꺼이 그렇게 해야 한다. 요한일서 3장 18절은 "우리가 말과 혀로만 사랑하지 말고 행함과 진실함으로 하자"라고 말한다. 한 시간에 천 달러의 자문료를 받는 기업 고문 변호사가 작은 가게를 운영하는 자신의 동생과 함께 점심을 먹으면서 세 번씩이나 인내심 있게 똑같은 조언을 들려주는 모습을 생각해보라.

• 나의 습관을 바꾸지 않으면 절대로 만날 수 없는 사람들이 있다면 기꺼이 그 습관을 희생하는 것도 한 방법이다. 항상 두 달 전부터 할 일을 미리 계획하는 습관을 지녔다고 하더라도, 예배가 끝난 후 누군가와 함께 점심을 먹으러 즉흥적으로 가도록 하라.

방해 요인 3 : 다수 문화의 무의식적인 발현

누군가로부터 당신의 억양이 특이하다는 말을 처음으로 들었을 때는, 아마도 '내 억양은 특이하지 않아. 억양이 특이한 것은 다른 사람들이야.'라고 생각하며 그냥 웃어넘기려고 할 것이다. 교회의 문화에 대해서도 이와 똑같은 일이 일어날 수 있다. 외부인들에게는 특이하게 보이는 교회 문화를 내부인들은 전혀 의식하지 못할 수 있다. 예를 들어, 우리 교회의 평균 연령은 꽤 젊은 편이지만(30세 미만이다), 60대와 70대 교인도 있고 그 이상 연로한 교인들도 수십 명이나 된다. 내가 교회에서 젊은 신자에게 대표 기도를 부탁하면 "젊은이들이 관심을 기울이는 것(예를 들면, 성적 순결, 까다로운 직장 상사, 다루기 어려운 자녀, 세상에 변화를 일으키는 것과 같은 내용 등)"에 대한 내용으로 기도할 때가 많다. 물론 그런 내용의 기도는 70대의 교인들에게도 전혀 낯설지 않다. 그러나 그런 기도가 계속 반복되면 70대의 신자들에게 이곳이 젊은이의 교회가 되어 버렸다는 인상을 심어줄 수 있다. 젊어진 교회가 아닌 젊은이만을 위한 교회 말이다. 믿음을 떠나 방황하는 자녀들이 하나님을 신뢰할 수 있도록 기도하는 것은 어떨까? 육체적으로 피곤할 때 사랑할 수 있는 힘을 구하는 기도를 드리는 것은 어떨까? 다음세대에게 경험을 전할 수 있는 지혜를 구하는 기도를 드리는 것도 좋지 않을까? 젊은 신자가 일부러 다른 사람들의 소외감을 불러일으키려고 하지는 않을 것이지만, 젊은 교회에서는 그의 문화가 곧 다수의 문화다. 그리고 다수의 눈에는 자신들의 문화가 보이지 않는다. 만일 80대의 신자가 엄청나게 젊은 교회에서 대표 기도를 한다면, 그는 좀 더 자연스럽게 모든 교인의 관심사를 고려한 기도를 드릴 것이다.

"형제를 사랑하여 서로 우애하고 존경하기를 서로 먼저 하며"(롬 12:10)라는 바울의 명령을 지키려면, 다른 사람들의 필요에 관심을 기울이기 위해 내가 속한 문화의 전제들을 이해하려는 노력이 필요하다. 그것들을 이해하지 못하면 어떻게 "짐을 서로 질"(갈 6:2) 수 있겠는가?

한 가지 예를 더 들어보자. 내가 이 글을 쓸 무렵, 조지 짐머만의 살인 사건에 대한 재판에서 "무죄"가 선고되었다. 짐머만은 인종차별적인 편견에 사로잡혀 비무장한 흑인 소년을 권총으로 살해한 죄로 기소된 인물이다. 이 사건은 내가 사는 도시는 물론, 많은 곳에서 뜨거운 논란을 불러일으켰다. 백인이 다수를 차지하는 우리 교회에서는 이 사건이 그렇게 큰 문제로 생각되지 않는 것처럼 보인다. 심지어는 이 사건이 왜 그렇게 많은 관심을 받고 있는지조차 잘 모르는 사람도 있다. 그러나 우리 교회에 다니는 아프리카계 미국인 신자들은 대부분 이 사건을 매우 심각하게 받아들였다(이 점은 지금도 마찬가지다). 이 문제는 이른바 인종 프로파일링에 해당한다. 우리 교회의 사랑하는 흑인 형제자매들 가운데는 피부색 때문에 부당하게 의심받거나, 부당하게 대우받거나, 부당하게 표적이 된 사람들이 많다. 내가 그들에게서 전해들은 바에 따르면, 이 사건 이후로 그들은 이전보다 훨씬 더 안전하지 못하다는 느낌을 받고 있다.

나는 목회자로서 무엇을 해야 할까? 내가 배심원들의 결정을 바로잡아야 한다며 목소리를 낼 만한 입장이 못 되는 것은 틀림없다. 그러나 우리 교회에 가장 큰 도움이 될 반응이 침묵을 지키는 것이라고 생각한다면 그것은 큰 오산일 것이다. 침묵은 우리 교회가 워싱턴 DC에서 아프리카계 미국인으로 살아가는 사람들에 대해 아무런 관심도 없다는 인상을 심어줄 뿐이다. 다시 말해, 그런 태도는 내가 우리 교인들이 모두 나와 같은 백인 중산층의 문화에 동참하기를 바란다는 은근한 암시가 될 것이다. 침묵은 "존경하기를 서로 먼저 하"는 것과는 거리가 멀다.

따라서 우리 교회는 이번 사건과 그 밖의 다른 사건들 때문에 안전을 위협받는다고 생각하는 모든 사람을 위해 기도했다. 우리는 서로를 이해하고, 도움을 주고받으며, 궁극적으로 그리스도 안에서 우리를 완전하게 보호하시는 하나님께 소망을 두게 해달라고 간구했다. 우리는 이번 사건에 대해 직접적인 입장을 밝히는 대신 그로 인해 파급된 결과(즉 분명하고도 중대하지만, 우리 교인들 가운데 많은 사람이 잘 의식하지 못한 결과)를 위해 기도하는 방법을 선택했다.

결론 : 어떻게 해야 할까?

교회 공동체는 초자연적인 넓이를 지닌다. 이 다양성은 우리가 이루는 것이 아니다. 그것은 그리스도께서 십자가에서 이루신 사역에서 자연스레 비롯한다. 그러나 "평안의 매는 줄로 성령이 하나 되게 하신 것을 힘써 지키"려면(엡 4:3) 많은 노력이 필요하다. 나는 다양성 안에서의 일치를 방해하는 기본적인 요인들을 세 가지로 나눠 설명하였을 뿐 그것들을 극복하는 방법은 제시하지 않았다. 3장에서도 공동체의 초자연적인 깊이를 진작시켜 나가는 구체적인 방법에 대해서는 거의 아무런 제안도 하지 않았다. 이러한 것들은 2부에서 다룰 생각이다.

지금까지 많은 복음주의 교회들의 문제에 대해 말했으니, 이번에는 기도와 설교에서부터 교역자 구성과 소그룹에 이르기까지 교회 사역의 다양한 측면을 하나씩 살펴보기로 하자. 이어지는 여섯 장에 나오는 내용 가운데서 초자연적인 공동체라는 성경적인 비전을 더욱 알차게 구현할 수 있는 실천적인 방법을 발견할 수 있기를 바란다.

2부
공동체를 형성하는 방법

5장

설교로 공동체를 구비시키라

공동체의 초자연적인 넓이와 깊이는 어떻게 생겨나는 것일까? 그것을 발전시키려면 어떻게 해야 할까?

대답은 간단하다. 초자연적인 공동체는 초자연적인 믿음으로 말미암으며, 믿음은 하나님의 말씀으로 말미암는다(롬 10:17). 따라서 교회는 하나님의 말씀을 들어야 한다.

그러나 여기서 한 가지 유념할 사항은 주일 아침 설교만으로는 충분하지 않다는 것이다. 초자연적인 공동체를 형성하기 위해서는, 교인들이 하나님의 말씀에 깊이 잠겨야 한다. 주일 아침 설교 한 번으로는 그렇게 하기가 불가능하다. 교인들은 서로에게서 일주일 내내 하나님의 말씀을 들으며 지내야 한다. 그러나 모든 설교가 다 그런 일을 위해 교인들을 구비시키는 것은 아니다.

이번 장은 설교에 대한 일반적인 사항을 다루는 장이 아니다. 이번 장은 설교가 회중을 작은 설교자로 만들어 내야 한다는 것을 다룬다. 즉, 이번 장의 핵심은 그저 회중을 가르치는 것이 아니라 회중을 구비시키는 것이다. 이번 장에서는 우리가 교회 안에서 이루기를 원하는 초자연적 공동체 건설을 증진시키는 설교를 다루고자 한다.

한 가지 예 : 제자화 문화를 조성하기

교회 안에서 제자화(교인들이 서로의 친밀한 관계를 통해 예수님을 충실히 따르도록 서로를 격려하는 것)가 지극히 정상적이고, 당연한 일로 간주되는 문화를 조성하는 것이 당신의 목표라고 가정해보자. 그런 문화가 조성되어 있다면, 교인들이 하나님의 말씀을 함께 공부하고 그리스도 안에서 서로를 격려하기 위해 일대일로 함께 만나는 일이 빈번하게 이루어질 것이다. 그러나 교회 안에 그런 문화가 아직 조성되어 있지 않다면 어떻게 해야 할까? 몇 가지 아이디어를 생각나는 대로 적어보면 다음과 같다.

- 제자화에 대해 다루는 연속 설교를 전하면서 교인들이 무엇을 해야 하는지 가르친다.
- 제자화를 담당할 교역자를 청빙한다.
- 제자화 운동을 벌여 교인들이 짝을 지어 정해진 커리큘럼을 이수하게 한다.
- 다음 주일에는 성도들에게 단지 성경을 읽는 것에 그치지 말고 말씀을 열심히 실천하라고 각별히 강조한다.
- 제자화를 교회 멤버십의 한 요소로 요구한다.

이것들은 모두 합법적인 방법들이지만 한결같이 당장 올바른 결정을 만들어 내는 데 집중하고 있다. 이 방법들이 반드시 당신 교회 저변의 문화를(그리스도인 된다는 것이 무엇을 의미하는지에 관한 교인들의 생각을 포함함) 변화시키리라는 보장은 없다. 다만 당신은 몇몇 제자화 관계를 형성하는 것만으로는 만족할 수 없으며, 다른 이를 이렇게 사랑하는 것이 예수님을 따르는 삶의 일부라는 사실을 모든 교인이 분명하게 인지하게 되기를 원한다.

교회 지도자들이 흔히 빠지기 쉬운 유혹은 교회의 결함을 발견해 그것을 "고치는 것(곧 성경의 가르침을 더 잘 반영하는 방향으로 교인들의 행위를 조정하는 것)"이다. 그러나 그런 방법은 단기적인 행동의 변화를 끌어낼 수는 있을지 몰라도 오래 지속되는 참된 변화를 끌어내지는 못한다. 제자화는 자녀양육과 비슷하다. 예의 바르고 순종적인 자녀를 원한다면 다른 무엇보다도 심령의 변화가 중요하다.

참된 변화는 믿음에서 비롯한다

교회 안에서 일어나는 모든 문제는 불신앙에서 비롯한 것이다. 당신의 교회 안에 제자화 문화를 형성하기를 원한다면 교인들이 예수님의 말씀을 믿어야 한다. 그들은 "주는 것이 받는 것보다 복이 있다"(행 20:35)는 말씀을 믿어야 한다. 또한 다른 사람의 성장을 도울 때 나 자신이 성장할 수 있다는 것을 믿어야 하며, 나 자신의 영적 건강에만 지나치게 집중하는 것보다 다른 사람을 돕는 것이 더 큰 기쁨을 가져다준다는 것을 믿어야 한다. 제자화 문화를 형성하기 위한 싸움은 곧 믿음의 싸움이다.

어떻게 하면 교인들이 더 큰 믿음을 갖게 할 수 있을까? 우리 힘으로는 할 수 없다. 믿음은 항상 하나님의 선물이다(엡 2:8). 그러나 은혜로우신 하나님께서는 자신이 역사하시는 방법을 우리에게 일러주셨다. 하나님은 말씀으로 믿음을 창조하신다. "믿음은 들음에서 나며 들음은 그리스도의 말씀으로 말미암았느니라"(롬 10:17). 하나님의 말씀의 놀라운 점은, 그것이 우리에게 무엇을 하라고 명령하는 데 그치지 않고, 그 명령한 것을 직접 창조할 수 있다는 데 있다. 예수님이 귀먹은 사람에게 말씀하시자 그의 귀가 즉시 열려 듣게 되었다(막 7장). 또 죽은 자에게 말씀하시자 죽은 자가 즉시 살아났다(요 11장). 교인들 가운데 믿음으로 충만한 행동이 자라나는 것을 보기 원한다면, 그들을 말씀으로 충만하게 하라.

설교 이상의 것이 필요하다

15년 전에 우리 교회는 "어떻게 제자화 문화를 조성할 수 있을까?"라는 문제를 놓고 고민하기 시작했다. 우리는 그 문제가 겉보기보다 훨씬 더 어려운 문제라는 사실을 깨달았다. 단지 사람들이 의도를 가지고 영적인 관계를 서로 맺는 것만으로는 충분하지 않았다. 진정한 문제는 사람들이 제자화가 예수님을 따르는 절대 조건 가운데 하나라는 사실을 알지 못하는 것이었다. 행동의 변화가 아닌 문화의 변화가 필요했다. 따라서 내가 조금 전에 말한 몇 가지 방법들만 채택했다면 어떤 일이 일어났을까? 아마도 교인들 사이에 단 한 가지 유형의 관계만 복제되는 결과가 나타났을 것이 분명하다. 그러나 제자화는 누가 그 일을 하느냐에 따라 행위 유형이 달라지기 마련이다. 그렇지 않은가? 한 가지 모델이 모두에게 다 적합한 것은 아니다. 결국 "계획에 입각한" 변화 시도로는 그리스도인의 삶에 관한 사람들의 기본 개념들을 바꾸기가 어렵다. 그런 방법은 근본적인 믿음의 문제를 해결할 수 없다. 주제 중심의 연속 설교나 전문 교역자를 청빙하는 것이 반드시 교회에 나쁜 것은 아니지만, 그런 방법으로는 우리가 필요로 하는 깊은 변화에 도달할 수 없을 것이다.

그렇다면 우리는 어떻게 하였나? 짐작했겠지만, 우리는 새로운 교역자를 청빙하지도 않았고 제자화 운동을 벌이지도 않았고 소그룹 모임의 구조를 바꾸지도 않았다. 그 대신 우리는 이 일의 필요성을 놓고 기도했고, 계속해서 하나님의 말씀을 전했다. 회중이 이 일로 분투한다는 것을 알고서, 성경 여기저기를 설교하는 가운데 설교 적용 부분에서 제자화를 자주 언급했다.

그러자 어떤 일이 일어났을까? 하나님의 말씀이 조금씩 역사하기 시작했다. 교인들이 "서로__하라"라는 성경의 명령을 어떻게 살아낼 수 있는지 발견하기 시작했다. 그들은 때로 장로들도 미처 생각하지 못한 방식으로 그렇게 했다. 교인들은 교회에서 그들의 관계의 진실성에 대해 서로 말하기 시작했고, 성경적인 잣대를 사용해 그것을 평가하기 시작했다. 친밀한 관계는 점점 더 영적인 의도성을 띄기 시작했다. 주일학교 교사들이 자기 반 안에서의 제자화에 대해 말했다. 소그룹 모임이 제자화의 허브가 되었다. 시간이 지나면서 제자화는 이례적인 활동에서 보통의 활동으로 바뀌었다.

이 일은 단지 "목회자가 시키는 대로 하는 것"보다 훨씬 더 복잡하고 심원한 차원의 일이다. 이 일에 여러 해가 걸렸지만, 시간을 두고 하나님의 말씀을 어떻게 적용할지에 대해 수많은 대화를 나누다보니 우리 교회의 문화가 정말로 바뀌었다. 우리는 교인들에게 하나님의 말씀을 가르쳤고, 하나님의 영께서 그들의 마음을 이끄셔서 우리가 결코 생각하지 못했던 방식으로 서로에게 그 말씀을 반복해서 전하게 하셨다.

여기에서 한 가지 중요한 문제가 제기된다. 이러한 예에서 제자화 문화를 창조한 말씀 사역은 과연 무엇이었나? 그것은 강단 사역이었나? 물론 그 일은 강단에서 시작되었다. 그러나 그 후 그것은 회중의 사역이 되었다. 곧 친밀한 관계, 교사들, 소그룹 등을 통해 사역이 이루어졌다. 그것이 진정한 변화의 요인이었다.

이러한 모델은 "그가 어떤 사람은 사도로 어떤 사람은 선지자로 어떤 사람은 복음 전하는 자로 어떤 사람은 목사와 교사로 삼으셨으니 이는 성도를 온전하게 하여 봉사의 일을 하게 하며 그리스도의 몸을 세우려 하심이라"라는 에베소서 4장 11-12절 말씀에 근거한 것이다.

그리스도께서 교회의 사역자들에게 말씀을 맡기신 이유는 변화를 일으키게 하기 위해서가 아니라, 다른 이들이 변화를 일으키도록 구비시키기 위해서다. 주일 아침 설교는 말씀 사역의 결승선이 아닌 출발선이다. 그것은 참된 사역의 시작에 불과하다. 교인들은 거기서 하나님의 말씀을 받아 일주일 내내 실천에 옮겨야 한다. 비유를 하나 더 들면, 설교는 사람들에게 눈을 내려주는 인공설 제조기가 아니라 눈사태(즉 말씀의 연쇄 반응)를 일으키는 최초 원인이다.

교회에서 발견된 문제를 해결하기 위해 변화를 시도할 때는 말씀 선포에서부터 시작해야 한다. 그러나 변화를 이루는 말씀 사역은 주일 아침 설교만으로 이루어질 수 없다. 심지어는 교인들이 주일 아침 설교에 관해 서로 대화를 나누는 분위기가 조성된다고 하더라도 그것이 충분하지 않기는 마찬가지다. 교인들에게 말씀을 직접 다루는 방법을 알려주어 그들을 사역자로 만드는 설교가 필요하다.

그러나 여기에 문제가 있다. 모든 설교가 교인들을 작은 설교자로 구비시키는 것은 아니다. 모든 설교가 교회 안에 지속되는 문화의 변화를 가져오는 것은 아니다. 때로는 성경과 거의 관계 없는 설교가 전해지기 때문이다. 자주 사용되는 비유를 들어 말하면, 설교자들이 종종 성경을 다이빙 보드로 사용한다. 즉 그들은 성경 본문에서 출발해서 곧바로 자기 생각으로 도약한다. 우리는 성경을 다이빙 보드가 아닌 수영장으로 생각해야 한다. 그러나 성경을 수영장으로 생각하는 설교자들조차도 회중을 구비시키는 설교를 하지 못할 때가 적지 않다.

- 어떤 설교는 본문 설명은 생략한 채, 적용만을 숟가락으로 떠서 먹여준다. 그런 설교로는 교인들을 서로를 위한 말씀의 사역자로 만들기 어렵다.
- 어떤 설교는 본문은 잘 설명하지만 교인들 스스로 성경을 이해하는 능력을 길러주지는 못한다.
- 어떤 설교는 회중이 말씀을 실천하려고 할 때 어떤 어려움을 겪을 것인지 이해하지 못한 채, 그저 무엇을 행해야 할 것인지에 대해서만 말해준다. 그런 설교는 교인들이 주중에 서로에게 성경 말씀을 적용하도록 구비시킬 수 없다.

그렇다면 어떤 설교가 교인들을 말씀의 사역자로 구비시킬 수 있을까? 첫째, 회중의 규모에 상관없이 그들의 특별한 필요를 고려한 설교를 해야 한다. 설교자는 교인들에 대해 잘 알고 있어야 한다. 그렇지 않다면 그들은 인터넷에서 자신들이 좋아하는 유명한 목회자의 설교를 듣는 편이 나을 것이다. 둘째, 교인들에게 말씀에 대한 책임감을 일깨워주고, 말씀을 활용하도록 훈련해야 한다. 그러면 이제부터 이 두 가지를 좀 더 자세히 살펴보도록 하자.

회중의 필요를 이해하는 설교

설교로 교인들을 구비시키려면 반드시 그들을 이해해야 한다. 그래야 할 이유는 분명하다. 예를 들어 교인들이 율법주의로 인해 어려움을 겪고 있다면, 그 죄가 그들의 삶 속에서 표면적으로 어떻게 나타나는지를 이해해야 한다. 그렇지 않으면 그들을 돕기가 어렵다.

그러나 이런 일은 좀 미묘한 성격을 띤다. 여기에는 리더십과 신뢰와 이해의 관계가 포함된다. 리더십은 신뢰에 의존한다. 그렇지 않은가? 예를 들어 이혼의 위기에 처한 교인들이 존재하는 상황에서 결혼에 관한 설교를 전한다고 가정해보자. 그리스도인은 결혼관계에 대한 인간적 희망이 모두 사라졌다고 해서 간단히 이혼할 수는 없는 법이며, 설교자는 교인들에게 이 점을 이해시켜야 한다. 그러나 그런 설교는 반문화적이기 때문에 상당한 반감을 불러일으킬 수 있다. 그런 설교는 많은 두려움도 유발할 수 있다. 예를 들면, 당신이 특정한 결혼의 어려움을 이해하지 못하고 있다는 두려움을 자아낼 수 있다.

그런 두려움은 목회자의 리더십에 장애를 초래한다. 교인들이 목회자의 권위를 두려워하는 대신에 신뢰하게 하려면 어떻게 해야 할까? 하나님이 우리와의 관계에서 어떻게 하시는지를 생각해보라. "이는 그가 우리의 체질을 아시며 우리가 단지 먼지뿐임을 기억하심이로다"(시 103:14)라는 말씀에서 우리가 하나님을 신뢰할 수 있는 이유를 발견할 수 있다. 하나님은 우리가 할 수 없는 일을 하라고 요구하지 않으신다. 그분은 우리를 아신다! 한편 결혼생활에서 남편은 어떻게 아내가 자신의 권위를 두려워하지 않게 돕는가(벧전 3:6)? 남편은 지식을 따라 아내와 동거함으로 아내를 돕는다(벧전 3:7).

어떠한 권위의 관계에서든 두려움을 없애는 길은 이해에 있다.

우리는 우리의 필요에 대한 고려 없이 행사되는 권위를 두려워한다. 그러나 권위자가 우리의 상황과 필요를 고려하고 이해하고 있음을 보이면, 신뢰가 생겨나기 마련이다.

베이징에 있는 한 친구가 속해 있던 회중은 단일 문화 회중에서 다문화 회중으로 전환되어 가는 중이었다. 다른 사람들과 마찬가지로 그도 변화를 거부했다. 그 어떤 성경적인 논리로도 그를 설득해 비슷한 사람들끼리 모이는 교회의 편안함을 포기하게 만들 수 없었다. 그러던 어느 날, 그 교회의 목사는 모든 것을 단번에 바꾸었다. 그는 한동안 그런 변화(다문화 교회로의 변화)가 성경적이라고 주장하는 설교를 일체 중단하고, 교인들을 향한 자신의 사랑에 대해 말하기 시작했다. 그는 깊은 감정이 실린 어조로 자기가 회중에게 요구하는 일이 얼마나 어려운 일인지 참으로 이해하고 있다고 말했다. 목사의 그런 사랑과 이해심을 느끼게 된 나의 친구는 갑자기 새로운 마음으로 성경을 상고하였다. 그리고 그는 바울이 에베소서 4장에서 말한 말씀의 사역자가 되어, 이 새로운 방향을 향해 나가자며 다른 사람들을 독려했다. 단지 진리만으로는 그를 말씀의 사역자로 만들 수 없었다. 깊은 이해심을 통해 진리와 사랑이 표현되는 것이 필요했다.

그렇다면 회중에 대한 이해를 설교에 반영하려면 어떻게 해야 할까? 그 방법은 크게 세 가지다.

1. 단지 그들에게 설교만 하지 말고, 그들을 목양하라

목양이란 말 그대로 양을 돌보는 것이다. 그러나 요즈음의 추세는 복수의 목회자로 구성된 교역자 팀을 구성하고, 그 가운데 한 사람이 단지 설교와 비전의 책임만을 맡는 것이다. 그리고 나머지 목회자들은 회중의 그날그날의 필요를 채워주는 일을 한다. 이런 방식은 우리를 크게 이롭게 하지 못한다. 설교하는 능력의 많은 부분은 회중에 대한 이해에서 비롯한다. 그리고 회중을 이해하려면 목회자가 그들을 돌보는 일에 시간을 사용해야 한다. 작은 교회를 담임하고 있는 목회자의 경우에는 이런 조언이 필요하지 않을 것이다. 왜냐하면 양을 돌봐줄 다른 교역자들이 따로 존재하지 않을 것이기 때문이다. 그러나 권한을 위임할 수 있는 여유가 있는 목회자의 경우에는 연구와 외부 사역이 아무리 중요하더라도 목양 사역을 다른 사람에게 모두 위임하지 않도록 조심하는 것이 좋다.

이 밖에도 목양을 하는 설교자 모델은 설교와 목양 사이에 놀라운 시너지를 발휘하는 유익이 있다. 목자로서의 사랑이 설교자로서의 권위를 더욱 증대시키고, 설교자로서의 돌봄이 목자로서의 권위를 더욱 강화한다. 이를테면, 신뢰가 형성되는 선순환이 이루어지는 셈이다. 신뢰는 예수 그리스도의 하위 목자인 우리의 가장 귀중한 자산 중 하나이다.

2. 설교 작성에 교인들을 관여시키라

"오픈소스 방식의 설교"를 주장하는 것이 아니라, 목회자가 이틀 동안 서재에 틀어박혀 있다가 양 떼를 먹일 말씀의 꼴을 가지고 강단에 서는 것 이상의 무엇인가가 필요하다는 것이다. 이 일을 하는 방법은 다양하지만, 모든 방법이 다 당신의 회중에게 효과적인 것은 아니다. 우리가 특별히 고려해야 할 것은 크게 세 가지다.

설교 본문으로 함께 기도하라. 우리 교회의 교역자들과 장로들은 교역자 모임이나 장로 모임을 시작할 때, 다음 주일 설교 본문을 읽고, 돌아가면서 각자가 그 안에서 발견한 것을 가지고 하나님을 찬양하는 시간을 갖는다. 이것은 모임을 시작하는 좋은 방법이다. 나는 성경 본문이 내가 예상하지 못했던 방식으로 다른 사람들에게 깨달음을 주는 것을 보고 놀랄 때가 많다. 이런 과정을 거치다보면, 본문을 적용하는 방법에 대한 새로운 생각이 떠오르곤 한다.

함께 점심을 먹으면서 설교의 적용 방법을 찾으라. 설교 적용 부분을 구성하는 유용한 방법 가운데 하나는, 설교의 각 요지와 관련해 미리 정한 적용의 범주를 토대로 자유롭게 각자의 생각을 말하는 시간을 갖는 것이다.[1] 또한 이것을 언제나 그룹 프로젝트로 삼으라. 몇몇 교인들에게 점심을 대접할 테니 시간을 할애해 미리 성경 본문을 생각하고 기도해보라고 부탁하라. 그러고 나서 일단 설교의 요지가 결정되면 함께 점심을 먹으면서 각각의 요지와 관련해 적용에 관한 아이디어를 만들어 내는 시간을 가지라. 그렇게 함으로써 목회자 자신의 한계를 뛰어넘는 관점들을 설교에 포함시킬 수 있을 것이다.

토요일 저녁에 설교 읽기 시간을 가지라. 토요일 저녁에 "설교 연습" 시간을 가지라. 몇몇 교인들을 초청한 후 그들에게 설교를 들려주라. 그렇게 하면 주일 아침이 되기 전에 미리 의사전달과 관련된 문제를 해결할 수 있을 뿐 아니라, 설교 전에 설교에 대한 사람들의 비평을 들을 수 있다. 그런 시간은 당신이 생각하지 못했던 부분에 대해(특히 예화나 설교의 서론에 대해) 여러 사람의 의견을 들을 수 있는 기회를 제공할 것이다.

3. 설교에 대한 피드백을 받으라

회중의 필요와 마음을 향해 말할 것들이 설교를 전한 뒤에야 비로소 명백해지는 경우가 종종 있다. 그러나 이러한 통찰을 놓칠 이유가 없다. 매주 정기적으로 당신의 설교를 비평에 노출시킨다면 당신은 설교를 더 잘하게 될 수 있을 것이다. 설교를 마치고 난 뒤에 몇몇 교인들을 불러 모아, 오전 설교를 분석하게 하라. 많은 목회자가 성경이 신앙과 실천을 위한 최종적인 권위를 지닌다고 인정하면서도, 결코 다른 사람들에게 자신의 설교를 성경의 기준에 의거하여 비평할 기회를 주려고 하지 않는다. 그런 태도는 목회자 자신

---

1. "적용 격자"를 개발하는 것에 대해 좀 더 자세히 알고 싶으면 다음 자료를 참조하라.《마크 데버, 그렉 길버트의 설교》(개혁된실천사), 139-144. 이 책의 저자들은 각각의 설교 요지와 관련해 일곱 가지 적용의 범주를 정해 놓고, 그것을 토대로 적용에 관한 개인의 생각을 자유롭게 말하게 하라고 제안한다. (1) 이 요점에 관한 가르침은 성경의 줄거리가 말하는 구원 역사의 진행과 맞아떨어지는가? (2) 이 본문은 비그리스도인들에 대해 무어라고 말하는가? (3) 이 본문은 더 광범위한 사회와 정책결정자들에게 무어라고 말하는가? (4) 이 본문은 예수님에 대해 무어라고 말하는가? (5) 이 본문은 개별 그리스도인들에게 어떻게 적용되는가? (6) 이 본문이 일이나 가족 문제에 대해 특별히 말하는 것이 있는가? (7) 이 본문은 내가 섬기는 교회인 캐피톨힐 침례교회에 대해 무어라고 말하는가? 설교가 세 개의 대목으로 이루어져 있다면, 모두 스물한 가지 적용이 산출되는 셈이다. 물론 그것들을 다 전할 필요는 없을 것이다. 그 가운데서 가장 적합한 것을 고르면 유익한 적용을 끌어낼 수 있을 것이다.

의 판단을 절대시하는 것과 다름없다.

설교는 양방향 대화다. 물론, 회중의 눈에는 그 절반만 보일 것이다. 당신은 청중의 표정과 몸짓과 말로 하는 반응이 당신의 메시지 전달에 영향을 미친다는 것을 잘 알고 있다. 설교 돌아보기 시간은 대화의 나머지 절반을 강화한다. 무엇이 분명했고, 무엇이 분명하지 않았는가? 어떤 적용의 기회를 간과했는가? 무엇을 고려하지 못했는가? 교인들이 이해하지 못한 것은 무엇인가? 설교 후에 다른 교인들과 설교에 관해 대화를 나누었을 교인들을 초청하라. 그렇게 하면 적은 수의 사람이 모이더라도 전체 교인의 의견을 대략적으로 살펴볼 수 있을 것이다.

교인들을 구비시키는 설교가 이루어지려면, 당신은 당신의 회중을 반드시 이해해야 한다. 하지만, 거기서 더 나아가 교인들을 구비시키는 데 초점을 두는 설교는 그들이 하나님의 말씀을 스스로 활용할 수 있게 가르친다. 이번에는 이 두 번째 문제를 살펴보자.

교인들이 하나님의 말씀을 활용하도록 돕는 설교

목회자의 책임은 설교를 전하는 것이고, 교인들의 책임은 설교를 듣고 그것을 자신의 삶에 적용하는 것이라고 생각하는 사람들이 많다. 이것은 설교를 듣는 청중의 책임을 과소평가한 것이다. 앞서 언급한 에베소서 4장의 본문을 생각해보라. 당신은 하나님의 말씀 설교를 통해 성도들을 구비시키며, 그들은 말씀을 활용해 서로를 섬겨야 한다. 즉, 성도들이 말씀을 듣고 그것을 자신의 삶에 적용하는 데서부터 시작하지만, 거기에서 그치면 안 된다는 것이다. 말씀으로 충만한 교회에서 설교는 회중의 귀에 도달하는 것에 그치지 않는다. 설교 말씀은 주중 내내 회중을 통해 계속해서 사역한다. 조너선 리먼은 그의 책《Reverberation》에서 이렇게 말했다.

> 하나님의 말씀이 반죽 속의 누룩처럼 회중의 삶을 통해 반죽으로 치대져야 하지만 그렇지 않다는 것이 문제다. 사람들은 주일에 나와 설교를 들을 뿐, 더 이상 아무것도 하려고 하지 않을 때가 많다. 말씀 사역은 주일 정오에 멈추고 만다.
> "말씀 사역"은 강단에서 **시작**하지만 교회의 삶을 통해 계속되어야 한다. 다시 말해, 교인들이 하나님의 말씀을 서로 주고받아야 한다. 반향실에서 소리가 메아리치듯, 말씀이 울려나야 한다. 반향실에서 소리가 벽에 튕겨 메아리치듯, 교회에서는 하나님의 효과적인 말씀의 소리가 교인들의 심령에 흡수되기도 하고 뿜어져 나가기도 해야 한다.[2]

교회 안에서 하나님의 말씀에 대해 이런 식의 반응이 나타나게

---

2. Jonathan Leeman, *Reverberation* (Chicago: Moody, 2011), 24. 하나님의 말씀에 대한 확신이 더 강해지기를 바라고, 그분의 말씀이 어떻게 교회를 안팎으로 철저하게 변화시키는지를 좀 더 잘 이해하려면 리먼의 책을 읽어보라고 강력히 권하고 싶다. 이 책은 설교를 통해 전달된 하나님의 말씀이 신자들의 일상생활 속에서 큰 반향을 불러일으킬 때 일어나는, 생명을 주는 말씀 사역을 잘 설명하고 있다.

하려면 어떻게 해야 할까? 하나님의 백성이 말씀의 사역자가 되게 하려면 어떻게 설교해야 할까? 나는 다음 세 가지를 제안하고 싶다.

1. 설교에 대한 회중의 책임을 명확하게 일깨워줘야 한다.

회중에게 그들이 듣는 설교 말씀에는 책임이 뒤따른다는 점을 분명하게 가르쳐야 한다. 구체적으로 말해 그들의 책임은 크게 세 가지다.

- 어떤 설교를 옳게 여길지에 대해 책임이 있다. 바울은 갈라디아서 1장과 디모데후서 4장 3절에서 단지 거짓 교사들을 꾸짖는 것에 그치지 않고, 설교를 듣는 회중의 책임에 대해서도 말했다. 마찬가지로, 버가모 교회가 발람과 니골라당의 교훈을 용납하자 성령께서는 그들을 엄히 책망하셨다(계 2:17).
- 변화될 책임이 있다. 야고보서 1장 22절은 말씀을 듣기만 하지 말고 행하는 사람이 되라고 가르친다. 누가복음 12장 48절에 의하면, 우리가 듣는 모든 선한 말씀은 하나님 앞에서의 우리의 책임을 더욱 무겁게 한다.
- 서로의 변화를 도와야 할 책임이 있다. 말씀을 듣는 것은 개인적인 활동이 아니라 집단적인 활동이라는 점을 회중에게 분명하게 주지시켜야 한다. 바울이 에베소서 4장에서 말한 것처럼, 회중이 설교 말씀을 사용하여 서로에게 사역할 때 변화가 일어나기 시작한다. 앞서 인용한 리먼의 말을 바꾸어 표현하면,

성도들을 구비시키는 설교는 단지 주일에 듣는 진리가 아니라 일주일 내내 회중을 통해 울려 퍼지는 진리이다.

2. 교인들이 성경을 더 잘 읽을 수 있게 구비시키라.

설교를 듣고 나서 "와! 나 혼자서는 절대로 깨달을 수 없는 말씀이었어."라고 말하는 사람이 있는가? 사람들은 그 말을 칭찬으로 받아들인다. 그러나 그것은 사역 실패의 징후일 때가 많다. 당신의 설교는 교인들을 말씀의 사역자로 구비시켜야 한다. 당신의 설교는 교인들에게 직접 성경을 읽고 거기서 통찰을 캐낼 수 있는 방법을 깨우쳐주어야 한다. 그렇게 할 수 있는 방법을 몇 가지 제안하면 다음과 같다.

- 강해 설교를 하라. 때로는 특정 주제에 대한 단편 설교나 시리즈 설교가 유익할 수 있지만, 성경 본문을 설명하고 이를 적용하는 방식의 설교가 주가 되어야 한다. 강해 설교란 성경 본문의 요점을 설교의 요점으로 삼는 설교를 가리킨다. 만일 "부모를 위한 성경의 다섯 가지 명령"과 같은 설교를 주로 전한다면 교인들에게 몇 가지 행동 방침을 알려주는 데 그칠 가능성이 매우 크다. 그러나 주로 강해 설교를 하면 교인들에게 성경을 활용하는 법을 가르칠 수 있다. 강해 설교를 꾸준히 해 나가면 성경을 이해하고 적용하는 교인들의 능력이 함양되어 교인들이 목회자에게 덜 의존하게 될 것이다.

- 문맥을 파악하는 능력을 길러주는 설교를 하라. 성경을 이해하고 활용하려면 먼저 본문의 문맥을 파악해야 한다. 따라서 설교를 할 때, 문맥을 다루는 방법을 보여주라. 예를 들어, 고린도전서 13장을 근거로 사랑에 관한 설교를 한다고 가정해보자. 바울이 본문에서 말하는 그 놀라운 진리를 단순히 적용하는 데 그치지 말고, 본문의 전후 관계가 어떤지, 1절에서 13절까지 논지가 어떻게 전개되는지를 살피고 나서 본문이 고린도전서 전체의 논지와 어떻게 연관되는지를 보여주어야 한다(즉 바울이 언급하는 모든 요소 하나하나가 고린도 신자들이 저지른 잘못과 관련이 있다는 점을 상기시켜주어야 한다). 그리고 난 뒤에는 마지막으로 고린도전서 13장이 성경 전체 안에서 어떤 역할을 하는지, 곧 구원의 목적이 단지 지옥을 피하는 것이 아니라 초자연적인 사랑의 공동체를 건설하는 데 있다는 사실을 일깨워주어야 한다.

- 관찰에 근거한 설교를 하라. 성경을 이해하는 최고의 도구는 주석이나 신학교 학위가 아니라 관찰이다. 감사하게도 이 수단은 모든 그리스도인에게 똑같이 주어졌다. 목회자의 설교는 관찰의 능력을 여실히 보여줄 수 있어야 한다. 본문에서 발견되는 어려운 문제에 대해 곧바로 답을 제시하지 말고, 답을 찾기 위한 실마리를 전후 구절에서 찾아내는 방법을 가르쳐주라. 교인들이 당신의 설교를 듣고 나서 "와! 뛰어난 통찰력이로군. 그러나 나도 저 성경 본문을 몇 시간 동안 유심히 살펴본다면

대부분 이해할 수 있을 것이 틀림없어."라고 말할 수 있기를 바란다.

- 교인들에게 주중에 설교 본문을 공부하라고 독려하라. 다음 주에 설교할 성경 본문을 미리 알린다면 교인들이 주중에 그것을 읽고 공부할 수 있을 것이다. 그렇게 하면, 교인들이 설교 시간에 설교 본문의 메시지에 더 능동적으로 대면할 수 있고, 그저 수동적으로 설교자가 수저로 떠먹여주는 듯한 적용을 받아들이는 데 그치지 않을 수 있을 것이다.

3. 집단적이고 협동적인 성격을 띤 설교 적용이 이루어져야 한다.

성경은 주로 집단적인 차원에서 하나님의 백성, 곧 믿음의 공동체를 향해 말씀한다. 그와 마찬가지로 목회자의 설교 적용도 집단적인 성격을 띠어야 한다. 만일 그런 적용이 이루어지지 않고 있다면 아래의 방법들을 사용해보기 바란다.

- 주일 오전 예배가 끝난 후에 교인들끼리 설교의 적용에 관해 대화를 나누도록 독려하라. 예를 들면, "오늘 예배를 마치고 나서 교인들 가운데 누군가에게 어떻게 예수 그리스도에게서 은혜 위에 은혜를 받았는지 물어봅시다(요 1:16)"라거나 "오늘 점심 시간에 모두 '다툼'에 대해 자기가 믿고 싶어 하는 거짓 말이 무엇인지 하나씩 말해봅시다(약 4:1)"라는 식으로 말할 수 있다. 그런 식의 실천이 이루어지면, 예배 후에 설교만 빼놓고

아무것이나 마구 말하는 마귀적인 교회 문화를 없애는 데 많
은 도움이 될 것이다.

• 설교를 적용하면서 교인들에게 교회를 위해 어떻게 기도해야
할지를 일러주라. 예를 들면 성경의 진실성을 굳게 믿게 해달
라거나, 한 몸으로서 우리가 서로의 자녀들에게 하나님의 선
하심을 가르치는 일을 충실하게 수행하게 해달라고 기도할 것
을 당부하라(삿 2:10 참조).

• 교회 전체를 위한 적용을 시도하라. 예를 들면, "요한삼서 6절
은 우리가 교회 차원에서 지원하는 선교사들에게 후히 베풀
것을 가르칩니다."라거나 "히브리서 3장 13절은 하나님의 약
속과 신실하심에 대해 매일 피차 권면하라고 말씀합니다. 어
떤 대화를 나누든지 성경으로 서로를 힘써 격려하는 것이 정
상적인 일이 되어야 합니다."라고 말하라.

이처럼 목회자는 설교로 교인들을 구비시켜, 그들이 교회 안의
주된 말씀 사역자가 되게 만들어야 한다.

당신의 교회 안에서 계속되고 있는 논쟁을 다루는 설교

교인들을 구비시키는 설교는 대개 약간 일반적인 방식으로 이루
어진다. 목회자는 정확히 어떤 문제나 어떤 어려움을 위해 교인들
을 구비시켜야 하는지를 알지 못한 채, 성경이라는 도구를 그들의

손에 쥐어주는 것이 보통이다. 그러나 때로 구체적인 문제를 해결해 나갈 수 있도록 교인들을 구비시키는 설교가 필요하다. 특히 교회가 논쟁이나 분열에 직면했을 때는 그런 설교가 필요하다. 이 일을 제대로 하기 위해서는 기도하는 자세로 신중하게 판단할 것이 요구된다. 양 떼를 늑대로부터 보호하는 것(마 7:15)과 교인들의 연합을 유지하는 것(엡 4:3)이 서로 균형을 이루어야 하기 때문이다. 그런 일을 잘할 수 있는 방법을 몇 가지 소개하면 다음과 같다. 아래의 방법들은 특히 교회에서 설교를 주로 담당하는 목회자들에게 유용하다.

인내하라. 교회의 분열이나 목회자의 면직을 초래할지도 모르는 문제들을 정면으로 다루어야 하는 기회가 사역 초기부터 끊임없이 발생하기 마련이다. 대개는 그런 문제에 정면으로 대응하기보다는 인내심을 가지고 회중을 찾아내면, 당신의 평생에 걸쳐 더 많은 복음의 유익을 끼칠 수 있다. 인내를 통해, 당신은 성령께서 말씀을 통해 역사하실 수 있게 하는 것이다. "하나님의 나라는 사람이 씨를 땅에 뿌림과 같으니 그가 밤낮 자고 깨고 하는 중에 씨가 나서 자라되 어떻게 그리 되는지를 알지 못하느니라"(막 4:26, 27)라는 말씀은 이 점과 관련해 큰 위로를 준다.

목회자는 힘이 없더라도 하나님의 말씀은 항상 살아 있고, 운동력이 있다. 따라서 말씀이 뿌리를 내려 번성하는 것을 인내하며 지켜보라.

논쟁의 여지가 있는 문제는 부득이 어쩔 수 없을 때만 나서라. 고린도전서 15장 3, 4절은 복음의 핵심을 잘 요약하고 있다. "내가 받은 것을 먼저 너희에게 전하였노니 이는 성경대로 그리스도께서 우리 죄를 위하여 죽으시고 장사 지낸 바 되셨다가 성경대로 사흘 만에 다시 살아나사." 문제가 복음의 근본 진리에서 멀어질수록 설교를 통해 직접 그것을 다루어야 할 필요성은 줄어든다.

가능하면 설교를 통해 말하지 말고 교인들과 개인적으로 말하라. 어색한 개인적인 대화를 시도하기보다 주일 설교를 통해 문제를 다루고 싶은 유혹을 느낄 수 있다. 만일 롭과 레이첼이 험담을 하고 있다면, 그저 설교에서 "험담"의 문제를 다루고는 그들이 알아서 듣기를 기대하지 말라. 그들과 사적으로 만나 권고하라.

교인들에게 원리들을 알려주고 스스로 그것들을 적용하게 하라. 나는 내가 분명하게 설명하지 않고 성경적인 원리만을 말했는데도 교인들이 스스로 올바른 답을 찾는 것을 보고 놀랄 때가 많다. 예를 들어, 교인들이 잘 모르는 선교사들의 수준 이하의 사역에 선교 예산이 사용되는 탓에 교회가 파송하기를 원하는 훌륭한 예비 선교사를 지원하기가 어려워진 문제가 발생했다고 가정해보자. 그럴 때는 교인들에게 선교사들을 잘 후원하는 것(요삼 6절)과 선교 사역에 대한 전략적인 투자의 중요성(고전 3:10-15)에 관해 가르치는 것으로 만족하고, (적어도 처음에는) 예산을 어떤 식으로 변경시켜야 하는지에 대한 구체적인 언급은 하지 않는 것이 좋다. 많은 교인들이 성경을 통해 올바른 원리들을 배우게 되면, 스스로 문제점을 깨닫게 될 것이다. 그러고 나면 그들 가운데 일부가 올바른 방향으로 나아가게 될 것이고, 그때 비로소 당신이 예산 사용에 대해 분명한 의견을 제시함으로써 자연스럽게 문제가 해결될 것이다.

결론 : 두 번째 요소

초자연적인 넓이와 깊이를 갖춘 공동체는 오직 초자연적인 믿음을 통해서만 건설될 수 있다. 이번 장은 하나님이 주시는 참 믿음의 첫 번째 요소인 하나님의 말씀을 다루었다. 그 두 번째 요소는 기도이며, 다음 장에서 그것에 대해 살펴볼 것이다.

6장

공동체로서 함께 기도하라

새뮤얼 프라임의 《*The Power of Prayer: The New York Revival of 1858*》(기도의 능력 : 1858년 뉴욕의 부흥)은 매우 흥미로우면서도 같은 내용을 계속 되풀이하는 책 가운데 하나다.[1] 이 책의 이야기는 우리의 상상력을 사로잡는다. 1857년, 맨해튼 풀턴 스트리트에 있는 올드노스 네덜란드개혁교회는 매우 힘든 시기를 거치는 중이었다. 그래서 그들은 그 지역에 복음을 전할 일꾼으로 제레마이어 랜피어를 초빙했다. 랜피어는 자신의 임무가 막중한 것을 알고 "주님, 제가 무엇을 하기를 원하십니까?"라고 여쭈어보았다.

하나님은 그의 기도에 확실한 응답을 주지 않으셨다. 랜피어는 교회에서 점심시간에 기도회를 갖자고 광고하는 것 외에는 달리 뾰족한 방법이 생각나지 않았다. 첫 주 처음 20분 동안, 그는 혼자서

---

1. Samuel Prime, *The Power of Prayer* (1859; repr., Edinburgh: The Banner of Truth Trust, 2009).

기도했다. 한 시간이 지날 때까지 여섯 명이 합류했다. 다음 주에는 스무 명이 기도를 위해 모였고, 그다음 주에는 삼십 명으로 늘어났다. 곧 예배당이 가득 차게 되었다. 그러더니 다른 교회들에서는 물론이고, 심지어 극장에서도 기도회가 열렸다. 헤럴드 트리뷴지는 점심시간에 도시 전역에서 사업가들이 홍수처럼 교회로 몰려가는 광경을 보고, 그 놀라운 모임에 관한 연속 기사를 게재하기 시작했다. 6개월이 채 못 되어 맨해튼에서 매일 5만 명이 기도회에 참여했고, 그와 비슷한 모임이 필라델피아, 볼티모어, 워싱턴, 리치먼드, 서배너를 비롯해 각지로 확산되었다.

그러나 프라임의 책은 같은 내용만 계속해서 되풀이한다. 그는 기도가 있었고, 응답이 주어졌다는 사실만을 반복해서 말했다. 예를 들어, "한 아내가 남편을 위해 기도했다. 그가 다음날에 기도회에 나왔다. 한 남자가 자기 아들을 위해 기도했고, 다른 도시에 있던 아들은 구원을 얻었다. 한 아일랜드인 가톨릭 신자가 기도회에 참석해서 죄를 깨닫고 그리스도를 믿었다. 그는 자기 아내를 위해 기도했고, 그녀도 마찬가지로 회개했다. 한 어머니가 먼곳에 있는 두 아들을 위해 기도했다. 그날 밤, 그들은 어떤 힘에 끌리듯 교회에 나가 그리스도를 알게 되었다. 살인과 자살을 저지르기 직전의 한 남자가 기도회에 참석해서 구원을 받고 변화되었다."라는 식이다. 특별히 시선을 끌 만한 내용이 없는 책이다. 프라임이 쓴 내용 가운데 감정에 호소하는 말이나 감각을 자극하는 설교 따위는 전혀 발견되지 않는다. 그저 정오에 종이 울리고, 찬송가를 한 곡 부르고, 기도

요청이 있고, 기도를 하고, 오후 1시에 기도회가 끝났다는 내용이 전부다.

그런데 기도가 있었고, 응답이 주어졌고, 기도가 있었고, 응답이 주어졌다는 규칙적인 진술이 이 책의 매력이다. 크게 하품하며 눈물을 흘릴 만큼 지루한 내용처럼 보이는 것이 하나님의 놀라운 신실하심을 경이로워하면서 그분의 하늘 보좌 앞으로 나아가게 만든다. 이 책은 기도의 "비결"을 단 한 가지도 제시하지 않는다. 현대 역사 속에서 일어난 가장 위대한 기도 운동 가운데 하나가 평범해도 그렇게 평범할 수가 없다. 그러나 하나님은 그것을 통해 비범한 능력을 베푸셨다. 피비린내 나는 내전이 시작되기 2년 전에, 훗날 "평신도 기도 부흥Layman's Prayer Revival"으로 알려진 사건을 통해 무려 백만 명에 이르는 미국인이 회심했다.[2]

기도는 초자연적인 목적을 이루는 평범한 수단이다. 따라서 초자연적인 공동체를 건설하기를 원하는 우리 같이 평범한 사람들이 어떻게 기도를 무시할 수 있겠는가? 그러나 이상하게도 여기에서 문제가 발견된다.

우리 복음주의자들은 기도의 중요성을 잘 알고 있다. 우리는 교회에서는 물론이고, 경건의 시간이나 식사 시간, 또는 심지어 자동차 안에서도 기도를 드린다. 우리는 기도에 관한 책을 사서 읽고, 기

---

2. John Hannah, "The Layman's Prayer Revival of 1858," *Bibliotheca Sacra* 134 (January 1977): 533.

도에 관한 설교를 듣고, 기도에 관한 세미나에 참석하고, "기도체인prayer chains"에 참여한다.

그러나 우리는 교회만큼 중요한 것이 없는데도 교회를 위해서는 그렇게 열심히 기도하지 않는다. 초자연적인 교회 공동체는 민족들을 자신의 기업으로 삼기 위한 하나님의 구원 계획 가운데서 핵심을 차지한다. 그런 초자연적인 사역은 우리의 손 안에 있지 않다. 따라서 이를 위해 간절히 기도해야 마땅하다. 그런데 평균적인 복음주의 신자는 그의 지역 교회 안에서 그런 역사를 일으켜달라고 하나님께 얼마나 자주 기도하는가? 당신은 교회를 위해 기도하는 일에 얼마나 많은 시간을 할애하고 있는가?

이것이 이번 장의 주제다. 이번 장에서 뭔가 혁신적인 비결을 발견할 수 있으리라고 기대하지 말라. 내가 이번 장을 시작하면서 새뮤얼 프라임의 책을 소개한 이유는 평범한 기도의 능력을 깨닫게 하기 위해서다. 더욱이 교회를 위한 기도는 교회 전체의 기도에서부터 시작하므로, 내가 이번 장에서 주로 논의할 평범한 기도는 집단 기도다. 나는 교회를 위한 집단 기도의 중요성을 논의하는 데서부터 시작할 것이다. 그 후 무엇을 위해 기도해야 하며 어떻게 기도해야 하는지 등 구체적 실천사항을 다룰 것이다. 마지막으로는, 개개의 신자가 개별적으로 교회를 위해 기도하는 것과 관련하여 몇 가지 사항을 살펴보면서 이번 장을 마칠 것이다.

교회를 위한 집단 기도의 중요성

흥미롭게도, 성경을 처음부터 끝까지 읽어보면 집단 기도에 관한 내용이 전혀 발견되지 않은 채로 수백 쪽이 그냥 넘어가는 것을 알 수 있다. 사실 구약성경에는 집단 기도의 사례가 거의 없다.[3] 심지어 성전 예배에 활용된 시편의 내용도 대부분 1인칭 단수를 사용하여 기록되었다. 구약 시대의 기도는 거의 항상 한 명의 인간 중보자를 통해 이루어졌다.

그러나 예수님이 마태복음 6장 11, 12절에서 제자들에게 가르치신 기도는 집단적인 성격을 띤다. "오늘 우리에게 일용할 양식을 주시옵고 우리가 우리에게 죄 지은 자를 사하여 준 것 같이 우리 죄를 사하여 주시옵고." 그 결과, 사도행전에서 교회가 등장한 뒤로는 집단 기도가 폭발적으로 늘어났다. 사도행전 1장에서 제자들은 가룟 유다를 대체할 사람을 선출하기 위해 함께 기도했다. 사도행전 2장에서 초대 교회는 기도에 온전히 헌신했다. 사도행전 4장에서 그들은 함께 모여 베드로와 요한이 예루살렘의 통치자들과 장로들의 손에서 풀려나기를 기도했다. 사도행전 8장에서 사도들은 사마리아인들에게 성령이 임하게 해달라고 함께 기도했다. 사도행전 12장에서 교회는 베드로가 헤롯에게서 풀려나기를 기도했다. 사도행전 13장

---

3. 사사기 10장 10절, 사무엘상 12장 10절, 느헤미야 9장에 나오는 기도들이 집단 기도의 가장 명백한 예시들이다. 그러나 구약의 가장 유명한 기도들은 다니엘서 9장이나 역대상 6장처럼 홀로 드린 기도이다.

에서 안디옥 교회는 사울과 바나바에게 복음 전도의 사역을 맡기기 위해 함께 기도했다. 바울은 나중에 고린도 신자들에게 보내는 편지에서 그들의 정기적인 예배 모임에 기도가 포함되어 있었음을 암시한다(고전 11:4, 14:15).

집단 기도는 신약성경의 인상적인 특징 가운데 하나다. 그 이유 하나만으로도 그것을 교회의 삶을 구성하는 중요한 요소로 인정하기에 충분하다. 그러나 오늘날에는 집단 기도를 등한시하면서 찬양과 설교만을 중시하는 교회들이 너무나도 많다. 우리가 교회에 함께 모이는 이유는 하나님이 초자연적인 것을 건설하시는 것을 보기 위해서다. 그러나 우리는 예배가 시작할 때와 설교 직전에 짧게 기도를 드리는 것 말고는 함께 기도하는 시간을 거의 갖지 않는다.

집단 기도에 상당한 시간을 할애해야 할 이유를 몇 가지 제시하면 다음과 같다. 이 글을 통해 여러분이 각자의 지역 교회를 위한 집단 기도의 가치를 좀 더 분명하게 파악하고 정확하게 교인들에게 설명할 수 있게 되기를 간절히 바란다.

집단 기도를 통해 우리는 하나님이 역사하시길 공적으로 간구한다

바울은 고린도 교회를 향해 "너희도 우리를 위하여 간구함으로 도우라 이는 우리가 많은 사람의 기도로 얻은 은사로 말미암아 많은 사람이 우리를 위하여 감사하게 하려 함이라"(고후 1:11)라고 말했다. 공적인 기도는 하나님의 응답이 주어지는 순간, 공적인 찬양을 불러일으킨다. 그리고 역사를 관통해 흐르는 하나님의 중요한 관심사는 자신의 영광을 공적으로 드러내시는 것이다. "이는 물이 바다를 덮음 같이 여호와의 영광을 인정하는 것이 세상에 가득함이니라"(합 2:14).

내 친구 목사의 경험담을 예로 들어보자. 그가 청소년들을 인솔하여 여행을 하는 도중에 생긴 일이다. 그들이 타고 가던 낡은 버스 밑바닥에서 뭔가 크게 깨지는 듯한 소리가 들렸다. 그곳은 출발지로부터 1,000마일이나 떨어진 장소였다. 무슨 일인지 점검해보았더니 드라이브샤프트가 반으로 쪼개진 상태였다. 친구는 참으로 곤란한 처지가 되고 말았다. 청소년들을 한데 불러모아 하나님께 버스를 고쳐달라고 기도해야 할까? 하나님이 기도를 들어주시지 않으면 어떻게 될까? 그것을 청소년들에게 어떻게 설명해야 할까? 드라이브샤프트 파손은 타이어 펑크 같은 간단한 문제가 아니었다.

아무튼, 그는 기도회를 열고 기도를 인도했다. 그는 하나님이 자신의 명예를 지킬 능력이 있으시다고 믿은 것이다. 그분은 자신의 명예를 지키기 위해 우리에게 의존하실 필요가 없다. 익히 짐작할 수 있는 대로, 참으로 묘하게도 근처에 있는 폐차장에 여분의 드라이브샤프트가 있다는 것을 우연히 알게 된 친절한 수리공이 나타났다. 그는 버스를 그곳으로 견인해서 새 드라이브샤프트를 제위치에 용접해 붙였고, 버스는 다시 힘차게 달리기 시작했다.

하나님은 자신의 명예를 지키신다. 우리가 함께 기도하면 우리의 필요가 공적인 문제가 되고, 하나님이 응답하시면 그분의 영광이 공적으로 드러난다.

집단 기도는 신자들에게 기도하는 법을 가르친다

교회 안에 성경적인 공동체가 형성되려면 교인들이 기도해야 한다. 그러나 기도를 각자에게만 맡겨두면 대부분 자동차를 고쳐달라거나 시험에 합격하게 해달라거나 감기를 낫게 해달라는 등, 비교적 사소한 문제만을 위해 열심히 기도하는 것으로 그칠 가능성이 크다. 그런 사소한 문제들을 위해 기도하는 것도 결코 나쁘지 않다. 그러나 그런 기도가 주를 이루는 것은 심각한 문제다. 어떻게 해야 교인들에게 진정으로 기도하는 법을 가르칠 수 있을까? 어떻게 해야 그들이 개인적인 상황에만 초점을 맞추지 않고, 세상을 위한 하나님의 위대한 목적을 추구하게 만들 수 있을까? 내 생각에는 매주 모일 때마다 함께 기도하면서 기도의 본을 보여주는 것보다 더 좋은 방법은 없다. 함께 기도하면 물리적인 상황보다 영적인 것을 더 강조하고, 사적인 필요보다 공적으로 함께 살아가는 삶을 더 강조할 수 있다.

집단 기도는 집단적인 경험이다

"하늘과 땅에 있는 각 족속에게 이름을 주신"(엡 3:14, 15) 우리의 하늘 아버지께 기도하면서, 우리는 참된 일치가 어디에서 비롯하는지를 기억한다. 하나님의 위대한 목적 안에서 우리는 우리의 마음이 서로에게 끌리는 것을 발견한다. 하나님은 일치를 이루는 놀라운 수단으로 집단 기도를 허락하셨다. 그런데 그것을 등한시할 이유가 무엇인가?

지금까지의 내용을 요약하면 이렇다. 집단 기도의 어떠한 점이 그것을 그토록 중요하게 만드는가? 집단 기도의 공적인 면은 자신의 영광을 널리 나타내려는 하나님의 의도와 일맥상통한다. 집단 기도의 교육적인 면은 교인들에게 기도하는 법을 가르쳐준다. 집단 기도의 공동체적인 면은 하나님을 향한 한목소리를 통해 일치를 형성한다.

무엇을 위해 함께 기도해야 할까

집단 기도가 그토록 중요하다면 무엇을 기도할 것인지에 대해서도 관심을 기울여야 마땅하다. "찬양, 고백, 감사, 간구"를 뜻하는 "ACTS adoration, confession, thanksgiving, supplication"라는 두문자어를 들어보았을 것이다. 이것은 흔히 개인 기도를 위한 지침으로 제시되지만, 집단 기도를 위한 지침으로 활용해도 무방하다. 우리의 집단 기도를 신중하게 형성해 나가려면, 이 네 가지를 차례로 살펴볼 필요가 있다. 아울러 나는 내가 소속된 지역 교회가 발견한 몇몇 유익한 원리들도 소개할 것이다.

찬양의 기도

내 경험에 비춰보면 우리 복음주의자들은 하나님 그분 자체 때문에 그분을 찬양하는 것보다 그분이 이루신 일들로 인해 그분께 감사하는 것에 더 익숙하다. 감사는 중요하지만 그것은 하나님이 우리를 위해 해주신 일에 대한 반응이고, 찬양은 그분의 위대하심에 대한 순전한 반응이다. 따라서 찬양의 기도를 하는 도중에 감사의 기도로 치우치지 말고, 하나님을 찬양하는 기도에만 집중하면 교인들을 진정으로 유익하게 할 수 있다. 예를 들어, 우리를 죄에서 구원해주신 것에 대해 하나님께 감사하는 기도를 드리는 대신, 그분의 큰 긍휼로 인하여 하나님을 찬양하는 기도를 드릴 수 있다. 매주 2, 3분, 길게는 10분 동안 순전히 찬양에만 초점을 맞춘 집단 기도를 고려해보라.

고백의 기도

하나님을 찬양하는 기도를 드리기가 어려운 것처럼 일정한 시간 동안 고백의 기도에만 초점을 맞추는 것도 어려울 때가 많다. 우리가 드리는 "고백의 기도"는 대부분 죄의 고백과 하나님의 용서를 구하는 간구와 그리스도 안에서 죄 사함을 받은 것에 대한 감사가 뒤죽박죽 섞여 있다. 물론 그런 간구와 감사도 우리의 예배에 반드시 포함되어야 한다. 그러나 몇 분 동안 하나님 앞에서 우리가 저지른 죄의 가증스러움을 생각하는 데 집중하는 시간을 갖는 것도 우리가 드리는 공적 예배의 가치 있는 목표 가운데 하나일 것이다. 몇 분 동안 우리 자신을 "물 밑에" 잠기게 한 후에야, 비로소 복음의 좋은 소식이 기쁘게 울려 퍼질 것이다.

감사의 기도

감사는 우리의 소유 가운데 위로부터 받지 않은 것이 아무것도 없다고 선포한다(고전 4:7). 그것은 미래의 염려를 과거에 경험했던 하나님의 신실하심에 온전히 맡기는 것을 의미한다. 교회들은 대부분 헌금을 모으기 전에 감사의 기도를 드린다. 이것은 하나님의 물질적인 축복에 대해 감사를 표현할 좋은 기회를 제공한다. 그에 더하여 우리는 그 시간을 다른 모든 것에 대해 하나님께 감사하는 시간으로 활용할 수 있다. 사실 헌금함에 넣는 물질은 우리가 받은 다른 모든 축복의 그림자요 표식에 불과하다.

간구의 기도

우리는 하나님께 필요한 것을 구하기를 좋아한다. 그러나 우리의 간구가 하나님이 우리에게 간절히 원하시는 것을 얼마나 잘 반영하고 있는가? 타락한 피조물인 우리는 영적인 목적을 위한 기도보다는 물리적인 상황과 관련된 기도를 드리게 되기 쉽다. 당신이 공적으로 드리는 기도는 교인들이 개인적으로 기도할 때 어떻게 기도해야 할지 안내하는 작용을 한다. 따라서 당신은 공적으로 기도할 때 무엇을 간구할지 신중해야 한다.

공적 간구에는 우리가 그것을 간구하는 이유를 설명하는 내용이 포함되어야 한다. 다니엘서 9장에 기록된 다니엘의 기도로 공적인 기도를 시작하는 것을 고려해보라. 그는 이렇게 기도했다.

"나의 하나님이여 귀를 기울여 들으시며…우리가 주 앞에 간구하옵는 것은 우리의 공의를 의지하여 하는 것이 아니요 주의 큰 긍휼을 의지하여 함이니이다 주여 들으소서 주여 용서하소서 주여 귀를 기울이시고 행하소서 지체하지 마옵소서 나의 하나님이여 주 자신을 위하여 하시옵소서 이는 주의 성과 주의 백성이 주의 이름으로 일컫는 바 됨이니이다"(18, 19절).

우리가 하나님께 간구하는 것은 우리가 무엇을 받을 만한 자격이 있어서가 아니다. 사실, 이미 그리스도 안에서 우리에게 주신 모든 것에도 불구하고, 무엇을 더 구하러 그분께 나아가는 것 자체가 매우 송구스러운 일이 아닐 수 없다. 그러나 우리가 간구하는 이유는 하나님이 그렇게 하라고 명령하셨기 때문이다. 우리는 하나님을 위해 간구한다. 우리는 하나님의 이름으로 일컬어지는 사람들이다. 우리에게 일어나는 일들이 하나님을 반영한다. 우리는 하나님이 우리의 기도에 응답하실 때 그분이 모든 영광을 받으시기를 원한다.

우리는 공적인 간구에서, 구하는 이유에 대한 본보기를 보일 뿐 아니라 무엇을 구할지에 대한 본보기를 보일 수 있다. 당신의 교회가 무엇을 집단적으로 구할지 체계화하기 위한 세 가지 아이디어를 소개하면 다음과 같다.

1. 성경적으로 중요한 사항들을 포괄하는 목록을 만들어 기도하라

예를 들어, 우리 교회 장로 가운데 한 사람은 아래의 기도 목록을 가지고 매주 주일 아침에 교인들의 기도를 인도한다.

- 회중 안의 물리적인 필요를 위해 기도하라. 이보다 더 긴급한 문제가 있을 수도 있지만 물리적인 필요를 마땅히 구해야 함을 상기시켜주는 것은 중요하다.
- 회중 안의 특정한 교인들을 위해 기도하라. 때로는 어느 교인을 위해 기도해야 할지 매우 분명할 때도 있고, 때로는 무작위로 몇몇 교인을 선택해야 할 때도 있다. 두 경우 모두 유익하다. 이런 기도는 교인들에게 형제와 자매에 대한 책임 의식을 일깨워줄 것이다.
- 당신의 지역 안에 있는 다른 복음적인 교회를 위해 기도하라. 이러한 기도는 우리와 그들이 복음 안에서 함께 누리는 하나 됨과 협력 관계를 드러내는 놀라운 효과가 있다.
- 권위의 자리에 있는 사람들을 위해 존경을 담아 기도하라(딤전 2:2). 중앙정부나 지방자치단체를 이끄는 관리들을 위한 기도, 비교적 덜 공식적인 권위를 행사하는 학교 교사들이나 대중매체 CEO들을 위한 기도가 여기에 포함된다.
- 실업, 가뭄, 부패 등 우리가 사는 도시나 지역의 문제를 위해 기도하라. 정의가 편만하고, 긍휼이 넘치게 해주시길 기도하라. 사람들이 일시적인 어려움을 통해 복음의 영원한 위로를 발견하게 해달라고 기도하라.
- 외국 정부의 지도자들을 위해 기도하라. 그들이 종교의 자유

의 보편적인 유익을 이해하고 지혜롭게 통치하게 해달라고 기도하라. 그런 나라에 교회들이 많이 세워지게 해달라고 기도하라. 제이슨 맨드릭의 《세계기도정보》*Operation World*와 같은 책에서 이런 기도를 드리는 데 필요한 정보를 얻을 수 있을 것이다.

- 당신의 교회가 후원하는 선교사들을 위해 기도하라.
- 박해받는 교회를 위해 기도하고 어려운 상황 가운데서도 복음이 널리 전파되게 해달라고 기도하라.
- 마지막으로, 다시 당신의 교회로 돌아와서 당신이 곧 전할 설교의 요지들을 놓고 기도하라. 당신이 하나님의 말씀을 전할 때, 하나님이 그분의 영으로 교인들을 변화시켜주시길 구하라.

2. 당신의 교회의 뚜렷한 특징이 되기를 바라는 것들을 목록으로 만들어 기도하라.

예를 들어, 나는 몇 년 전에 우리 교회 문화의 열한 가지 요소를 목록으로 만들었다. 우리는 매주 주일 저녁의 기도 모임에서 이 가운데 두세 가지를 놓고 기도를 드린다.

- 다양성 안에서의 일치를 통해 집단적 증거의 빛을 발산하는 교회가 되게 해달라고 기도하라.
- 한 주간 동안 일터와 가정에서 살아가야 할 삶을 위해 기도하라. 선한 일, 하나님을 영화롭게 하는 일, 복음을 자랑하는 일

을 하게 해달라고 기도하라.

- 교회 안에서의 상호 관계가 그리스도인 됨의 의미와 밀접하게 관련되어 있다는 사실을 깨닫게 해달라고 기도하라.
- 교회에서 상호 간에 투명한 관계가 필요함을 깨닫고, 우리 자신에 관한 당혹스러운 이야기까지 기꺼이 말하고, 필요할 때는 거북한 질문이라도 담대히 물을 수 있게 해달라고 기도하라.
- 다른 교인들과의 깊이 있고 때로는 신학적인 대화를 기대하게 해달라고 기도하라.
- 성경으로 서로를 독려하는 것을 중요하게 생각하게 해달라고 기도하라.
- 소비자가 아닌 공급자가 되는 것이 신자로서 당연한 것임을 깨닫게 해달라고 기도하라.
- 교회에서 예배를 드리는 주 목적이 우리의 은사를 활용해 우리 자신의 필요를 채우는 데 있는 것이 아니라 하나님을 영화롭게 하는 데 있다는 사실을 알게 해달라고 기도하라.
- 교회를 삶의 중심으로 삼아 힘과 열정을 온전히 쏟아붓지 못하는 것을 예외적인 현상으로 여기게 해달라고 기도하라.
- 교회를 삶의 중심으로 삼지 않는 교인을 예외적인 경우로 여기게 해달라고 기도하라.
- 손 대접을 그리스도인으로서 살아가는 삶의 중요한 부분으로 여기게 해달라고 기도하라.

3. 교인들이 요청하는 기도제목을 올바른 방향으로 이끌려고 노력하라

어쩌면 당신의 교회는 매주 정기적으로 기도회로 모이고 있을지도 모른다. 또는 규모가 작고 예배의 형식이 자유로운 까닭에 교인들이 주일 예배가 진행되는 동안 자유롭게 기도를 요청할 것이다. 두 경우 모두, 이렇게 기도하는 시간은 참으로 멋진 시간일 수 있다. 그러나 요청하는 기도제목을 올바른 방향으로 잘 이끌지 않으면 오히려 나쁜 기도 습관을 강화시키는 결과를 초래할 수도 있다. 우리는 교인들이 요청하는 기도제목을 올바른 방향으로 이끌기 위해 신경 써야 한다.

교인들이 목사나 장로에게 그들이 원하는 기도제목을 미리 알려준 상태에서, 목사나 장로가 기도회를 이끄는 경우를 고려해보라. 물론 그런 식의 계획적인 기도회는 기도 모임의 친밀함을 다소 떨어뜨리는 결과를 낳을 수 있다. 그러나 온 교회와 더불어 기도하는 것은 친구들과 더불어 기도하는 것과 다르다. 교회 차원의 기도회는 전적으로 다른 수준의 가르침과 본보기를 베푼다. 누가 설교를 통해 교인들에게 가르침을 베풀 것인지를 신중하게 판단해야 하는 것과 마찬가지로, 누가 기도를 통해 가르침을 베풀 것인지도 신중하게 결정해야 한다.

기도회를 이끄는 인도자는 때로 누군가에게 그가 요청한 특정 기도제목은 교회 차원의 기도제목으로는 적합하지 않다고 말해줄 필요가 있다. 예를 들어, 암 투병 중인 숙모의 친구를 위해 기도해달라는 기도요청이 그런 경우다. 물론 그런 기도는 좋은 것이다. 그럴 때 당신은 바로 그 자리에서 그녀를 위해 기도하든지, 아니면 나중에 교회에서 친구들에게 그 기도제목을 나누라고 권고할 것이다. 하지만 당신은 온 교인이 함께 기도할 때는 시간적인 제약이 뒤따르기 때문에 모든 것을 다 기도할 수 없다고 설명해주는 것이 바람직하다. 구체적으로 말해, 기도회로 모였을 때는 모든 교인이 공감할 수 있는 기도와 가장 중요하고 영원한 의미를 지닌 기도를 드려야 한다. 때로는 그런 식으로 말해주는 것이 거북할 수도 있다. 그러나 그렇게 하지 않으면 교인들에게 기도의 우선순위를 가르치기가 매우 어려울 것이다.

또 어떤 경우에는 인도자가 기도를 요청할 수도 있다. 예를 들어, 나는 우리가 하고 있는 복음 전도 사역에서 열매가 맺히도록 교회가 기도하기를 참으로 원한다. 그러나 자신이 행한 선한 일들에 관해 온 교회에게 말하는 것을 자화자찬으로 생각할 교인들도 적지 않을 것이다. 물론 나는 사람들에게 불편함을 느끼면서까지 기도를 요청하라고 말하지는 않을 것이다. 더욱이 단순히 다른 사람들에게 자랑하기 위해 그런 기도를 요청하기를 좋아하는 사람의 경우에는 겸손해지기 위해서라도 침묵을 지키는 것이 온당할 것이다. 그러나 처음에는 마지못한 느낌이 들더라도, 그런 기도 요청을 통해 긍정적인 빛 가운데 자신을 노출시키는 것이 그들 자신과 교회에 유익한 결과를 가져온다면, 처음의 꺼림칙한 느낌을 극복하는 것이 지혜로운 일일 것이다.

집단 기도는 어떻게 해야 하는가

기도의 내용이 중요한 것처럼 기도의 방법도 중요하다. 기도의 방법이 교회의 일치를 강화할 수도 있고, 약화시킬 수도 있다. 그러면 집단 기도는 어떻게 해야 할까?

집단 기도에 함께 참여해야 한다

놀랍게도 집단 기도가 실제로는 집단 기도가 아닌 경우가 많다. 대표로 기도를 인도하는 사람의 기도에 적극적으로 참여하지 않고 무심코 듣기만 한다면, 곧 집단 기도가 마치 다른 사람이 혼자 경건의 시간을 가지면서 드리는 기도를 한쪽 귀로 듣고 흘려보내는 것처럼 된다면 집단 기도를 드렸다고 말할 수 없다. 우리는 쉽게 산만해지는 경향이 있기 때문에 힘써 기도에 동참하려고 노력하지 않으면 집단 기도의 많은 유익을 놓칠 수밖에 없다. 누군가가 대표로 기도를 인도한다는 것은 하나님 앞에서 우리의 기도를 형성함으로써 우리를 유익하게 한다는 것을 의미한다. 몇 가지 간단한 실천 방법을 활용하면 회중이 집단 기도의 집단성을 회복하도록 도울 수 있다.

- 예수님이 주기도를 가르치셨을 때처럼 "나"가 아닌 "우리"라는 용어를 사용하라.
- 간결하게 기도하라. 예수님의 기도는 분명했다. 긴 기도가 반드시 좋은 것만은 아니다. 사실, 짧은 기도를 드리면 사람들이

다른 생각을 하지 않고, 대표자의 기도에 동참할 가능성이 더 크다.

- 큰 소리로 기도하라. 사소한 지적처럼 들릴는지 몰라도 목소리의 크기에 따라 집단 기도의 성패가 갈릴 수 있다.
- "아멘"을 사용하라. 온 회중이 기도 끝에 "아멘"이라고 화답하면 그것은 곧 "이것이 나의 기도였습니다."라고 공식적으로 인정하는 것이다.

집단 기도는 본이 되어야 한다

집단 기도는 교인들에게 공적으로나 사적으로 기도하는 방법을 가르쳐주는 본보기가 되어야 한다. 집단 기도를 기도를 가르치는 기회로 온전히 활용하는 데 도움이 될 만한 방법을 몇 가지 제시하면 다음과 같다.

(주일 예배의 경우처럼) 집단 기도를 좀 길게 해야 할 때는 아래와 같은 방법들을 적용할 수 있다.

- 교인들을 잘 가르칠 수 있는 사람이 기도를 인도해야 한다. 물론 장로들만 기도를 인도할 수 있다는 말은 아니다. 그러나 신뢰할 수 있는 사람에게 설교를 맡기듯이, 신뢰할 수 있는 사람을 대표 기도자로 세워야 한다.
- 인도자들이 미리 기도를 준비하게 하라. 기도할 내용을 약간 적어두게 하는 것도 한 방법이다. 이에 동의하지 않는 복음주

의권 교회들이 많겠지만, 즉흥 기도라고 해서 특별히 신령한 것이 아니다. 성령께서는 즉석에서 하는 기도뿐만 아니라 미리 준비한 기도도 똑같이 인도하실 수 있다.

- 기도의 대상이신 하나님과 기도 인도자 자신의 인격에 걸맞는 열정으로 기도를 인도하게 하라. 때로는 너무 꼼꼼하게 문구를 준비해서 그대로 기도하면, 회중은 당신이 기도한다기보다 글을 읽고 있다는 인상을 받게 된다.

- 성경 말씀을 그대로 가져와서 기도하는 것을 보통으로 여기는 문화를 독려하라. 그보다 더 하나님을 영화롭게 하는 기도를 보장하는 방법이 어디에 있으며, 하나님의 우선순위에 따라 기도의 우선순위를 결정할 수 있는 방법이 또 어디에 있겠는가? 돈 카슨은 《바울의 기도》*A Call to Spiritual Reformation* 라는 책에서 바울 사도의 기도를 우리 기도의 본보기로 삼자고 제안했다. 회중 기도를 인도하는 법을 배우는 사람에게 유용한 제안이다.

(기도회의 경우처럼) 집단 기도를 좀 짧게 해야 할 때는 아래와 같은 방법들을 적용할 수 있다.

- 누가 기도를 인도할 것인지 인도하기 몇 분 전에 미리 알려주어 기도할 사람이 생각을 정리할 수 있게 하라.
- 하나님을 영화롭게 할 수 있는 진실한 기도를 드릴 만한 사람

들을 선택하라.

- 회중의 기도를 인도할 사람들을 선택하라. 우리 교회에는 매우 경건하지만 목소리를 크게 내는 데 어려움을 느끼며, 또 간결하게 기도하지 못하는 사람들이 더러 있다. 나는 그들을 깊이 존중한다. 하지만 그들에게 대표 기도를 부탁하지는 않는다.

개인 기도에서 교회를 위해 어떻게 기도해야 할까

집단 기도는 중요하지만 예수님은 또한 개인적으로 기도해야 한다고 가르치셨다(마 6:6). 교회는 하나님의 구원 계획 속에서 가장 핵심을 이루므로, 당신의 교인들은 개인 기도 시간에 교회를 위해 기도하는 데 많은 시간을 할애해야 한다. 그렇게 하도록 독려하려면 어떻게 해야 할까? 집단 기도 시간에 기도하는 내용을 주의 깊게 구성한다면, 당신은 이미 매력적인 본보기를 보여주고 있는 것이다. 그러나 교인들이 교회를 위해 기도하도록 도울 수 있는 그 이상의 방법을 몇 가지 소개하면 다음과 같다.

- 교인들에게 아는 동료 교인들을 위해 기도하라고 독려하라. 이것은 매우 자연스러운 일이다. 금요일Friday에는 교회에서 알고 지내는 친구들friends이나 불신자 친구들을 위해 기도하고, 월요일Monday에는 교회에서 알고 지내는 남자들men을 위해, 수요일Wednesday에는 여자들women을 위해 기도할 수 있을 것이다.

동료 교인들을 위해 기도하는 것은 교회를 사랑하는 방법 가운데 하나다.

• 모르는 교인들을 위해 기도하라고 독려하라. 우리 교회의 가장 유익한 사역 도구 가운데 하나는 사진이 첨부된 교인 주소록이다. 우리는 교인들에게 교인 주소록에 나와 있는 순서대로 전 교인을 위해 한 달에 한 차례씩은 기도할 것을 권고한다. 솔직히 말해, 내가 잘 알지 못하거나 한 번도 만난 적 없는 사람을 위해 처음 기도할 때는 조금 이상한 느낌이 들기 마련이다. 그러나 바울은 한 번도 만나보지 못했지만 단지 서로가 그리스도 안에서 형제와 자매가 되었다는 이유만으로 로마의 신자들을 위해 기도했다(롬 1:8-10). 아무런 감정적 연결도 없지만 단지 같은 교회에 속한 가족이라는 이유만으로 서로를 위해 기도하는 것은 참으로 하나님을 크게 영화롭게 하는 일이다. 개인적인 상황을 자세하게는 모를지라도, 크고 중요한 기도 제목을 염두에 두고 서로를 위해 기도할 수 있을 것이다. 더욱이 우리가 잘 알지 못하는 사람들을 위해 기도하면 그들과 마주칠 때 그들을 알아보기가 쉬울 것이다. 의미 있는 멤버십 제도를 구축해 나가기를 원하는 교회들에게 있어서, 교인 주소록은 누가 교회 안에 속한 자인지 명확화하는 데 큰 진전을 가져올 것이다.

• 교인들에게 그들이 듣는 설교를 위해 기도하라고 독려하라. 심지어 바울 사도도 그런 기도를 당부했다. "또 나를 위하여

구할 것은 내게 말씀을 주사 나로 입을 열어 복음의 비밀을 담대히 알리게 하옵소서 할 것이니 이 일을 위하여 내가 쇠사슬에 매인 사신이 된 것은 나로 이 일에 당연히 할 말을 담대히 하게 하려 하심이라"(엡 6:19, 20).

• 교인들에게 성경적인 교회 문화를 위해 기도하라고 독려하라. 나는 우리 교회 교인 주소록의 겉표지에 이 장 앞에서 논의한 우리 교회 문화의 열한 가지 요소를 적어 놓았다. 이것들은 전 회중이 정기적으로 교회를 위해 기도할 만한 선한 기도제목이다. 또한 그런 문화를 위해 기도하는 교인들이 그런 문화를 드러낼 것이라는 희망을 가질 수 있다.

결론 : 실천적인 방법

설교와 기도는 하나님이 교회 안에서 초자연적인 일을 이루기 위해 사용하시는 보통의 수단들이다. 그렇다면 그런 것들을 통해 조성될 공동체는 정확히 어떤 모습일까? 이것이 우리가 다루게 될 다음의 주제다. 나는 관계에 투자하도록 교인들을 독려하는 방법(7장과 8장)과 그런 관계를 낙심과 죄로부터 보호하는 방법(9장과 10장)을 차례로 다룰 생각이다.

7장

영적으로 의도적인 관계의 문화를 조성하라

당신의 회중 가운데 가장 활동적인 교인들이 열매를 가장 적게 맺는 것이 가능할까? 잠시 생각해보자. 하나님이 보시기에 모든 활동이 다 똑같은 가치를 지니지는 않는다. 이는 교회의 활동도 마찬가지다. 바울은 고린도전서 3장에서 교회를 개척하는 과정을 농부가 하는 일에 빗대어 묘사했다. 그는 "나는 심었고 아볼로는 물을 주었으되 오직 하나님께서 자라나게 하셨나니"(6절)라고 말했다. 그러고 나서 바울은 다시 건축자의 비유를 들어 교회의 성장을 묘사했다. 그 말에 따르면 어떤 교회 활동은 무가치함을 알 수 있다.

"내게 주신 하나님의 은혜를 따라 내가 지혜로운 건축자와 같이 터를 닦아 두매 다른 이가 그 위에 세우나 그러나 각각 어떻게 그 위에 세울까를 조심할지니라 이 닦아 둔 것 외에 능히 다른 터를 닦아 둘 자가 없으니 이 터는 곧 예수 그리스도라 만일 누구든지 금이나 은이나 보석이나 나무나 풀이나 짚으로 이 터 위에 세우면 각 사람

의 공적이 나타날 터인데 그 날이 공적을 밝히리니 이는 불로 나타
내고 그 불이 각 사람의 공적이 어떠한 것을 시험할 것임이라 만일
누구든지 그 위에 세운 공적이 그대로 있으면 상을 받고 누구든지
그 공적이 불타면 해를 받으리니 그러나 자신은 구원을 받되 불 가
운데서 받은 것 같으리라"(고전 3:10-15).

참으로 정신이 번쩍 들게 하는 말씀이 아닐 수 없다. 하나님은 마
지막 날에 모든 활동과 말(마 12:36)이 지닌 참된 가치를 여실히 드러
내실 것이다. 동기는 좋았어도 어떤 교회 활동은 무가치한 것으로
드러날 것이다.

교회 안에서 여러 기회들이 헛되게 쓰이는 경우가 많다. "친교"
라는 이름으로 악한 험담을 주고받거나 설교 시간에 자리에 앉아
는 있되 설교를 경청하지 않는 일들이 그것이다. 또 음치들로 이루
어진 성가대는 아무리 연습을 많이 해도 교인들의 정신을 산만하게
만들 뿐이고, 교회에서 요리책을 만들어 팔거나 바자회를 열거나
10킬로미터 달리기 행사를 개최하는 것도 영적 유익은 비교적 미미
할 뿐이다. 친교, 설교, 성가대, 기금 모금과 같은 것들은 영적 열매를
맺을 수도 있고, 그렇지 못할 수도 있다.

사실, 가장 영적이지 못한 사람이 교회 활동에 큰 관심을 보일 수
있다. 교회 안에 갈라디아 신자들처럼 "성령으로 시작하였다가…육
체로 마칠"(갈 3:3) 사람이 존재한다면, 그 사람은 아마도 활동에 가
장 적극적인 사람일 가능성이 크다. 교회 활동에 몰두하는 것보다

자신이 하나님의 사랑을 받기에 합당한 존재라는 것을 더 잘 보여줄 수 있는 방법이 있겠는가? 자신의 행위에 집중하는 사람들은 교회의 인프라와 내적 작동 원리를 이용해 스스로를 복음으로부터 은폐하는 경우가 종종 있다. 사실, 당신 교회의 가장 활동적인 교인들 가운데 몇몇은 가장 영적이지 못한 사람들일 수 있다.

관계의 가치

영원히 지속되는 열매를 맺으려면 어디에 투자해야 할까? 영적으로 의도적인 관계에 투자하는 것이 한 가지 방법일 수 있다. 이 책에서 여러 번 다루었던 대로, 동료 신자를 사랑하는 것은 우리가 참된 그리스도인이라는 가장 확실한 표지 가운데 하나다(요일 2:10, 11). 동료 신자를 사랑하면 우리를 지켜보는 세상 앞에 복음의 능력을 드러낼 수 있다(요 13:35). 동료 신자를 사랑하는 것은 영원한 보상을 가져다주는 투자이고(눅 16:9), 성령의 열매를 맺는 가장 중요한 방법이다(갈 5:22, 23).

관계를 구축하는 교회 활동은 대개 지속되지만 그렇지 않은 활동은 지속되지 못한다. 결국, 사람은 영원하지만 그 외에 다른 것은 모두 일시적이다. 물론 예외가 존재한다. 우리는 지역 교회의 관계 사역을 지원하는 인프라를 구축할 수 있다(예를 들면, 교회의 재정을 운영하는 사역). 하지만 교회에서 지속성을 발휘하는 교회 사역은 대체로 관계 사역이다.

그러나 모든 관계가 다 그런 것은 아니다. 이번 장은 **영적으로 의도적인 관계**를 구축하는 문화를 다룬다. 신약성경은 그리스도인들이 어떻게 서로의 죄를 말해주고, 격려하고, 징계하고, 죄를 고백해야 하는지 가르친다. 우리는 교회 안의 관계들 안에서 영적인 일들에 대해 이야기하는 것이 보통인 그런 관계들을 보기 원한다. 스포츠나 자녀나 정치에 대한 이야기는 결코 해서는 안 된다는 것이 아니다. 다만 영적인 기반 없는 대화는 상당히 이례적인 일이 되기를 원한다.

교회 안에서 그런 문화를 조성하려면 어떻게 해야 할까? 이번 장에서는 영적으로 의도적인 관계의 문화를 조성하는 세 가지 전략을 다룬다. 그리고 다음 8장에서는 그런 방향으로의 문화적 변화를 방해하는 구조적인 장애 요인들을 제거하는 방법을 다룰 것이다.

전략 1 : 단순하고 비공식적인 관계를 옹호하라

교인들에게 기독교적 삶을 실천하기 위해 "관계에 투자하라"고만 말하는 것은 실천적이지 못하고 막연하다. "좋아요…그런데 제가 정확히 무엇을 해야 하나요?"라는 질문이 대뜸 제기될 것이다. 따라서 먼저 영적으로 의도적인 관계가 무엇인지 그 의미를 보여줄 수 있는 모델을 교인들에게 묘사해주는 것이 좋다. 그러한 모델을 "관계 모델relational models"이라고 부를 수 있겠다. 그리고 이 비전을 이해하고 추구하도록 교인들을 가장 잘 구비시킬 수 있는 관계 모델은 단순하면서도 비공식적인 관계이다.

단순한 관계

신약성경의 저자들은 그리스도인들 사이에 존재하는 서로 다른 두 가지 형태의 관계를 거듭 언급했다. 첫째는 "멘토링 관계"다. 나는 이것을 "제자화를 위한 관계"로 일컫고 싶다. 이것은 다른 사람을 영적으로 유익하게 하는 것을 목표로 하는 관계를 의미한다. 바울과 디모데의 관계, 예수님과 제자들의 관계가 그 대표적인 사례다. 둘째는 "손 대접하는 관계"다. 그리스도인들에게 서로 손 대접하라고 가르치는 성경 구절이 많다. 이것은 교회를 굳세게 하고(롬 12:13), 복음 사역자들에게 큰 도움을 준다(요삼 8절). 이 두 관계 모델은 이해하기도 간단하고, 이해시키기도 간단하며, 설명하기도 간단하다. 사람들에게 이 두 개념을 설명하면, "관계적이다"라는 개념이 실천적이 된다. 이 모델들 각각이 어떻게 영적으로 의도적인 관계라는 더 큰 문화를 강화하는 데 도움이 되는지 자세히 설명하면 다음과 같다.

제자화. 교인들이 동료 교인들과 함께 정기적으로 만나서 기독교 서적과 성경을 함께 읽거나 서로의 영적 생활을 격려하도록 독려하라. 이 방법이 효과적인 이유는 좋은 제자화 관계에 도움이 되는 요소(의도적으로 서로의 영적 유익에 초점을 맞추는 것)가 좋은 교회 문화를 조성하는 데도 도움을 주기 때문이다. 제자화 관계는 처음에는 인위적으로 보일 수도 있지만, 시간이 지나면 서로의 영적 생활에 의도적

으로 초점을 맞추어 나가는 과정이 차츰 자연스럽게 정착될 것이
다. 그런 과정이 원활하게 이루어지고 나면, 다른 개인적인 친구 관
계들로도 파급될 것이다. 이 책의 서두에서 언급한 대로, 교회 전반
에 걸쳐 폭넓게 형성된 제자화의 습관은 교회 문화 안에 관계의 깊
이를 가져온다.

손 대접. 이것은 신약성경이 가르치는 두 번째 관계 모델이다. 신
자들이 서로 손 대접하는 습관을 발전시키면 다른 관계에까지 영
향을 미치기 마련이다. 오늘날의 문화는 "손 대접"을 "식사 초대"
로 매우 좁게 정의하는 경향이 있다. 그러나 신약성경에서 이 용어
는 훨씬 더 폭넓은 의미를 지닌다. "손 대접"에 해당되는 헬라어 "크
세노필레*xenophile*"는 "낯선 방문자를 사랑하는 자"라는 뜻이다.[1] 따
라서 우리는 손 대접을 좀 더 폭넓은 의미로 이해할 필요가 있다.
사람들을 식사에 초대하고, 교회에서 낯선 방문자에게 다가가서 인
사말을 건네고, 잘 알지 못하는 동료 교인의 결혼식에 참석하는 것
도 모두 손 대접에 해당한다. 우리 교회에서는 대학생들이 기혼 가
정들을 기숙사에 초청해 라면으로 된 저녁을 함께 먹기 시작하면서
서로를 손 대접하는 분위기가 크게 향상되었다. 어린아이가 방석에
앉아 스티로폼을 물어뜯고 있는 가정보다는 대학교 기숙사가 복음
을 전하기에 더 수월한 환경을 제공한다. 도대체 어떻게 청년들과

---

1. 헬라어를 영어로 옮긴 이 한 가지 번역에만 우리의 해석과 적용을 국한시킬 필요는 없
다. 그러나 이 용어를 이렇게 폭넓게 해석하는 것은 신약성경의 용례에 잘 부합한다.

장년들이 서로 알게 되었는지 궁금한가? 교인들이 너그럽게 베푸는 마음을 갖게 되면 다른 사람들을 자신의 삶에 초청하게 되고, 자연적인 공통점이 많지 않은 사람들에게도 선뜻 다가가서 복음을 전할 수 있다. 이 단순한 관계 모델은 교회 문화 형성에 큰 도움을 준다. 이 경우에, 이것은 교회의 문화 안에 관계의 넓이를 가져온다.

비공식적인 관계

제자화의 비전을 품고, 자신의 교회에서 그것이 이루어지는 것을 보기 원했던 한 목회자와의 대화가 기억난다. 그는 그의 교회의 모든 교인이 일주일에 한 번씩 다른 교인과 만나도록 짝을 짓는 스프레드시트를 만들었다. 나는 그에게 그렇게 하지 말라고 조언했다. 그렇게 하면 좋은 제자화 관계들을 낳을 수 있을지는 모르지만, 결국 그런 방식은 제자화를 교회 문화의 한 요소가 아닌 교회의 사역 프로그램에 불과한 것으로 만들고 말 것이라고 조언한 것이다. 제자화는 신청서에 "서명하고" 특정 방식대로 따르는 프로그램이 아니라, 모든 형태의 친구 관계에까지 영향을 미칠 수 있는 마음가짐 (영적 의도성을 지니고 사람과 교제하려는 마음가짐)이어야 한다. 위의 목회자는 나중에는 자신의 방법을 포기하고, 프로그램에 덜 의존하는 방법을 채택하기 시작했다. 그렇게 하자, 그의 교회 안에 좋은 결과가 나타났다. 이런 이치는 손 대접에도 똑같이 적용된다. 교회 안에 손 대접하는 습관을 정착시켜 나가려고 프로그램을 도입한다면 틀림없이 좋은 열매를 볼 수 있을 것이다. 그러나 성경의 일반적인 개념을 억지로 프로그램화한다면 그런 습관이 개인의 모든 관계에까지 널리 퍼질 수 있는 기회가 차단될 것이다.

어떻게 독려할 것인가

"프로그램화된" 관계보다 단순하고 비공식적인 관계가 최선이라면, 어떻게 그런 관계를 독려할 수 있을까? 몇 가지 방법을 소개하면 다음과 같다.

- **관계 형성을 위한 활동을 개인적인 일정에 포함시켜라.** 매주 몇 차례 서너 명의 교인들과 함께 점심을 먹으면서 성경이나 기독교 서적을 함께 공부하는 시간을 마련하라. 매달 몇 차례 집에서 함께 저녁을 먹으면서 그렇게 하는 시간도 마련하라. 초대한 사람들에게도 다른 사람들과 점심이나 저녁을 함께 먹으면서 똑같이 그렇게 하도록 권고하라. 그러면 오래지 않아 교인들이 비공식적인 관계 사역에 높은 가치를 두어 그 일에 더 많은 시간을 사용하는 것을 목도하게 될 것이다. 이것은 일종의 문화 변화이다.
- **교회 참여 방법으로서 제자화와 손 대접을 독려하라.** 당신은 교인들에게서 "어떻게 하면 교회생활에 좀 더 깊이 참여할 수 있을까요?"라는 질문을 받아보았을 것이다. 어쩌면 당신은 새 신자반에서 이 물음을 정기적으로 다룰 것이다. 당신은 여러 가지 봉사 기회나 소그룹 모임 참여를 권하기보다 제자화와

손 대접을 권하고 있을지도 모르겠다. 교인들이 시간을 투자하는 대부분의 다른 방법들보다 이러한 비공식적인 관계 사역이 교회의 사명에 훨씬 더 크게 이바지할 수 있다는 점을 강조하라.

- **성경을 적용하라.** 만약 당신이 정기적으로 설교를 전하는 설교자라면 설교를 통해 제자화와 손 대접에 대해 가르칠 수 있을 것이다. "서로__하라"라는 신약성경의 구절들이나 하나님이 구약성경에서 그분의 말씀을 통해 한 백성을 창조하셨다는 개념이나 요한계시록에 언급된 천국의 큰 무리에 대한 환상을 말하는 구절을 만났을 때, 제자화와 손 대접이 일차적 적용점이 될 수 있을 것이다.

- **이런 가르침을 삶으로 실천하는 지도자들을 세우라.** 지도자(장로나 다른 교회 직분자)를 선택할 때, 그들이 제자화와 손 대접을 어떻게 실천하고 있는지를 고려하라. "직분자 후보가 하나님의 도구가 되어 다른 사람들의 영적 삶에 긍정적인 영향을 미치는 삶을 살아 왔는가? 그가 자기와 가장 비슷한 사람들에게만 관심을 기울여 왔는가, 아니면 회중 전체를 상대로 폭넓은 사역을 실천해 왔는가?" 등의 질문을 던지고 신중히 따져보라.

- **이런 우선순위를 강조하는 책들을 추천하라.** 감사하게도 많은 책들이 제자화와 손 대접이라는 비공식적인 사역을 다루고 있다. 그런 책들을 구입해서 교인들과 함께 읽고, 교인들에게 자주 책을 나눠주라. 몇 가지 예를 들면, 콜린 마샬과 토니 페인

의 《*The Trellis and the Vine*》(지지대와 포도나무), 로버트 콜먼의 《주님의 전도 계획》, 소피 피스의 《*One-to-One*》(일대일 관계), 빌 헐의 《제자 삼는 교회》, 데이비드 헬름의 《*One to One Bible Reading*》(일대일 성경 읽기), 카렌 메인스의 《행복으로 초대하는 오픈홈》 등이다. 좋은 책은 지속적으로 효과를 내는 약물처럼 교회 안에 문화를 변화시키는 가르침을 지속적으로 확산시키는 역할을 한다. 그런 책을 자주 나눠주어 읽게 하라(책을 나눠줄 때는 읽겠다는 약속을 받으라). 그렇게 하면 교회 문화에 대한 교인들의 생각을 조금씩 바꾸어 나갈 수 있을 것이다.

물론, 제자화와 손 대접은 시간이 많이 걸리는 일일 수 있다. 이런 사실은 관계에 초점을 맞춘 교회 문화를 조성하는 두 번째 수단을 필요로 하게 한다.

전략 2 : 지역 교회 중심의 삶을 독려하라

신약성경을 대충 훑어보아도 교회가 하나님의 경륜 가운데 매우 중요한 위치를 차지하고 있다는 사실을 확실하게 알 수 있다. 교회는 복음을 가시화하고(요 13:35), 믿음의 생명력을 보호하며(갈 6:1, 2), 자기 기만에 빠지지 않도록 도와주고(고전 5:4, 5), 우리가 사랑 안에서 성장하게 해준다(히 10:23-25). 따라서 교회 공동체를 중심으로 하는 삶은 교회가 주변부로 밀려난 삶보다 하나님이 보시기에 더 전략적인 삶을 살게 해준다.

그러나 마치 원심분리기처럼, 삶의 속도가 빨라질수록 교회는 기독교인의 삶에서 주변부로 더 멀리 밀려난다. 교회의 중요성을 약화시키는 대표적인 요소들을 몇 가지 생각해보면 다음과 같다.

- **직업 활동.** 현대의 직업 시장은 한 지역에 국한되지 않으며, 휴식을 모른 채 끊임없이 과도한 경쟁을 부추기고 있다. 출장, 야근, 특근, 가족 부양 등 모든 것이 교회에서 관계를 맺는 데 필요한 시간을 빼앗아가고 있다. 나도 목회자가 되기 전에는 3개 대륙, 6개 도시에 걸쳐 있는 팀을 관리하는 팀장으로 일했었다. 출퇴근이 전혀 일정하지 않았다. 물론, 어떤 도시에서는 출퇴근이 예측가능한 안정된 직장생활이 표준적이며, 그런 곳에서 살고 있는 사람들도 있을 것이다. 그러나 많은 사람들에게 있어 그런 삶은 존재하지 않는다.
- **거주지.** 교인들은 적당한 가격의 주택, 양질의 교육 환경, 적당한 출퇴근 거리를 확보하기 위해 도심 밖에서 집을 구하기 마련이다. 그러다 보니 통근 거리가 멀어 시간과 에너지가 많이 소비되며, 관계에 투자할 여력은 크게 줄어든다.
- **오락 활동.** 스포츠 동호회에 가입하고, 보트를 구입하고, 여름철을 휴양지에서 보내는 등, 여러 가지 오락 활동으로 인해 교회에서의 관계에 투자할 여력이 크게 줄어들 수 있다.
- **가족.** 많은 부모가 자신을 위한 일 외에도 자녀들의 여러 활동

에 많은 노력을 기울여야 하는 상황이라서 교회의 삶에 참여하는 것이 제약을 받을 수밖에 없다. 더욱이 모든 그리스도인은 누구나 "믿음의 가정들"(갈 6:10)에 대한 성경적인 우선순위를 받아들이는 동시에 배우자와 자녀들과 친척들을 보살필 책임을 신중하게 받아들여야 한다(엡 5:33, 6:4, 마 15:4-9).

그러나 그렇다고 해서 지역 교회가 삶의 주변으로 밀려나는 것이 불가피한 것은 아니다. 삶의 방식이 변할 수 있다. 목회자는 오랜 시간에 걸쳐 교인들의 결정에 영향을 미칠 수 있다. 당신 교회 교인들 대부분에게 있어, 교회를 중심으로 사는 삶이 지혜로운 삶일 것이다. 통상적인 그리스도인이 직업 활동이나 거주지나 오락 활동을 비롯한 여러 가지 일을 결정할 때 지역 교회 활동에 투자할 여력을 우선시한다면, 하나님의 나라를 위해 그의 삶을 더 많이 헌신할 수 있을 것이다. 교인들을 도울 수 있는 방법을 몇 가지 소개하면 다음과 같다.

1. **설교 적용**. 성경 말씀을 전하다 보면 거의 항상 지역 교회의 중요성을 강조할 수밖에 없다. 하나님은 교회를 그토록 중요하게 여기신다. 따라서 우리도 그래야 한다.
2. **개인적인 조언**. "새로운 도시로 이사해야 할까요? 어떤 직장을 선택해야 할까요? 제 아들을 원정 경기가 잦은 축구팀에 가입시켜야 할까요?" 등등의 다양한 질문은 전부 교회를 중심으로

생활하라는 한 가지 핵심 원리와 밀접하게 관련된 질문이다. 즉 "그 새로운 도시에는 온 가족이 영적으로 번영하는 데 도움이 될 교회가 있습니까? 그 직업이 소그룹 활동에 지장을 가져온다면 어떻게 할 것입니까? 아이가 주일에 다른 곳에 가서 경기를 하는 횟수는 얼마나 잦습니까?"와 같은 사항을 고려해야 한다. 물론 지역 교회와 경쟁하는 모든 것을 다 반대해서는 안 될 것이다. 그러나 대화하면서 이 원리를 정기적으로 상기시킨다면, 당신의 회중이 좀 더 경건하고 전략적인 삶의 결정을 내리게 될 가능성이 더욱 커질 것이다.

3. **본보기 제시.** 교인들에게 교회 중심으로 살아가기 위해 삶의 방식을 조정한 사람들의 본보기를 보여주라. 그들은 교회 중심적인 삶을 위해 다른 곳에서 인정을 받거나 발전을 이룰 수 있는 기회를 스스로 포기한 사람들이다. 가시적이고 공적인 사역을 행하는 사람이 아닌데도 관계에 잘 투자하는 사람을 본보기로 드는 것이 특별히 중요하다.

4. **긍정적인 가르침.** 교인들이 교회 참여를 직장생활, 거주지, 오락 활동과 같은 것보다 덜 중요시하는 이유는, 그들이 좋은 것들을 그릇된 방법으로 추구하기 때문이다. 따라서 그런 좋은 것들을 옳게 추구하는 방법을 가르치는 것이 중요하다.

- 오락과 휴식이 지니는 성경적인 가치를 가르치라. 오락과 휴식은 현실 도피가 아닌 재충전(즉 하나님이 주신 좋은 선물들을 즐기고 그분을 더 잘 섬기기 위해 활력을 비축하는 활동)을 위한 것이다.

- 교회 근처에서 사는 것이 중요하다는 사실을 일깨워주라. 만일 그것이 불가능하다면 다른 교인들의 집 근처에 주거지를 마련하게 하라.
- 가족을 부양하고 어려운 사람들을 돕기 위해 노동이 왜 존엄한 가치를 갖는지 가르치고, 탁월한 업무 수행이 창조주 하나님을 생생하게 반영하는 기회가 된다는 점을 가르치라.

일과 가정과 오락과 가족의 성경적인 가치에 대해 당신이 가르치지 않고 침묵한다면, 일종의 영적 공백이 형성되어 그 안으로 온갖 형태의 세속적 가치가 밀려 들어오게 될 것이다. 교인들이 출장이 잦은 직업을 선택해야 할까? 물론 그 대답은 개인의 상황에 따라 달라질 것이다. 그러나 교인들이 그런 결정으로 인해 발생하게 될 서로 다른 두 가지 결과(하나는 고된 업무에 시달리느라 영원한 가치를 포기하게 되는 것, 다른 하나는 교회에서 형성된 관계들을 통해 영원한 가치를 얻게 되는 것)의 영원한 가치에 대한 견고한 가르침을 듣지 못한 채 그런 결정을 하도록 방치해서는 안 된다.

하나님은 자신의 교회를 사랑하신다. 교회는 세상에 가시화된 하나님의 영광이요 구원 계획의 중추다. 당신의 교회 안의 각각의 신자는 장차 하나님 앞에서 그리스도를 섬기며 살아온 평생의 삶의 공과를 따져야 할 것이다. 당신이 성도들로 하여금 그들을 향한 하나님의 계획 가운데 핵심에 해당하는 지역 교회를 중심으로 살아가도록 이끈다면 그들을 유익하게 할 것이다.

교회를 중심으로 사는 삶은 문화적 풍조를 거스르는 헌신의 삶이다. 그런 헌신의 힘은 어디에서 비롯하는 것일까? 이를 위해 이번에는 관계 지향적인 교회 문화를 조성하기 위한 세 번째 전략을 살펴보기로 하자.

전략 3 : 교회 멤버십의 특권을 강조하라

앞서 말한 대로, 편안함을 느낀 다음에야 비로소 헌신하는 것이 이 세상의 풍조다. 그러나 교회 멤버십은 심지어 우리가 서로를 잘 모르더라도 단지 그리스도를 믿는 신자라는 이유 하나 때문에 신자들의 공동체에 헌신해야 한다는 의미를 담고 있다. 교회 멤버십은 많은 점에서 결혼과 유사하다. 요즘에 결혼을 경시하는 풍조가 갈수록 심해지는 이유는 그것이 "자유롭고 자발적인" 사랑을 방해한다고 생각하기 때문이다. 요즘 사람들은 혼인 서약을 하지 않은 상태에서 결혼의 특권(성애, 동거, 감정적인 교감 등)을 마음대로 즐긴다. 그러나 우리 그리스도인은 언약에 헌신하는 관계에서 참된 사랑이 잘 자란다는 사실을 믿는다. 우리는 혼인 언약이라는 안전한 울타리 안에서 결혼의 특권을 훨씬 더 잘 즐길 수 있다. 헌신과 관계는 동전의 양면과 같다. 교회 멤버십이라는 언약 체제는 관계 지향적인 교회 문화가 왕성하게 자랄 수 있는 생태 환경을 제공한다.

따라서 의도적인 관계의 문화를 조성하고 싶다면 멤버십을 중시해야 한다. 멤버십을 뒷전에 밀쳐 놓은 채 아무것도 아닌 것처럼 취급하지 말라. 오히려 그것을 전면과 중심에 내세워 그것을 당신 교회의 삶 속으로 진입하는 관문으로 삼아야 한다.

지금부터 멤버십을 의미 있게 만들 수 있는 두 가지 방법을 논의할 생각이다. 하나는 정기적으로 교회에 출석하는 사람들만을 멤버로 받아들이는 것이고, 다른 하나는 교회의 일에 참여할 권한을 멤버들에게만 국한시키는 것이다. 그러나 그 전에 이런 방법에 반대하는 주장에 대해 잠시 짚고 넘어가야 할 필요가 있다. 이런 방법은 교회가 배타적이라는 인상을 심어준다는 반론이 종종 제기된다. 이 문제는 앞서 3장에서 논의한 내용으로 이미 충분히 설명되었다고 생각한다. 멤버십 체제(지역 교회 안에서 그리스도인들이 다른 신자들을 향해 행하는 모든 헌신들의 공식적 인식)는 기독교적 삶에 있어 대단히 중요하다. 우리는 관계가 편해짐에 따라 비로소 멤버십 헌신을 하는 것이 아니다. 오히려 헌신은 관계를 시작하는 출발점이다. 나는 이미 이 점을 충분히 논의했다. 그러나 지금 멤버십을 강조하는 전략(교회의 일에 참여할 권한을 멤버들에게만 국한시키는 것)에 대한 나의 설명을 들으면 조금 지나치다는 생각이 들 수도 있다. 어쩌면 "맞아요. 멤버십은 성경적입니다. 그러나 교회가 안에 있는 신자들에게만 관심을 기울인다면 밖에 있는 불신자들에게 어떻게 복음을 전하죠? 예를 들어 소그룹 모임이 교회에 참여하기 위한 일차적인 출발점이라면 그것을 멤버에게만 국한시켜야 할 이유가 무엇이죠? 자원봉사의 일은 새로 교회에 나온 사람들의 참여를 끌어낼 수 있는 좋은 방법인데 왜 주차 관리 자원봉사를 멤버들에게만 맡겨야 한다고 주장하는 것이죠? 그리스도를 위해 세상 사람들에게 복음을 전하려면 편협하고 배타적인 태도가 아니라 외향적이고 포용적인 태도를 취해야 옳지 않겠습니까?"라고 반문할는지도 모른다.

이에 대한 나의 대답은 무엇일까? 한마디로 말하자면, 교회 안과 교회 밖에 있는 사람들을 분명하게 구분하는 것이 불신자들에게 복음을 전하는 것과 충돌할 수밖에 없다는 주장은 잘못된 이분법이다. 사실을 말하자면, 배타성이야말로 가장 확실한 복음 증거의 방법이다. 갈라디아서 6장 10절은 "모든 이에게 착한 일을 하되 더욱 믿음의 가정들에게 할지니라"라고 말한다.[2] 여기서 "더욱"은 배타성을 표현하는 용어이다. 이 사랑이 믿음의 가정들 가운데서 밝게 타오르면 이것은 복음의 진리를 증거하는 강력한 수단이 된다(요 13:35, 엡 3:10).

비유를 하나 들어보자. 벽난로에 석탄을 태워 큰 방을 따뜻하게 데우려면 어떻게 해야 할까? 석탄을 방 바닥 전체에 고르게 늘어놓아야 할까? 그렇지 않다. 석탄을 함께 모아 태워야 한다. 석탄이 뜨겁게 활활 타오르면 열기가 공간을 가득 채울 것이다. 내가 이 책에서 논의해 온 공동체 형성 방법을 따르려면 지역 교회가 더 밝고 더 뜨겁게 활활 타오르는 것이 불신자들에게 복음을 전하기 위한 하나님의 계획이라는 확신이 필요하다. 다시 말해, 헌신의 깊이와 넓이

---

2. "더욱"이라는 말을 "즉"으로 바꾸어 "모든 이에게, 즉 믿음의 가정들에게"라고 번역하는 것이 더 나은 번역이라고 확신한다면, 이런 주장이 더 힘을 얻을 것이다.

를 훼손하면서까지 무조건 모든 사람을 포용하려고 하기보다 신자들의 공동체를 뜨겁게 활활 타오르게 만드는 배타성이 있어야만 궁극적으로 훨씬 더 많은 복음 사역을 이룰 수 있다는 믿음을 가져야 한다.

- 지역 내의 불신자들에게 복음을 전하는 가장 효과적인 방법은 무엇일까? 구도자들에게 초점을 맞추고, 주일 아침 예배를 전도 집회로 바꾸어야 할까? 아니다. 불신자들이 접근할 수 있는 예배를 드리되 신자들의 성숙에 초점을 맞추라. 조만간 신자들 상호 간의 사랑을 통한 초자연적인 증언이 구도자 중심적인 예배보다 복음 전도에 수십 배나 더 효과적이라는 사실이 드러날 것이다. 더 많은 제자, 더 나은 제자에 초점을 맞추라. 더 나은 제자를 만드는 것이 더 많은 제자를 얻는 최고의 방법이라는 것을 잊지 말라.
- 참여하지 않는 신자들을 공동체 안으로 끌어들일 수 있는 가장 효과적인 방법은 무엇일까? 문을 완전히 개방하고, 그들이 어떤 활동을 하기 원하든지 무조건 환영해야 할까? 아니다. 멤버십 헌신의 준비가 되어 있지 않은 사람들의 참여를 제한하라. 헌신된 신자들의 공동체를 조성하라. 그것은 당신이 제공할 수 있는 그 어떤 활동보다 훨씬 더 매력적이다.
- 교회의 연약한 양들을 돌보는 가장 효과적인 방법은 무엇인가? 그들의 필요와 어려움에 목회적인 관심과 시간을 더 많이

할애해야 할까? 아니다. 물론 목회자는 연약한 양들을 마땅히 돌봐야 하며, 그것은 모든 목회자가 항상 이행해야 할 임무 가운데 하나다. 그러나 가장 헌신적인 목회자나 지도자가 직접 돌보는 것보다 연약한 양들을 훨씬 더 잘 보살필 수 있는 방법이 있다. 그것은 헌신적이고 의도적인 관계의 문화를 조성하는 것이다.

당신은 의미 있는 멤버십을 강조하다가 불신자들을 등한시한다는 비판을 받을 수도 있다. 심지어는 연약한 자들은 아랑곳하지 않고, "훌륭한 그리스도인"에게만 적합한 교회를 만들려고 한다는 비판을 받을 수도 있다. 물론 그런 비판이 어떤 사람에게는 타당할 수 있다. 사실 불신자들에게 무관심한 채 폐쇄적으로 교회 공동체 내부에만 초점을 맞추는 교회들이 적지 않다. 많은 교회가 교회론과 성경적인 교리들의 세세한 요점들에는 열정을 쏟지만, 그러한 열정이 세상의 고통을 감싸안는 공동체를 구축하는 방향으로 발전되어 나가지 못하고 있다. 나의 글에 동의한다 하더라도, 당신이 실제로 올바른 것을 갈망하고 있지는 않을 수도 있다. 그러나 일부 사람들이 이것을 잘못 적용하고 있다고 해서 의미 있는 멤버십 문화가 비성경적으로 되는 것은 아니다. 밝고 뜨겁게 타오르는 교회 공동체를 구축하면 결국은 순간적으로 번뜩이는 그 어떤 전략보다도 훨씬 더 많은 열매를 맺기 마련이다.

이 정도 변증을 하였으니, 이제 멤버십 제도를 의미 있게 만드는 두 가지 방법을 차례로 살펴보기로 하자.

  1. 멤버십을 정기적으로 교회에 출석하는 사람들에 국한하라. 수십 명, 또는 심지어 수백 명의 멤버가 교회 모임에 빠지면, 멤버십은 거의 의미 없게 느껴진다. 물론, 그중에는 교회에 출석하지 못할 피치 못할 사정이 있는 사람들도 있다. 나는 지금 고령자나 병자나 군복무자나 선교사가 아니라, 멤버십 명부에는 올라 있지만 오랫동안 교회와 연락 두절인 사람들을 염두에 두고 있다. 교회를 위해 그리고 그들 자신을 위해, 그런 사람들을 당신 교회의 멤버로 남겨 두어서는 안 된다. 우리 교회도 얼마 전에 멤버 명부를 정돈했다. 나이든 여성 교인 두 사람이 거의 일 년 동안 수고하여, 더 이상 출석하지 않는 400명의 교인의 근황을 탐색했다. 그중에는 세상을 떠난 교인들도 있었고, 다른 교회에서 행복한 신앙생활을 하고 있다면서 등록 철회 의사를 밝히는 편지를 보내온 교인들도 있었다. 어떤 이들은 불행히도 신앙을 떠났고, 많은 이들이 종적조차 알 수 없었다. 제반 사정을 파악한 후, 우리는 멤버들을 한자리에 모아놓고 교육적으로 긴 교인총회를 가졌다. 우리는 남아 있는 멤버들 각각의 멤버십을 박탈하는 투표를 했다. 그것은 일종의 권징 행위였다. 권징의 이유는, 우리가 알고 있는 한 그들은 모이기를 폐하지 말라는 히브리서 10장 25절 말씀을 어겼기 때문이다. 교인 총회를 갖기 전에 멤버십의 중요성, 곧 의미 있는 멤버십 제도의 중요성에 관해 상세히 가르쳤기 때문에 교인들은 그 일을 처리할 준비가 되어 있었다. 그러나 그럼에도 불구하고 그 과정은 고통스러웠다.

불출석 멤버의 문제가 서구의 노령화되어 가는 교회에만 국한된 문제라고 생각할 수도 있다. 그러나 사실은 그렇지 않다. 명목상의 기독교는 세상 어느 곳에서나 기승을 부리고 있다. 최근에 아시아 지역의 한 큰 가정 교회를 담임하는 목회자 및 그 교회의 장로들을 상담하면서 아침 시간을 보낸 적이 있다. 그 나라의 교회는 정부로부터 강한 박해를 받고 있었다. 그런 박해가 있는 환경에서는 진정으로 그리스도를 따르려는 마음이 없으면 아무도 교회에 나오지 않을 것이라고 생각하기 쉽지만, 실제로는 그렇지 않았다. 그들의 교회는 멤버십 제도를 만든 지 불과 5년밖에 안 되는데도 멤버 가운데 교회에 나오지 않는 사람들이 전체의 30퍼센트에 달했다. 그 이유는 무엇일까? 한때는 그리스도를 따르는 것과 교회에 나오는 것에 매력을 느꼈을 사람들의 믿음이, 시간이 흐르면서 세상의 유혹과 정부의 압박 속에서 명목상의 믿음으로 드러났다. 명목상의 그리스도인들은 대부분 박해를 받지 않는다. 따라서 그들 교회의 전체 멤버십은 미국 남부의 오래된 침례교회의 경우처럼 이내 불출석 교인들이 상당한 비중을 차지하기에 이르렀다.

의도적인 관계의 문화가 조성되려면 의미 있는 멤버십을 구축해야 한다. 그 일은 등록 교인의 의무를 다하기를 원하지 않는 멤버들을 멤버십에서 제외하는 것에서부터 시작해야 한다.

2. **교회의 일에 참여할 권한을 멤버들에게만 국한하라.** 불출석 교인들로 부풀려진 멤버십의 문제와는 정반대되는 문제(사람들이 교인 등록을 하지 않고 교회에 출석만 하는 것)를 안고 있는 교회들이 많다. 어떤 교

회는 새로 나온 사람들의 안락한 활동 무대가 된다. 그들은 교인 등록이라는 기본적인 헌신도 하지 않은 채 "공동체 안에서" 활동한다. 그런 문화는 처음에는 따뜻하게 환영받는 느낌을 줄지 몰라도 차츰 공동체의 질을 떨어뜨린다. 그것은 헌신 없는 공동체를 형성하기 때문이다. 우리 교회도 멤버 명단에서 불출석 교인들을 제거하고 난 뒤에 몇 년 동안 그런 경험을 했다. 그러면 우리는 어떻게 그 문제를 해결했을까? 우리는 공동체의 혜택을 멤버들에게만 국한하기 시작했다. 우리는 회중에게 오직 멤버들만 어린이 사역에 봉사할 수 있고, 소그룹에 참여할 수 있고, 예배 안내위원이 될 수 있다고 말했다. 그와 동시에 우리는 약간의 예외를 허용했다. 예를 들어, 새로 믿음을 갖게 된 그리스도인들에게 즉시 소그룹에 참여해 활동하면서 교인 등록을 고려해보라고 독려했다. 그러나 꽤 오랫동안 신앙생활을 해온 그리스도인들에게는 사역 팀에서 활동하거나 소그룹에 참여하기 전에 (성경이 가르치는 대로) 몸 전체에 헌신할 것을 요구한다(소그룹 참여 여부는 개인의 선택에 맡겼다). 우리는 이 모든 요구 조건을 한번에 다 제시하지 않고, 한 가지 요구 조건을 제시할 때마다 그에 앞서 공적으로나 사적으로 가르치는 시간을 가졌다. 교회마다 자신에게 가장 적합한 방법이 있을 것이다. 그러나 중요한 것은, 당신이 멤버의 특권을 강조함에 따라 교회 안에 있는 사람과 교회 밖에 있는 사람이 더 분명하게 드러날 것이라는 점이다(고전 5:12). 교회 안에서 멤버십의 중요성이 강조되면, 헌신은 증대되고, 관계가 왕성해지고, 밖에서 안을 들여다보는 사람들에게 교회가 훨씬 더 매력적으로 보이게 된다.

결론 : 지속적인 문화 변화를 이끌어 낼 수 있는 네 가지 "P"

교회 지도자들은 문화적 문제를 해결할 수 있는 구조적인 해결책을 추구하려는 유혹을 받는다. 교회의 기본적인 성향과 습관에 관하여 무언가 변화시킬 것이 우리 눈에 띈다. 그리고 우리는 모든 것을 해결할 수 있는 인위적인 해결책을 찾고자 한다. 예를 들어, 교인들 간의 멘토링 관계를 맺어주어 제자화 문화를 조성하려 한다. 또는 교인들에게 소그룹 참여를 요구함으로써 의도적인 관계의 문화를 조성하려 한다. 또는 제한된 지역 밖에서 이루어지는 소그룹 모임을 "불법화함으로써" 지역 중심적인 교회가 되려고 시도한다. 때로는 이러한 인위적인 구조적 변화가 문화를 변화시키는 보조적인 수단으로 작용할 수도 있다. 그러나 의도적인 관계의 문화를 조성하기 위한 주된 수단으로 인위적인 해결책을 도입할 때에는, 어떤 변화든지 그저 단기적인 효과에 그치고 말 우려가 있다. 그 대신에, 지속적인 문화 변화를 끌어낼 수 있는 다음 네 가지 "P"를 고려하라.

1. **개인적인 본보기**Personal example. 내가 이번 장에서 논의한 내용은 대부분 우리 교회에서 직접 목격한 문화 변화를 묘사한 것이다. 이런 변화는 하루아침에 이루어지지 않았으며, 회중 안으로 스며드는 느린 과정을 겪었다. 한 교인이 의도적으로 다른 몇몇 교인의 삶에

관심을 기울이기 시작했고, 그들은 다시 그 비전을 이어받아 그와 똑같은 방식으로 살기 시작했다. 몇몇 교인이 집을 교회 근처로 옮겼고 그것이 지혜로운 결정이라는 사실이 분명하게 드러나자, 다른 교인들도 그 뒤를 따랐다. 좋은 본보기의 장기적인 효과를 과소평가하지 말라. 자신이 원하는 교회 문화의 형태를 모범적으로 보여 주는 교회 지도자들을 선택하라(벧전 5:3). 교회 프로그램에 많이 참여하지는 않더라도 관계에 헌신하는 신실한 교인들을 본보기로 내세우라. 그리고 교회 안에 있는 당신의 친구들에게 스스로 좋은 본이 되라고 독려하라.

2. **설교**Preaching. 인위적인 해결책은 그것이 아무리 좋은 것이라 하더라도 회중의 심령을 변화시킬 수 없다. 초자연적인 변화는 어디에서 비롯되는가? 그것은 교인들이 하나님의 말씀을 들을 때 점화되는 믿음의 불꽃에서부터 비롯된다. 교회 문화를 변화시키는 충실한 설교의 능력을 과소평가하지 말라.

3. **기도**Prayer. 당신의 교회 안에서 이 초자연적인 일을 행하시길 하나님께 기도하라. 많은 경우, 기도는 변화를 일으키기 위해 "행하는" 가장 실천적인 일이다.

4. **인내**Patience. 의도적인 관계의 문화가 뿌리내리는 것을 지켜보는 것은 마치 페인트가 마르는 것을 지켜보는 것과 같다. 우리는 보통의 은혜의 수단을 의지해야 한다. 충실하게 설교하고 기도하고 경건한 관계의 본을 보이면, 변화는 종종 일어날 것이다. 그러나 그리스도의 종된 우리의 의무는 "변화를 일으키는 것"이 아니라 신

실하게 행하는 것이다. 우리는 교회를 올바른 방향으로 이끌기 위해 부지런히 노력해야 한다. 변화를 갈망하는 마음이 아무리 강해도 주님이 가장 좋다고 생각하시는 속도에 만족해야 한다. 사실, 세상에서 우리에게 주어진 시간이 끝나고 한참이 지나서야 비로소 우리의 수고가 가장 풍성한 결실을 맺을 때가 많다. 찰스 브리지스는 "씨앗은 흙 아래 가만히 묻혀 있다가 우리가 그곳에 묻히고 나서야 비로소 싹을 틔운다."라고 말했다.[3]

예수님은 하나님의 명령에 순종하려는 갈망을 참 신자의 표징이라고 가르치셨다(요 14:15). 참 신자는 "서로___하라"라는 신약성경의 명령에 순종하기를 원한다. 그런 점에서 내가 이번 장에서 말한 내용은 새로운 본성을 입은 참 신자들에게 자연스럽게 일어나는 일을 하도록 도울 뿐이다. 그러나 만일 교역자의 임무에서부터 사역의 목표에 이르기까지 교회의 구조적인 형태가 의도적인 관계의 자연스러운 성장을 억제하게 형성되어 있다면 어떻게 해야 할까?

---

3. Charles Bridges, *The Christian Ministry* (1830; repr., Edinburgh: The Banner of Truth Trust, 2006), 75.

8장

성경적인 공동체를 방해하는 구조적인 장애 요인들

1981년, 미 중앙정보국은 한 가지 비밀을 알아냈다. 소련의 한 정보요원이 미국 군수 산업에 깊숙이 침투해서 대규모의 기술을 훔쳐내는 공작을 펼치고 있었던 것이다. 나중에 미국 공군 장관은 "미국방성은 사실상 자기자신과 군사 기술 개발 경쟁을 벌이고 있었다."는 말로 당시 상황을 회고했다.[1] 그런데 미 중앙정보국은 소련의 공작을 차단하는 대신에 다른 전략(해커가 되는 것)을 세웠다. 그들은 소련이 훔쳐낸 미국의 기술 안에 디지털 트로이 목마를 은밀히 포함시켰다.

이 역공작으로 인해 가장 큰 피해를 입은 것은 시베리아 횡단 가스관이었다. 새 가스관은 매우 복잡했기 때문에, 소련의 설계 능력을 넘어서는 제어 소프트웨어가 필요했다. 그러나 소련의 국가보안

---

1. Steve Kettmann, "Soviets Burned by CIA Hackers?," *Wired News* (blog), March 26, 2004.

위원회KGB에게 그것은 문제가 되지 않았다. "훔치면 되는데 뭐하러 만드는가?"라는 것이 그들의 생각이었다. 그러나 소련의 계획을 속속들이 알고 있던 미 중앙정보국은 컴퓨터 공학자들에게 원하는 순간에 오작동을 일으키는 코드를 설계하라고 요청했다. 미 중앙정보국의 의도는 무엇이었을까? "우리는 시베리아에서 독일까지 이어지는 가스관이 줄줄이 새기를 기대했다."[2] 그러나 실제로는 예상을 뛰어넘는 대형 사건이 발생했다.

1982년 6월, 컴퓨터 코드를 작동시키자 펌프들이 가스관의 설계 용량을 훨씬 넘어서는 속도로 작동되기 시작했다. 그로 인해 가스관의 압력이 급상승했고, 파이프의 접합 부위들이 파손되면서 큰 화염과 함께 가스가 폭발하고 말았다. 현재까지도 이 사건은 인류가 핵폭발을 제외한 다른 수단으로 만들어 낸 폭발 가운데 가장 큰 폭발로 기록되고 있다. 놀랍게도 죽은 사람은 한 명도 없었다.

그렇다면 이것은 교회 공동체와 무슨 관계가 있을까? 소련은 기존의 석유 산업의 경제 질서를 변화시키기 원했지만, 그런 변화를 거부하는 요인이 가스관의 내적 작동 원리 안에 숨겨져 있었다. 우리는 교회 안에서 초자연적인 넓이와 깊이를 지닌 공동체가 건설되기를 원하지만, 소그룹 운영 방식에서부터 교역자의 임무와 사역 프로그램 선택에 이르기까지 교회의 기저부에 그것을 거부하는 요인이 깊숙이 내재해 있는 것이 종종 발견된다. 따라서 이번 장에서

---

2. 같은 책

는 교회를 위에서 아래까지 정밀하게 살펴보면서 성경적인 공동체를 방해하는 구조적인 방해 요인을 식별하는 기회를 갖고자 한다. 그러면 먼저 교역자로부터 시작해보기로 한다.

교역자

구조적인 방해 요인 : 사역을 행하도록 설계된 사역 포지션.
해결책 : 사역을 촉진하는 역할을 하도록 사역 포지션을 재설계하라.

교역자의 위험

교역자가 성경적인 공동체를 방해하는 "구조적인 방해 요인"이 될 수 있다고 생각해본 적 있는가? 교역자가 교회 공동체의 깊이와 넓이에 미칠 수 있는 부정적인 영향을 잠시 생각해보자.

- **깊이** : 교회에 유능한 교역자가 있으면 교인들은 서로를 돌보는 것을 등한시하고 "훈련된 전문가"에게 일을 일임하기를 좋아한다. 그런 상태로 시간이 흐르면 교인들 상호 간의 헌신의 깊이가 얕아진다. 따라서 교역자가 없어야만 교인들이 나서서 슬픔을 당한 과부를 보살피게 되고, 그로 인해 공동체 전체가 강화되는 결과가 나타날 수 있다. 교역자가 필요를 채워주면 회중은 스스로 나서는 것을 자제하게 되고, 그 결과 성도의 연

합을 실제로 구현할 기회를 상실하게 된다.

- **넓이** : 교역자들의 수를 늘려 임무를 맡기면, 회중 각 부분의 필요에 맞춘 맞춤형 사역을 행할 수 있다. 그러나 그런 방법은 좋지 않은 결과를 낳는다. "유사성에 근거한 사역" 때문에, 교회 안에서 다양성이 적절하게 표현될 수 있는 길이 차단되는 결과가 발생한다.

교역자가 성경적인 공동체를 위협한다고 해서 그들을 모두 내보낼 필요는 없다. 디모데전서 5장 17절이나 갈라디아서 6장 6절은 유급 교역자, 특히 설교와 교육을 주로 담당하는 교역자의 성경적 모델을 제공한다. 따라서 교역자들을 모두 내보내는 대신에 교역자의 사역 포지션을 올바로 조정해야 한다.

서로 다른 두 교회에서 대학부 목사로 일한 경험이 있는 내 친구의 예를 들어보자. 첫 번째 교회의 장로들은 급격히 성장하는 대학부를 맡아줄 사람이 필요했기 때문에 내 친구를 대학부 사역자로 청빙했다. 그는 대학생들을 지도했고, 캠퍼스에서 주로 시간을 보냈으며, 매주 대학부를 인도했다. 그러나 이를 통해 대학생들의 필요는 충족되었지만 그들과 나머지 교인들이 서로 격리되는 결과를 낳았다. 시간이 지나면서 대학생들은 교회를 단지 설교를 듣는 곳으로 생각하게 되었고, 그들의 진정한 성장은 대학부 사역을 통해 이루어지는 것으로 인식하기에 이르렀다. 그 후, 내 친구는 또 다른 교회의 교역자로 청빙되었다. 그곳에서 그는 대학부 사역을 직접 **행**

하는 대신에 사역을 **촉진하는** 임무를 맡았다. 대학생들과 직접 만나는 시간은 줄어든 대신에, 대학생 사역에 헌신할 교인들을 발굴하는 일을 주로 담당했다. 그는 교회와 대학을 연결하는 다리 역할을 하면서 대학생들과 교인들이 서로 관계를 맺게 하고, 학생들에게 교회의 중요성을 일깨워주었다. 그 결과는 어땠을까? 교인들이 대학생들과 더 많은 시간을 보내기 시작했고, 학생들은 주로 장년들로 구성된 소그룹에 참여했다. 학생들은 졸업 후에도 그 지역에 계속 머물면서 **그들의** 교회를 위해 계속 헌신하기 위해 취업 계획을 다시 짜고 있다. 첫 번째 교회에서는 교역자의 포지션이 대학생들을 대상으로 양질의 사역을 제공하는 것을 가능하게 하였으나 그 결과 공동체가 희생되었다. 그러나 두 번째 교회에서는 교역자의 포지션이 공동체의 넓이와 깊이를 형성함으로써 양질의 사역을 가능하게 하였다.

교역자의 목적

에베소서 4장 11-16절의 "황금 사슬"을 잊지 말라. 그리스도께서는 교회에 지도자들을 허락하신다. 그 지도자들은 다시 "성도를 온전하게 하여 봉사의 일을 하게 하는" 역할을 담당한다. 하나님의 백성이 그런 사역을 행하면 지역 교회의 몸이 세움을 입고, 궁극적으로 회중은 일치와 성장을 이룬다. 공동체의 목적(일치와 성장)은 지도자들을 통해 구비된 회중이 스스로 사역을 함으로써 비로소 달성된다.

그러나 교역자의 직무에 대해 설정해놓은 목표가 부지불식간에 이 비전을 훼손할 때가 참으로 많다. 목사가 가치 있는 사역(예를 들면 학생 멘토링 프로그램)을 계획하고, 그것을 담당할 교역자를 청빙한다. 처음에는 모든 것이 잘된다. 사역이 왕성하게 전개되고, 교인들이 자원봉사자로 나서고, 수십 명의 학생들이 복음을 듣는다. 그러나 차츰 관심이 줄어들고, 담당 교역자는 자원봉사자를 구하기 위해 갑절의 노력을 기울여야 한다. 결국 담당 교역자는 교회의 지도부가 나서서 사역을 적극적으로 지원하고 권장하지 않는 것에 실망을 느낀다. 충실한 자원봉사자들도 사역을 어떻게든 유지해 나가려고 애쓰면서 피로감을 느끼고, 사역에 참여하지 않는 교인들에 대해 불만을 느끼기 시작한다. 목사가 담당 교역자에게 멘토링 프로그램에 더 많은 시간을 할애하기를 요구할수록, 무언중에 교인들에게 그 사역이 그들의 책임이 아닌 담당 교역자의 책임이라는 인식을 더 많이 심어줄 뿐이다. 이것은 교인들의 사역 참여 의욕을 더욱더 꺾게 된다. 봉사의 일을 위해 하나님의 백성을 준비시키는 대신에, 교역자가 방해가 되는 것이다.

교역자에게 사역을 아웃소싱하는 것을 중단하라

내 경험에 비춰볼 때 교역자가 가장 흔히 공동체를 훼손하는 경우는 위의 사례를 통해 알 수 있는 대로 교인들이 봉사를 통해 일치를 이룰 수 있는 기회를 박탈하는 것이다. 교역자들을 한 사람씩 유심히 관찰하면서, 그들이 사역을 직접 **행하는**(연약한 양들을 돌보는 일, 새 신자들을 멘토링하는 일, 복음을 나누는 일 등) 데 할애하는 시간과 사역을 **촉**

진하는(교인들이 사역을 하게 훈련하는 일, 목회적 돌봄 편성, 설교[3] 등) 데 할애하는 시간을 어림잡아 비교해서 적어보라. 물론, 교역자들이 사역을 완전히 중단할 수 있는 상황은 존재하지 않는다. 그러나 사도들의 경우처럼(행 6:2) "하나님의 말씀을 제쳐 놓고 접대를 일삼"게 하는 압력이 항상 도사리고 있다는 사실을 잊어서는 안 된다. 이런 위험을 피하는 데 도움이 될 수 있는 방법을 몇 가지 소개하면 다음과 같다.

- **교역자들에게 그들의 임무는 사역을 행하는 것이 아니라 사역을 촉진하는 것이라는 점을 상기시키라.** 우리는 몇 년 전에 박사 학위를 소지한 기독교 상담사를 청빙하면서 그에게 이 점을 분명하게 요구했다. 만일 5년이 지났는데도 그가 첫해와 똑같은 양의 상담을 해야 한다면 그는 자신의 임무를 옳게 수행하지 못한 셈이다. 우리는 그가 평신도 상담사를 훈련하는 일에 많은 시간을 할애해주기를 원했다. 상담과 훈련이 모두 중요하다. 그러나 우리는 당장에 필요한 일을 해결하는 데 급급한 나머지 장기적인 훈련을 등한시할 때가 많다. 그런 결과를 방지하려면 의도적인 노력을 기울여야 한다. 교역자들은 교인

---

3. 설교와 같이 말씀을 가르치고 전하는 일을 사역을 행하는 것이 아닌 촉진하는 것으로 분류한 것에 주목하라. 그렇게 한 이유는 하나님의 말씀이 "성도를 온전하게 하여 봉사의 일을 하게 하는" 일차적인 수단이기 때문이다(엡 4:11-16). "사도, 선지자, 복음 전하는 자, 목사, 교사"의 한 가지 공통점은 그들이 말씀의 사역자라는 것이다.

들이 스스로 감당할 수 있도록 사역을 작은 단위로 "적절하게 쪼개는 일"에 시간과 능력을 사용해야 한다.

- **교회의 죄책감을 달래기 위해 교역자를 청빙하는 일을 중단하라.** 교회가 직접 맡아서 행하기를 거부하면서 속으로 죄책감을 느끼는 사역들이 있다. 복음 전도, 빈민 구제, 청소년 사역 등이 대표적이다. 중요하지만 등한시되는 그런 사역들을 위해 교회는 재정을 들여 교역자를 청빙하고, 그것으로 무언가를 하고 있다는 위안을 받는다. 그러나 지혜로운 교회 지도자는 그런 상황에서 교역자를 청빙하기보다 가르치고, 본보기를 보이고, 성령께서 교인들에게 깨달음과 변화를 내려주시길 기도한다. 일단 그런 형태의 사역이 교회에 깊이 뿌리내린 후에는 교역자를 청빙해 사역을 촉진시킬 수 있을 것이다. "잠깐만요! 교역자를 먼저 고용해서 사역의 시동을 걸게 하는 편이 유익하지 않을까요?"라고 반문할지도 모르겠다. 이론상으로는 그래도 상관없다. 그러나 내가 관찰한 바에 따르면, 일이 그렇게 의도한 대로 잘 진행되는 경우는 비교적 드물다. 일반적으로는 교역자부터 청빙하기보다 교인들이 자발적으로 움직일 때까지 시간이 좀 걸리더라도 인내하며 기다리는 편이 가장 좋다. 중요한 사역을 담당할 교역자를 먼저 청빙하면 일상에 바쁜 교인들은 주도적으로 나서지 않게 될 가능성이 크다.
- **교인들이 자발적으로 사역을 시작할 수 있도록 독려하라.** 디도서에는 신자들을 가르쳐 "선한 일 행하기를 준비하게 하라"라

는 당부의 말이 거듭 되풀이되고 있다(딛 3:1, 1:8, 2:3, 14, 3:8, 14). 바울은 그레데의 신자들에게 기회가 닿는 대로 선한 일을 하라고 가르쳤다. 그는 유연하면서도 진취적인 태도를 요구했다. 만일 새로운 사역에 대한 좋은 생각이 떠올랐거든, 그것을 전면에 내세워 크게 광고하지 말고 다른 사람에게 넌지시 알려주라. 전면적인 접근 방식은 일이 신속하게 시작되게 만들 수는 있지만, 교인들이 하나님의 말씀을 실천하는 방식을 온전히 교역자에게만 의존하는 부작용을 낳기 쉽다. 그보다 좀 더 유기적인 방식을 취하면 처음 시작은 더딜지 몰라도 교인들에게 사역의 책임을 일깨울 수 있고, 또 그로 인한 기쁨을 느끼게 할 수 있을 것이다.

교회 일정

구조적인 장애 요인 : 비공식적인 관계를 방해하는 빡빡한 교회 일정.
해결책 : 교회 일정을 추가할 때 계획되지 않은 시간의 상대적 가치를 고려하기.

거짓 약속에 불과한 빡빡한 일정

관계 형성이라는 어려운 일에 힘쓰는 것보다 교회 활동에 참여하는 것이 더 편안하게 느껴질 수 있다. 지나치게 **빡빡한** 교회 일정은 문제를 더욱 심화시킬 뿐이다. 너무 바쁜 교회 일정에 치여서 사는 사람은 비공식적인 관계를 형성하라고 요구받으면 이렇게 대답할 것이다. "나는 주일을 교회에서 보내고, 월요일 저녁에는 소그룹 모임에 참석하고, 화요일에는 성가대 연습에 참여하고, 수요일에는 키즈클럽을 돕고, 목요일에는 신학 강좌를 듣고, 금요일 저녁에는 아내와 시간을 보내고, 토요일 저녁에는 축구를 하고 리틀리그 야구를 지켜보고 나서 피곤한 몸으로 아내가 주일학교 공과를 준비할 수 있게 아이들을 돌봅니다. 그런데 지금 그리스도를 믿지 않는 직장 동료들과 관계를 형성하고, 한 형제를 선택해 정기적으로 제자훈련을 하고, 좀 더 성숙한 신자와 교제의 시간을 갖고, 교인들이 때로 불편하게 생각하는데도 그들과 관계를 형성하기 위해 노력하라는 건가요? 안 그래도 충분히 바쁜데 그렇게 말해주시니 참 감사하네요."

이런 식이다. 경제학자들은 "기회비용"이라는 개념에 대해 말한다. 자원이 한정되어 있을 때 한 가지를 선택하는 것은 곧 다른 한 가지를 포기하는 것이다. 모든 일에 기회비용(한 가지를 선택할 때 포기해야 하는 다른 선택의 최대 가치)이 뒤따른다. 교회 일정 상의 여러 활동 가운데 중립적인 것은 아무것도 없다. 그 활동 때문에 영적으로 의도적인 관계를 형성할 기회를 포기해야 한다면, 대부분의 경우 그 기회비용을 감수하는 것은 지나친 손실이다.

관계 형성에 시간을 투자하는 것은 단지 교회의 공식적인 일정에서 몇 가지 행사를 취소하는 것 이상의 의미를 지닌다. 우리에게 필요한 것은 일정의 변화가 아닌 문화의 변화다. 구체적인 사례를 들어 그 이유를 설명해보겠다.

최근에 어떤 교인이 우리 교회 교역자에게 한 가지 아이디어를 제안했다. 그녀는 교회 모든 여성의 요리 비결을 한데 모아 그것을 요리책으로 만들어 교인들에게 판매하고, 그 수익금으로 "위기 임신 센터Crisis Pregnancy Center"를 지원하자고 말했다. 좋은 생각 아닌가? 물론이다. 그러나 그로 인한 기회비용은 무엇일까? 사람들이 위기 임신 센터를 위해 직접 후원금을 내도록 독려하는 편이 낫지 않겠는가? 교회에서 신자들을 제자훈련하고 불신자 친구들을 저녁 식사에 초대하는 일을 제쳐 놓고, 요리책을 만드는 데 수백 시간을 쏟아 부어야 할 이유가 무엇인가? 물론 요리책을 만드는 것은 재미있는 일이다. 최소한 일부 사람들에게는 그렇다. 더욱이 그런 일을 하면 위기 임신 센터 후원을 위한 돈을 좀 더 많이 모을 수도 있다. 그러나 그것은 대가가 뒤따르는 일이다.

따라서 나는 그녀가 생각을 바꾸도록 부드럽게 설득했다.

교인들이 제안하는 수많은 이런 아이디어들을 생각해보라. 그러면 당신은 당신 앞에 놓인 난관을 깨닫기 시작한다. 나는 조금 전에 우리가 진취적인 사역을 원한다고 말한 바 있다. 바로 이것이 경건하고, 진취적인 교회가 극복해야 할 한 가지 난관이다. 목회자의 임무는 교인들에게 최상의 것을 취하고 차선의 것을 포기할 줄 아는 판단력을 길러주는 것이다.

그렇게 하려면 어떻게 해야 할까? 몇 가지 방법을 소개한다.

- 교회 차원에서 권장하고 있는 모든 활동들을 따라가보라. 이 것은 간단하지만 많은 것을 파악할 수 있게 해준다. 가상의 성숙한 신자가 갖가지 "예상" 활동의 미로를 헤쳐 나가면서도 여전히 관계를 위한 시간을 확보할 수 있을지를 마음속으로 질문해보라. 긍정적인 답변을 얻을 수 없다면 무언가 문제가 있는 것이다. 빡빡한 교회 일정에 얽매인 "가상의 성숙한 신자"란 바로 당신일 수도 있다.

- 어떤 활동을 권장하며 어떻게 권장할 것인지에 대한 결정 권한을 당신의 목사에게 위임하라. 여기에는 주일 예배 중의 광고 목록에 관한 권한, 교회의 전자 소식지, 소그룹 리더나 교회 웹사이트를 통해 전달되는 통지문에 대한 권한도 포함된다. 천천히 시간을 두고, 그가 목록에 올리는 활동에 대한 기준을 높일 수 없을지 살펴보라.

- 기존의 사역들을 좀 더 관계지향적으로 재구성하라. 예를 들어, 한 달에 한 번 각자 음식을 조금씩 가지고 와서 저녁 식사를 함께하는 행사가 "교제"로 포장된 수다떨기에 불과하다고 해보자. 그런데 교회 인근에 수백 명의 해외 유학생들이 거주하는 아파트가 있다면, 그런 저녁 식사 모임을 계획하고 주도하는 교인들에게 그 모임을 학생들을 초청하는 행사로 바꾸어보라고 권고할 수 있다. 학생들은 영어도 연습하고 무료로 식사도 하러 찾아올 것이고, 교인들은 복음전도적인 방향으로 대화를 이끌어갈 수 있을 것이다. 그렇게 되면 바람직한 교회

행사가 하나 더 마련되는 셈이다.

- 교인들에게 어떤 사역은 중단해도 괜찮다는 인식을 확실하게 심어주라. 영원히 계속해야 할 만큼 큰 가치를 지닌 사역은 매우 드물다. 예를 들어 누군가가 지역의 교도소에서 매주 성경 공부를 인도하기를 원한다면 당신은 그 사역을 기꺼이 지지할 것이다. 그러나 결국 회중의 관심의 초점이 다른 사역으로 옮겨가면, 교도소 사역을 억지로 평생 사역으로 밀고나가면서 자원봉사자 모집으로 교인들을 지속적으로 귀찮게 하지 않는 것이 좋다. 그럴 때는 교도소 사역이 쇠하도록 그냥 두라. 성령 충만한 신자들로 구성된 전 회중이 하나님을 더욱 영화롭게 하는 방법을 발견했고, 이제 거기에 시간을 사용하기를 원한다면 그대로 따르라. 그것은 사역의 상황이 바뀌었다는 것을 의미한다. 우리는 자발적인 활동이 유기적으로 일어났다가 다른 일로 옮겨가야 할 때는 소멸되는 것을 보기 원한다. 회중이 뭔가 중요한 것을 놓치고 있다는 생각이 들 때만 제외하면 그러하다.

- 전략적인 기회를 이용해 결실이 없는 활동들을 제거하라. 교회가 설립된 지 몇 년이 지났을 때는 대개 영적 열매를 많이 맺지 못하는 사역들이 나타나기 마련이다. 그럴 때는 어떻게 해야 할까? 그럴 때는 인내하라. 하지만 적극적으로 대처하라. 재원이 압박을 받고, 핵심 자원봉사자가 더 이상 없을 경우에는 교인들의 신뢰를 헛되이 낭비하지 말고, 그들을 좀 더 효과

적인 사역에 참여시켜야 한다.

- 새로운 활동을 고려할 때는 기회비용을 생각하라. 교인들끼리 함께 모여 커피를 마시거나 저녁을 먹거나 전화로 서로를 위해 기도하는 것과 같은, 교회 안의 가장 가치 있는 사역은 대부분 비공식적으로 이루어진다는 점을 기억하라. 교인들이 제안한 새로운 활동 가운데는 그런 비공식적인 사역을 더욱 확대하고 왕성하게 하는 것도 있고, 방해하는 것도 있을 것이다. 후자를 지양하고 전자를 추구하도록 교인들을 부드럽게 인도하라.

- 단지 최고의 것만을 찾지 말고 지금보다 나은 것을 찾으라. 아마 당신은 이렇게 말할 것이다. "당신의 의견에 동의합니다. 우리 교회 교인들이 활력 넘치는 관계 사역에 열성을 바쳤으면 좋겠습니다. 그러나 지금으로서는 교인들이 무엇을 한다는 사실에 일단 만족하고 싶습니다. 한 달에 한 번씩 각자 음식을 가져와서 함께 먹으며 교제하는 시간이 많은 영적 열매를 맺지 못한다 해도 그것이 무의미한 것은 아닙니다." 무슨 말인지 충분히 이해한다. 그리고 하나님은 당신을 비현실적인 이상을 위해 부르신 것이 아니라, 현재의 회중을 목양하라고 부르신 것이라고 격려하고 싶다. 교인들이 하는 일들 가운데 어떠한 영적인 유익이 있는지 살펴보고, 그것을 격려하라. 그리고 유익한 것은 좀 더 늘리고, 유익하지 못한 것은 좀 더 줄일 수 있도록 그러한 활동을 약간 조정할 방도를 시간을 두고 찾아보라. 꾸준히 조금씩 변화시켜 나가면 종종 처음에 예상했던 것

보다 훨씬 더 많은 것을 성취할 수 있다. 농부가 잠을 자는 동안에도 말씀의 씨앗은 계속 자라고 있다는 사실을 기억하라(막 4:26-29). 하나님은 항상 일하신다.

어떤 아이디어는 지지하고, 어떤 것은 가만히 놔두고, 어떤 것은 조용히 사라지게 하면, 교인들을 분주한 교회 일정의 족쇄에서 자유하게 할 수 있을 것이다. 그리고 그들이 시간을 효율적으로 투자해 마지막 날에 하나님 앞에서 기쁘게 보고할 수 있게 이끌 수 있을 것이다.

교회 음악

구조적인 장애 요인 : 회중 찬송보다 연주에 더 적합한 음악.
해결책 : 광범위한 사람들이 사용할 수 있는 음악 스타일 추구하기.

교회에서 사용하는 음악 스타일을 보면 목회자가 어떤 교회 공동체를 추구하는지 짐작할 수 있다. 당신이 사람들을 교회로 불러모으기 위해 음악을 선택했다고 해보자. 당신은 그런 선택을 통해 사람들에게 교회에 공급자가 아닌 소비자로 나오라고 가르치는 것과 같다. 만일 목회자가 인구학적인 범위를 좁게 한정하면(예를 들어, 예술적인 감각을 지닌 20대 청년들을 위한 음악을 사용하는 경우), 동질성이 바람직하다는 인상을 심어줄 수 있다. 그리고 항상 신앙생활의 행복과 기쁨과 승리를 노래하는 음악만 사용하면, 그와 다른 감정을 느끼는 사람들은 환영받지 못한다는 인상을 받을 수 있다. 그리고 기독교 역사의 한 시대에만 국한된 음악을 사용하면(예를 들면, 1990년대 노래나 1600년대 청교도 찬송 등), 그런 종류의 음악을 좋아하는 사람들만을 위한 교회라는 인상을 심어줄 수 있다.

음악이 참된 공동체를 가로막는 장애 요인이 되는 경우는 크게 세 가지다.

1. 교인 전체가 따라 부르기 어려운 음악. 20대 미국인의 취향에 맞는 음악을 사용하면 20대 미국인으로부터는 큰 호응을 얻겠지만 50대의 아프리카계 미국인은 분명 자기가 있을 자리가 못 된다는 느낌을 받을 것이다. 만일 복음을 통해 교회 안에 주어진 다양성을 반영할 수 있는 음악을 원한다면, 음악을 통해 과연 무엇을 추구하려는 것인지 깊이 고민해봐야 할 것이다. 회중의 문화적 배경과 교회에 나오기를 바라는 불신자 이웃들의 문화적 배경을 살펴보면서 "저런 다양한 사람들이 내가 선택한 찬양을 얼마나 잘 따라 부를 수 있을까?"를 자문해보라. 이 질문에 대한 답을 좌우하는 한 가지 요소는 복잡한 리듬이다. 라디오에서 듣는 최신 기독교 찬양 가운데는 리듬이 복잡한 노래들이 많다. 당김음이 많고, 박자와 속도의 변화가 심한 노래는 따라 부르기 어렵다. 단순한 리듬에 익숙한 문화에서 성장한 교인일수록 특히 더 그렇다. 교인들이 복잡한 리듬에 익숙하지 않다면 단순한 리듬의 음악을 사용해야 한다. 그래야만 가장 많은 교인이 따라 부를 수 있을 것이다. 교인 전체를 염두에 두

고 음악 스타일을 선택하는 것은 곧 "내가 좋아하는" 음악만을 원하는 소비자중심주의적인 사고방식에 맞서 싸우는 것이자 우리가 교회 안에서 마땅히 기대해야 할 공동체의 넓이를 강조하는 것을 의미한다.

2. 감정적인 넓이를 제한하는 음악. 교회 음악은 대부분 행복한 음악이다. 그러나 오직 그런 음악만을 사용한다면, 그것은 기독교적 경험을 크게 희석시키는 결과를 낳을 것이다. 우리가 조성한 예배 분위기는 필연적으로 우리의 상호 관계에 영향을 미치기 마련이다. 음악을 통해 의심이나 절망이나 당혹스러움과 같은 감정은 예배의 출발점으로 용인될 수 없다는 인상을 심어준다면, 그것은 곧 개인적인 대화에서도 그런 주제들이 용납될 수 없다는 무언의 메시지와 같다. 이것은 관계의 깊이를 훼손하는 결과를 낳는다. 나는 우리 교회에 새로 나온 신자들에게 "여러분이 어제 약혼했더라도 하나님을 예배하는 데 도움이 될 음악을 사용하고 싶고, 어제 연인과 이별했더라도 하나님을 예배하는 데 도움이 되는 음악을 사용하고 싶습니다."라고 말하곤 한다. 다양한 감정을 고려한 음악을 사용하면 교인들에게 하나님의 약속이 우리의 감정 상태와 상관없이 항상 유효하다는 사실을 가르칠 수 있다.

3. 연주처럼 느껴지는 음악. 요한계시록 5장 13절은 천국의 예배를 모든 회중의 찬양으로 묘사한다. 교회는 그런 예배를 미리 맛볼 수 있는 장소가 되어야 한다. 음악 반주는 노래를 잘 부르도록 이끌어주고, 부르기가 조금 어려운 노래들도 선택해 부를 수 있도록 도

와준다. 그러나 반주가 너무 지나치게 도드라지면, 교인들을 능동적인 예배자가 아닌 수동적인 청중으로 전락시킬 소지가 있다. 따라서 음악 반주의 음량과 복잡성을 고려해야 한다. 반주가 교인들의 예배를 돕는가? 혹시 교인들이 연주자들의 연주 소리나 오르간 소리를 경청하면서 작은 소리로 찬송가를 웅얼거리고 있지는 않은가? 어떤 멜로디는, 그것을 잘 부르기 위해서 음악적 재능이 예외적으로 뛰어난 교인들과 반주가 필요하다. 그러나 뛰어난 회중적 멜로디는 반주 없이도 잘 부를 수 있다. 혹시 아직 시도한 적이 없다면 찬송가를 부를 때 마지막 소절은 반주 없이 한 번 불러보라. 온 교회가 마음을 다해 열정적으로 하나님을 찬양하는 소리를 듣는 것보다 교회의 일치를 더 잘 느끼게 하는 것은 거의 없다. 우리는 이런 점을 염두에 두고 음악 스타일을 계획해야 한다.

무엇보다도 우리는 음악을 통해 교인들에게 교회 예배가 희생을 요구한다는 사실을 일깨워주어야 한다. 이것이 이 항목의 서두에서 "교인 대다수가 **선호하는** 단순한 음악 스타일을 사용하는 것"이 아닌 "교인 대다수가 **사용 가능한** 음악을 추구하는 것"을 해결책으로 제시한 이유다. 복음을 통해 주어진 교회 안의 다양성을 반영하기를 원한다면, 음악의 스타일과 관련해 우리 각자가 조금씩 양보하고 희생하는 것이 필요하다. 어떤 교인들은 단순한 스타일의 음악도 만족스럽게 생각하려고 노력할 필요가 있고, 또 어떤 교인들은 주일 아침에 하나님을 예배하기 위해 좀 더 많은 준비를 할 필요가 있다. 우리는 그런 작은 희생을 통해 개개인이 각자 혼자서 할 수 있는 것보다 훨씬 더 심원한 찬양을 드리는 교회의 일치를 가능하게 한다. 그런 천국의 맛을 체험해보았다면, 당신의 회중은 그런 희생을 기꺼이 감당할 것이다.

교회 예배

구조적인 장애 요인 : 예배 일정이 너무 빡빡해서 교인들이 서둘러 들어왔다가 서둘러 빠져나가는 것.
해결책 : 예배 일정에 여유 두기.

예배 이후의 시간

목회자가 주일의 교회 일정을 어떻게 짜놓았는지 살펴보면 그가 교인들에게 기대하는 것이 무엇인지 익히 짐작할 수 있다. 교인들이 주차장에 차를 세워놓고, 곧장 안내인의 인도에 따라 유아실을 거쳐 극장처럼 생긴 예배당에 모였다가 다음번 예배를 위해 조용히 썰물처럼 빠져나간다면 어떻게 될까? 그것은 교회가 예배 모임을 둘러싸고 그 주변에 형성되는 관계보다 예배 모임 중에 일어나는 일들의 경험에 주된 관심을 두고 있다는 증거다. 각자 자기 교회의 주일 일정이 어떤 기대를 나타내고 있는지를 유심히 살펴보기 바란다. 예를 들어, 예배당 주위에 약간의 다과를 마련해놓으면, 교인들이 예배를 마치고 잠시 머물며 대화를 나누도록 유도할 수 있다. 어떤 교회들은 예배 후에 함께 식사를 하기도 한다. 예배 전후에 시간적 여유를 두어 교인들이 서로 대화를 나눌 수 있게 하라. 예배 전에 좀 일찍 나오는 것과 예배 후에 잠시 머물다 가는 것의 중요성을 일깨우라. 소비자들은 교회를 영적 "드라이브스루"로 생각하고 예배로 몰려왔다가 황급히 빠져나간다. 그러나 공급자들은 예배 전에 일찍 나오고, 예배 후에도 한동안 머물다 간다. 그들은 교회를 이벤트로 여기기보다 가족으로 여긴다.

주일 저녁 예배나 수요 예배

어떤 교회들은 매주 두 차례 예배를 드린다. 주일 오전에 대예배를 드리고, 주일 저녁이나 수요일에 두 번째 예배를 드린다. 그러한 두 번째 예배는 공동체성을 강화할 풍성한 기회를 제공한다. 그런 예배를 주일 오전 예배의 실질적 복제판으로 만들기보다는 그것을 "교회 가족" 시간으로 바꾸는 것을 고려해보라. 각 교인들이 기도 제목을 나누며 도움을 구하는 시간을 마련하고 이를 토대로 기도하는 시간을 갖도록 하라.

주일 저녁이나 주중 예배는 말 그대로의 "교제의 시간(즉 함께 대화하면서 시간을 보내는 비공식적인 시간)"은 아니지만 교회 안에서 교제를 독려하는 나름의 역할을 한다. 주일 저녁 또는 주중 예배는 크게 세 가지 측면에서 공동체성 강화에 도움이 된다.

1. 온 교회의 삶 속에서 벌어지고 있는 영적으로 중요한 일들을 알게 해준다. 당신이 모든 사람의 삶 속에서 일어나고 있는 일을 다 알 수는 없지만, 표면에 드러난 중요한 일들은 파악할 수 있다. 이를

통해 소속감과 헌신 의식이 생겨난다. 즉, 자신이 잘 아는 몇몇 사람만이 아니라 하나님이 함께 불러 모으신 모든 교인에 대한 헌신 의식이 싹튼다.

2. 서로에 대해 더 잘 알 수 있게 도와주어 교회 밖에서도 관계를 형성할 수 있게 해준다. 당신이 참여할 수 있는 사역이나 채워줄 수 있는 필요에 대해 들을 수 있고, 당신의 심금을 울리는 경험에 대해 들을 수 있다. 이를 통해, 이전에는 결코 만나지 않았을 사람들과 더 깊이 연결될 기회가 마련된다.

3. 하나님께서 역사하시길 매주 간절히 기도하고, 그분이 응답하시는 것을 목도하는 경험을 서로 나눌 수 있게 한다.

활력을 잃은 주일 저녁 예배나 주중 예배를 다시 활성화시키려고 하거나 맨 처음부터 시작하고자 할 때에, 사람들이 별로 안 좋아할 수도 있다. 그러나 인내심을 가지고 교인들에게 당신이 하고자 하는 일에 대한 비전을 심어주라. 당신이 원하는 것은 가족처럼 느껴지는 교회를 건설하는 것이다.

인구학에 근거한 사역

구조적인 장애 요인 : 인구학에 근거한 사역들로 전 교회적인 공동체를 대체하는 것.

해결책 : 단점은 억제하고 장점은 극대화하는 방식으로 그러한 사역들을 운영하기. 즉, 온 교회를 섬기도록 그러한 사역을 재구성하기.

현대 교회가 공동체 형성을 위해 사용하는 주된 방법 가운데 하나는 인구학적 구분선들을 따라 교회를 잘게 나누는 것이다. 독신자 사역, 젊은 주부들을 위한 소그룹, 은퇴자를 위한 주중 저녁 식사 모임, 예술가들을 위한 오전 모임 등은 모두 교회 안의 일부 그룹을 섬기기 위한 것이다. 이것이 내가 "인구학에 근거한 사역"으로 일컫는 것이다. 이 책의 다른 곳에서도 말했듯이 이런 유형의 사역들은 교회의 삶에 유익하다. 나와 비슷하기 때문에 나를 이해할 수 있는 신자들과 어울리는 것은 상당한 도움을 준다. 그러나 공동체가 인구학적으로 구분된 그룹들로만 이루어진다면 문제가 발생할 수밖에 없다. 그런 공동체는 복음의 능력을 보여주지 못한다.

구체적으로 말해 인구학에 근거한 사역은 크게 두 가지 문제를 안고 있다.

- 문제 1 : 그런 사역은 공동체의 깊이를 훼손할 수 있다. 사람들은 "자기들과 비슷한" 사람을 대상으로 마치 주문 제작해서 맞춘 듯한 사역 프로그램을 좋아한다. 여기에 문제가 있다. 모든 교회는 소비자중심주의적인 사고방식과 싸우는 중이다. 그런데 교회가 인구학적 분류에 입각한 공동체를 형성하는 것은 "교회는 나를 위한 곳이야."라고 말하는 것밖에 되지 않는다. 다시 말해 "나는 젊은 독신자야. 나는 젊은 독신자들의 모임에 참여하도록 안내받았어. 그곳의 사역은 모두 젊은 독신자들의 필요에 맞춰져 있어."라는 식이다. 인구학에 근거한 사역을 시

도할 때는 소비자중심주의적인 사고방식을 부추기지 않도록 조심할 필요가 있다.

- 문제 2 : 그런 사역은 공동체의 넓이를 훼손할 수 있다. 인구학에 근거한 사역이 상당한 효과를 발휘하는 이유는 사람들이 자기와 비슷한 사람들을 편안하게 여기기 때문이다. 그러나 앞서 살펴본 대로 그런 형태의 공동체는, 예수님을 믿는 것 외에는 공통점이 전혀 없는 사람들로 구성된 공동체에 비해 복음을 선포하는 특성이 현저하게 떨어진다. 교회 공동체는 유사성에 근거한 관계들을 포함하지만 그것으로 특징지워져서는 안 된다.

인구학에 근거한 사역을 행할 때는 다음 두 가지를 고려하라.

1. **그런 사역을 행할 때의 손익을 잘 따져 적절하게 운영하라.** 나와 아내는 오랫동안 신혼부부를 위한 소그룹을 인도해 왔다. 이 모임은 인생의 단계에 따라 분류된 소그룹을 운영하지 않는다는 우리 교회의 규칙에서 벗어난 단 하나의 예외에 해당한다. 왜 그런 예외를 두었을까? 그 이유는 결혼 초기가 매우 중요하기 때문이다. 우리는 신혼부부 모임의 유익이 손실 이상의 가치가 있다고 판단했다. 이 시기에 이루어지는 특별한 가르침과 멘토링의 유익은 교인들을 인구학적인 분류에 따라 나누는 데서 비롯하는 손실을 감수할 만한 가치가 충분하다. 그러나 이 또한 분명한 손실이 뒤따르는 일이기에 우리는 그것을 적절하게 운영하기 위해 세심한 노력을 기울인

다. 구체적으로, 우리는 그 모임을 2년으로 제한하고 그것이 아무리 잘 운영된다고 하더라도 2년이 차면 모임을 해체한다. 그리고 교회의 일치에 초래하는 손실을 고려하여, 우리는 소그룹 리더들과 커리큘럼에 많은 투자를 하여 이 그룹들의 유익을 증대시키려고 노력한다. 유익이 아주 많지 않은데도 인구학적으로 제한된 소그룹을 운영하는 것은 우리가 원하는 바가 아니다.

물론, 손실과 유익에 대한 평가는 교회의 상황에 따라 다를 것이다. 만일 젊은 부부들이 전적으로 자기들끼리만 어울리려고 하는 것 때문에 이미 고민하고 있는 상황이라면, 많은 유익이 있더라도 소그룹을 굳이 운영할 필요는 없다. 또는 교회가 나를 위해 존재한다는 사고방식이 만연한 상황이라면, 인구학적으로 분류된 모임 가운데 일부를 선택적으로 제거하는 것이 바람직하다. 그렇게 하면 교인들을 소비자에서 공급자로 전환시키는 데 도움이 될 것이다. 당신 교회의 독신자 모임, 대학생 모임, 미취학 자녀를 둔 어머니 모임 등을 잘 살펴보고, 다음 세 가지 질문을 생각해보라.

a. 인구학적으로 분류된 모임을 통해 어떤 유익을 얻을 수 있는가? "사람들은 자기와 비슷한 사람들과 어울리는 것을 좋아하므로 이렇게 모임을 구성해야 더 많은 사람이 교회에 나온다." 는 기준보다는 더 높은 기준을 설정해야 한다.
b. 우리 교회의 문화를 고려할 때, 이 모임이 주는 유익이 공동체의 넓이와 깊이를 훼손하는 손실을 감수할 만한 가치가 있는가?

c. 손실을 최소화하고 유익을 극대화하려면 이런 사역들을 어떻게 구성해야 할까?

2. 온 교회를 섬기도록 기존의 사역들을 재구성하라. 우리 교회는 오랫동안 "자녀양육^parenting"이라는 강좌를 운영해 왔다. 몇 년 전, 담당 교사가 강좌의 명칭을 "자녀양육"에서 "부모 됨^parenthood"으로 바꾸자고 제안했다. 처음에는 조금 이상하게 들렸다. 왜냐하면 "그 용어를 실제로 사용할 사람이 누가 있을까?"라는 생각이 들었기 때문이다. 그런데 그가 설명하는 이유를 들으니 매우 기뻤다. "자녀양육"은 말 그대로 자녀를 기르는 부모를 상대로 자녀양육법을 가르치는 강좌다. 그 자체로는 아무런 문제가 없다. 그러나 강좌의 명칭을 "부모 됨"으로 바꾸면, 부모든 부모가 아니든 그리스도인이라면 누구나 알아야 할 주제를 가르치는 강좌가 되어 더 많은 유익을 끼칠 수 있다. 하나님도 스스로를 우리의 아버지로 일컬으신다. "부모 됨"에 대해 배우면 그 점을 더욱 온전하게 이해할 수 있지 않겠는가? 더욱이 우리 교회에는 부모가 아닌 사람들이 대다수를 차지한다. 그들은 부모인 소수의 신자들을 사랑하고, 돌봐야 할 책임이 있다. 결국, "자녀양육"에서 "부모 됨"으로 명칭을 바꾸자 그 강좌는 인구학적으로 구분된 좁은 집단에 초점을 맞춘 데서 벗어나 온 교회를 섬길 수 있는 차원으로 나아갔다. 그렇게 몇 년이 흐르자 부모가 아닌 사람들이 그 강좌에 참여하는 비율이 늘어났다.

어떤 사역을 어떻게 재구성하여야 당신 자신의 교회 문화에 유익을 끼칠 수 있겠는가? 당신은 독신자 모임이 단지 독신자 공동체를 형성하는 데 그치지 않고, 독신자들과 교인 가족들을 하나로 통합한 공동체를 형성하게 할 수 있겠는가? 가족 담당 목회자가 어린이 사역 편성에 사용하는 시간만큼 독신자들에게 건강한 가정에 관해 가르치는 일에 시간을 쓰게 할 수 있겠는가? 이런 일을 하는 것은 공동체의 넓이뿐 아니라 그 깊이에 대한 무언의 메시지를 던지는 것이다. 당신은 교인들에게 교회는 근본적으로 자신의 필요를 채우는 곳이 아니라 그리스도를 믿는 것 외에는 공통점이 거의 없는 사람들을 섬기는 곳이라는 점을 가르치는 것이다.

결론 : 한 가지 사역에 의존해 공동체를 형성하려고 하지 말라

우리가 공동체 형성을 방해하는 이런 모든 구조적인 장애 요인들로부터 쉽게 벗어나지 못하는 이유는 공동체 형성에 필요한 것을 너무 좁은 시각으로 바라보기 때문이다. 어떤 목회자는 소그룹을 공동체 구축 수단으로 간주한다. 또 어떤 목회자는 인구학에 근거한 사역을 공동체 증진 방법으로 생각한다. 다시 말해, 강력한 공동체는 전혀 형성되어 있지 않음에도, "소그룹을 시작하라. 이제 우리는 공동체를 가지고 있다."라는 새로운 체크박스에 체크하면서 사역을 시작한다.

그러나 그렇게 하는 것은 한 가지 새로운 사역에만 의존해 전반적인 교회 문화를 재구성하려는 시도밖에 되지 않는다. 그런 방법은 아무런 효과가 없다. 소그룹을 새롭게 고안한다고 해서 교회의 다른 곳에 존재하는 구조적인 장애 요인들이 해결되지는 않는다. 인구학에 근거한 새로운 사역을 시작한다고 해서 관계에 대한 사람들의 생각이나 교회의 의미에 대한 그들의 의식을 변화시킬 수 없다. 그러나 공동체 형성을 교회 문화를 형성하기 위한 활동으로 간주하면, 우리는 모든 기회를 이용해(설교 사역, 교역자의 역할 규정, 교회 일정, 소그룹 운영 방식 등) 교인들을 독려하여 영적으로 의미 있는 관계를 향해 나아가게 할 것이다. 공동체를 위한 싸움이 곧 교회 문화를 위한 싸움이라면, 우리는 모든 영역에서 이 싸움을 수행해야 한다.

싸움이라는 말이 나와서 하는 말이지만, 앞서 7장과 8장에서는 기독교적 삶의 주적인 세상과 육신과 마귀에 대해 거의 언급하지 않으면서 공동체에 대해 묘사했다. 공동체성을 함양하는 일이 어려운 일인 만큼, 원수들이 그것을 무너뜨릴 기회를 항상 엿보고 있다는 사실을 절대로 잊어서는 안 된다. 다음 두 장에서는 공동체를 보호하는 방법에 대해 논의하겠다.

3부
공동체를 보호하는 방법

9장

교회 안에서 불거진 불만 처리하기

이스탄불의 "성 소피아 성당"은 가장 흥미로운 고대 건축물 중 하나이다. 유스티아누스 황제의 명령으로 532년에 완공된 그 건물은 그 당시에 세계에서 가장 큰 성당이었고 그 지위는 그 후 1,000년 동안 변함없이 유지되었다. 그러나 성 소피아 성당과 관련해 더욱더 놀라운 사실은, 오랜 세월을 거치는 동안에 유감없이 드러난 "자가 치유의 능력"이었다. 그 건물의 벽에 사용된 회반죽은 지중해의 한 섬에서 채취한 놀랍도록 질 좋은 시멘트로 만든 것이다. 그것은 심지어 1,500년이 지난 후에도 완전히 응고되지 않은 상태로 남아 있다. 그리하여 지진이 발생해 구조물이 갈라지고 균열이 생기면(이스탄불에는 지진이 종종 발생한다), 다음번에 비가 쏟아지기 전까지만 그 상태로 남아 있다가 빗물이 갈라진 틈으로 흘러 들어가면서 고대의 시멘트가 녹으면서 다시 말끔하게 봉합된다. 이것은 그 어떤 공학자가 고안할 수 있는 것보다 훨씬 더 효과적인 보수 양생법

이 아닐 수 없다.[1]

이런 사실은 "자가 치유의 능력을 지닌 교회"라는 우리의 상상력을 자극한다. 당신의 교회 안에 생겨난 균열과 틈이 저절로 메워진다면 어떻게 될까? 당신 교회의 기본 문화가 일치를 지향하는 강력한 속성을 지닌다면 어떻게 될까? 우리는 지금까지 교회 안에서 초자연적인 깊이와 넓이를 지닌 공동체, 곧 하나님의 영광을 드러내는 공동체를 구축하는 방법을 논의해 왔다. 이번에는 공동체를 보호하는 방법을 살펴보기로 한다. 어떻게 해야 성 소피아 성당처럼 자가 치유의 능력을 발휘해 회중이 그런 장애 요인들을 처리해 일치를 다시 가져오는 교회가 될 수 있을까?

하나님의 이상한 설계

이번 장과 다음 장은 성경에서 마주치는 영적 난제를 다룬다. 이 영적 난제는 세 가지의 단순한 성경적 사실로 간단히 압축할 수 있다.

- 사실 1 : 하나님은 자기와 영원히 함께 있게 하려고 그리스도인들을 부르셨다. 그러나 그분은 우리를 잠시 세상에 놔두어

---

1. Virginia Hughes, "Shaken, Not Stirred," *Nature* 443 (September 2006): 390–91, doi:10.1038/443390a.

지역 교회로 모이게 하셨다(히 10:25).

- 사실 2 : 하나님은 우리의 함께하는 삶을 통해 그분의 지혜와 능력이 드러나기를 원하신다(엡 3:10).
- 사실 3 : 우리는 죄인들이다(롬 5:12).

처음 두 가지 사실은 서로 잘 조화를 이루지만 세 번째 사실은 문제를 상당히 복잡하게 만든다. 그런데도 하나님은 지극히 **불완전한** 신자들에게 자신의 **완전한** 성품을 드러내는 역할을 맡기셨다. 하나님의 지혜는 진정 우리의 이해를 초월한다.

우리의 죄에도 불구하고, 우리는 어떻게 하나님의 계획을 삶으로 구현할 수 있을까? 10장에서는 우리가 교회 안에서 서로에게 짓는 죄를 다룰 생각이고, 이번 장에서는 타락의 또 다른 결과인 "불만"을 다루고자 한다. 우리가 서로에게 짓는 노골적인 죄만이 교회의 일치를 위협하는 것은 아니다. 오히려 기대가 충족되지 않은 데서 비롯하는 실망감이나 배척받았다는 느낌이 그런 위협 요인으로 작용할 때가 더 많다. 잠언 13장 12절은 "소망이 더디 이루어지면 그것이 마음을 상하게 하거니와"라고 말한다. 죄와 불만을 각각 다른 장에서 다룬다고 해서 불만이 종종 죄에서 비롯하거나 죄가 된다는 사실을 부인하려는 의도는 전혀 없다. 많은 경우 불만의 근원은 인간의 마음속 깊이 뿌리박혀 있는 우상 숭배에 있다. 그러나 불만을 지혜롭게 처리하는 방법은 특정한 죄를 처리하는 방법과는 조금 다르다. 이 때문에 우리는 이 두 가지 문제를 서로 분리하여 다루고자 한다.

불만은 불가피하다. 하지만 일치가 깨지는 것은 그렇지 않다. 우리는 교회가 불만의 문제를 잘 처리하도록 어떻게 도울 수 있을까? 이번 장의 전반부에서는 교회의 일치를 위협하는 일이 발생했을 때 교회 지도자들이 교인들을 어떻게 목양할 수 있는지 사도행전 6장을 중심으로 논의하고, 후반부에서는 그런 어려움에 잘 대처하도록 어떻게 교회를 준비시킬 수 있을지 고려해볼 것이다.

불만의 문제가 발생했을 때 교회를 인도하는 법

사도행전에서 오순절 성령 강림이 있은 지 얼마 지나지 않아 불만으로 인해 교회의 일치가 위협받는 상황이 펼쳐진다. 이때 사도들이 교회를 인도한 방식은 매우 교훈적이다.

"그 때에 제자가 더 많아졌는데 헬라파 유대인들이 자기의 과부들이 매일의 구제에 빠지므로 히브리파 사람을 원망하니 열두 사도가 모든 제자를 불러 이르되 우리가 하나님의 말씀을 제쳐 놓고 접대를 일삼는 것이 마땅하지 아니하니 형제들아 너희 가운데서 성령과 지혜가 충만하여 칭찬 받는 사람 일곱을 택하라 우리가 이 일을 그들에게 맡기고 우리는 오로지 기도하는 일과 말씀 사역에 힘쓰리라 하니 온 무리가 이 말을 기뻐하여 믿음과 성령이 충만한 사람 스데반과 또 빌립과 브로고로와 니가노르와 디몬과 바메나와 유대교에 입교했던 안디옥 사람 니골라를 택하여 사도들 앞에 세우니 사도들이 기도하고 그들에게 안수하니라 하나님의 말씀이 점점 왕성하여 예루살렘에 있는 제자의 수가 더 심히 많아지고 허다한 제사장의 무리도 이 도에 복종하니라"(행 6:1-7).

바울은 에베소서 3장에서 유대인과 이방인의 일치가 복음의 능력을 영광스럽게 드러낸다고 말했다. 그러나 사도행전 6장에 나타난 예루살렘 교회를 구성하는 두 집단인 "헬라파"와 "히브리파"는 둘 다 유대인이었다. 헬라파는 로마 제국 전역에 흩어져 살면서 유월절을 지키기 위해 예루살렘에 모인 유대인들을 지칭하고, 히브리파는 유대 본토에 사는 유대인들을 지칭한다. 헬라파 유대인들은 헬라 문화에, 히브리파 유대인들은 유대 문화에 각각 좀 더 익숙한 상태였다. 또한 헬라파 유대인들은 헬라어를 잘 구사했고, 히브리파 유대인들은 아람어를 사용했다.[2] 현대 역사가들은 이 두 집단이 서로를 적대시했다고 전한다.[3] 따라서 이들이 일치를 이루는 것은 주목할 만한 일이었다.

복음은 그리스도 안에서의 일치가 세상 속의 갖가지 차이보다 훨씬 더 강력하다고 가르친다. 사도들은 이 가르침을 위협한 문제에 직면했다. 그들의 문제 해결 방식은 오늘날의 맥락에서 불만의 문

---

2. I. Howard Marshall, *The Acts of the Apostles* (1980; repr., Grand Rapids, MI: Inter-Varsity Press; Eerdmans, 2000), 125-26.

3. K. C. Hanson and Douglas E. Oakman, *Palestine in the Time of Jesus: Social Structures and Social Conflicts*(Minneapolis: Augsburg Fortress, 1998), 149.

제를 다루는 데 도움이 될 몇 가지 원리를 보여준다.[4]

1. 교회 지도자들은 교회의 일치를 위협하는 문제에 관심을 기울여야 한다. 1세기의 사람들 중 많은 이들이 과부들에 대한 불공평 대우 문제를 사소하게 생각했을 가능성이 크다. 그러나 사도들은 그 문제를 "모든 제자를 불러" 놓고(그 수는 아마 수천 명에 달했을 것이다.) 논의해야 할 중요한 문제로 여겼다. 이 문제가 그토록 중요했던 이유는 무엇일까? 누가는 위의 본문에서 1절의 "원망"이라는 말을 강조하고 있는 듯하다. 그 원망은 단순한 불공평이 아닌, 교회의 일치를 위협하는 불공평과 관련된 것이었다. 당시에 세상에 존재하던 거의 모든 그리스도인이 한자리에 모였다는 것에 대해 생각해보라. 그것은 과부들이 얼마나 중요한지, 교회의 일치가 얼마나 중요한지 여실히 보여준다. 일치는 소중하지만 위협받을 수 있다. 일치가 위협받을 때, 교회 지도자들은 관심을 기울여야 한다.

2. 일치를 보호하는 것은 궁극적으로 회중의 책임이다. 이 문제의

---

4. 나는 지금부터 몇 페이지에 걸쳐 사도들이 사도행전 6장에서 취했던 방식에 근거해 오늘날의 교회에 몇 가지 원리를 적용할 생각이다. 물론 그렇다고 해서 사도행전에 언급된 모든 사도적 행동이 오늘날의 교회에 구속력을 지닌다는 말은 아니다. 예를 들어, 나는 모든 교회에 집사들이 있어야 한다고 믿지만 단지 사도행전 6장에 집사들이 등장한다는 이유만으로 그렇게 믿는 것은 아니다. 내가 그렇게 믿는 이유는 서신서들이 교회 안에 이 직임이 필요하다고 가르치고 있기 때문이다. 디모데전서 3장은 집사의 자격을 논하고 있고, 빌립보서 1장 1절은 집사를 교회의 특별한 지도자들로 간주하고 있다. 집사의 직임은 우리가 따라야 할 규범인 것처럼 보이지만 사도들이 이 직임을 처음 도입한 방식이 성경에서 거듭 되풀이되었다는 증거는 어디에도 없다. 내가 제시하려는 여섯 가지 원리를 오늘날의 교회에 반드시 적용해야 한다고 주장할 생각은 조금도 없다. 나는 단지 사도들의 결정에서 발견한 지혜를 오늘날의 교회 상황에서 발생하는 유사한 문제들에 적용해보려고 시도할 뿐이다.

중요성 때문에, 사도들이 직접 나서서 문제를 처리했을 것이라고 생각하기 쉽다. 그러나 그들은 그렇게 하지 않았다. 그들은 "우리가 하나님의 말씀을 제쳐 놓고 접대를 일삼는 것이 마땅하지 아니하니"라고 말했다. 사도들이 한 일은 회중에게 말한 것이 전부였다. 문제의 해결책은 사도들이 아닌 일곱 사람으로부터 나올 것이었다. 그리고 그들의 선출은 사도들이 아닌 교회의 손에 달려 있었다. 결국 사도들은 "이것은 무시해서는 안 될 중요한 문제이지만 우리가 말씀 사역을 포기하는 것을 정당화할 정도로 중요하지는 않습니다. 여러분이 스스로 문제를 해결하십시오."라고 말한 셈이 된다.

지도자들이 지도해야 하지만, 일치를 보호하는 것은 궁극적으로 교인들의 몫이다. 바울은 에베소서 4장 3절에서 누구를 향해 "평안의 매는 줄로 성령이 하나 되게 하신 것을 힘써 지키라"고 말하는가? 바로 회중을 향해 그렇게 말한다. 그리스도인들은 교회 지도자들에게 곧장 문제의 해결책을 달라고 요구할 때가 많다. 교인들이 자신의 책임을 등한시할 빌미를 제공하는 교회 지도자는 교회를 잘 섬기고 있다고 말할 수 없다. 교회 지도자는 회중이 스스로 일치의 문제를 다루도록 이끌어야 한다.

최근에 교회의 새 멤버 한 사람이 나를 찾아온 적이 있다. 그는 교회에 나온 처음 몇 달 동안 소외감을 느꼈다고 말했다. 그러나 기쁘게도, 그는 새 멤버들을 교회 공동체에 더 잘 적응시킬 방법을 몇 가지 제안했을 뿐 아니라 직접 시간을 내어 그 방법을 실천에 옮길 생각까지 했다. 교회의 일치를 이루는 일과 관련해 자기가 해야 할 역할을 다하면서 지도자들이 지도력을 잘 발휘할 수 있도록 도움을 주었던 좋은 본보기가 아닐 수 없었다.

3. **한쪽 편을 들지 마라.** 사도들은 논쟁이 벌어진 상황에서 헬라파나 히브리파 어느 쪽의 편도 들지 않았다. 심지어 사도들은 헬라파 과부들이 무시를 당하고 있는지를 직접 확인할 생각조차 하지 않았던 것처럼 보인다. 만일 그들이 일이 편파적으로 진행되었다는 것을 알았다면 행동을 취해야만 했을 것이다. 사도들은 교인들과 사적으로 만나 논의하지 않았다. 즉, 처음에 헬라파를 만나고, 그런 다음에 히브리파를 만나는 방법을 취하지 않았다. 누가는 "열두 사도가 **모든** 제자를 불"렀다고 기록한다. 그들은 회중에게 말할 때도 갈등을 야기한 분쟁을 직접 다루려고 하지 않았다. 그들은 **일곱** 사람을 택하라고 조언함으로써 헬라파와 히브리파가 동등하게 참여하는 타협의 여지조차 남기지 않았다. 오히려 사도들은 교인들에게 하나된 몸으로서 이 문제를 다루라고 요구했다. 그들은 갈등을 야기한 분쟁을 모르고 있지 않았다. 그러나 그들은 문제의 해결책을 찾는 과정에서 조금이라도 분열의 여지를 남기지 않게 하는 방법을 선택했다.

이 원리는 오늘날 우리의 상황과 관련해서도 똑같이 유효하다. 우리는 교인들이 제기하는 불만의 원인을 찾는 데 급급해하는 경향이 있다. 예를 들어, 어떤 교인이 교회가 "가난한 자를 신경쓰지 않는다."고 불평한다고 가정해보자. 만일 그것이 사실이라면, 그것은 참으로 큰 문제일 것이다. 그러나 나는 전체 회중의 마음과 동기는 차치하고, 심지어 나 자신의 마음과 동기조차 알 수 없다. 물론, 교회의 일치를 이루기 위해 그런 지적의 진위를 군이 판단해야 할 필요는 없다. 오히려 누군가가 실제로 그런 잘못을 저지른 여부에 상관없이 교인들이 편파적이라는 인식이 넓게 퍼져 있는 것 자체를 이미 문제로 받아들여야 한다. 그리고 부자와 빈자의 구체적 파벌에 대해 언급하는 일 없이, 교인들로 하여금 그들이 서로를 더 잘 돌볼 수 있는 방법을 생각해보게 인도하여야 한다.

4. **구조적인 문제가 구체적으로 불거졌을 때 이에 대응하여 행하라.** 내 친구 하나는 이렇게 말했다. "그리스도 안에 있는 모든 그리스도인의 일치를 강조한 가르침 외에, 구조적인 문제가 불거지기 전까지 사도들이 어떤 행동을 취했다는 기록이 없는 점은 주목할 만한 사항이다. 어떤 사람들은…이것을 사도들이 그 문제에 아무런 관심을 기울이지 않았다는 의미로 받아들일지도 모른다. 그러나 그들은 구조적인 해결책은 구체적인 구조적 문제를 처리해야 할 때만 필요하다는 사실을 이해했을 수도 있다."[5] 교회 지도자인 우리는 교인들로부터 불만의 소리를 자주 듣는다. 우리는 모든 사람을 행복하게 하는 것이 우리의 임무라고 생각할 때가 많다. 그러나 그것은 현실적이지도 않고, 성경적이지도 않다.

우리는 모든 사람을 기쁘게 하기를 바라지만 사도들의 본보기는

---

5. 지역 교회에서 진행한 앤드류 존슨의 인종집단에 관한 관계들에 대한 강의 노트에서 가져왔다.

새로운 깨우침을 준다. 잘 아는 대로, 1세기의 헬라파 유대인과 히브리파 유대인들 사이에는 상당한 불신과 갈등이 존재했다. 따라서 이 두 집단이 서로 충돌을 일으킨 것이 그 한 번만은 아니었을 것이다. 그러나 사도들은 일반적인 불만이나 불안에 대응하기보다는 구조적인 문제가 구체적으로 불거질 때까지 기다렸던 것으로 보인다.

우리의 교회 안에서 발생한 불만에 대응할 때에도 이 원리를 적용하면 많은 도움을 얻을 수 있다. 목회자인 나는 누군가가 찾아와서 소외감을 느낀다거나 오해를 받았다거나 무시를 당했다며 불만을 토로할 때에 곧바로 나서서 "문제를 해결해주고 싶은" 심정을 강하게 느낀다. 그러나 내가 취하는 행동은 종종 교회 안에 다른 어려움을 발생시키거나 심지어 불만을 토로한 당사자를 더욱 어렵게 만들 수 있다. 단지 가장 크게 불평하는 사람들에게만 초점을 맞춤으로써 오히려 문제를 더 크게 만들 필요는 없다. 일단은 교회가 안고 있는 문제들을 경험하는 사람들의 목소리를 인내심을 가지고 들어주는 것이 지혜롭다. 그러나 해결책을 적용하는 일은 구체적인 문제에 대해 구체적인 해결책을 제시할 수 있을 때까지 기다리는 것이 좋다.

내 경험을 토대로 한 가지 예를 들면 다음과 같다. 우리 교회는 주로 젊은 독신자들로 이루어진 교회에서 시작해서 많은 가정이 참여하는 교회로 성장했다. 그 과정에서 일부 가정이 교회가 독신자의 사정만 주로 고려하고 가정을 가진 사람들의 독특한 필요와 일정을 무시하고 있다며 불평을 토로했다. 익히 짐작하는 대로, 경건하고 온화한 태도로 그런 불만을 제기하는 사람들도 있었고, 덜 성숙한 태도로 불만을 토로하는 사람들도 있었다. 우리 교회의 장로들은 우리가 경험하고 있는 그런 인구학적인 변화를 진지하게 논의했지만, 독신자들과 가정들에게 교회에서 함께 살아가려면 다른 사람의 유익을 위해 어느 정도는 희생을 감수해야 한다는 사실을 상기시켜주는 것 외에는 달리 방도를 찾기가 어려웠다.

그러던 중, 한 가족이 예배 시작 시간을 한 시간 늦추면 학교에 다니는 자녀를 둔 가정의 예배 참석이 훨씬 더 쉬워질 것이라고 제안했다. 장로들은 교인들의 인생의 단계와 거주 지역을 고려해 그런 변화가 다른 교인들에게 얼마나 큰 영향을 미치는지를 세심하게 조사했다. 그 결과, 그런 변화를 수용하더라도 나머지 교인들에게 그다지 큰 피해를 주지 않으면서 젊은 부부로 구성된 가족들에게 편의를 제공할 수 있다는 결론이 도출되었다. 그래서 우리는 그렇게 하기로 결정했다.

나는 장로들이 불만을 제기하는 교인들의 말을 기꺼이 들어주고 해결책을 진지하게 고려하면서도, 구체적인 문제를 구체적으로 처리해야 할 상황이 되기 전까지 묵묵히 기다리는 것을 보면서 감사할 때가 많다.

5. **교회 지도자가 할 수 있는 일의 한계를 고려해 기대치를 적절히 조절하라.** 사도행전 6장의 본문을 읽으면서 특별히 눈에 띄는 것은 "빠지므로"라는 단어다. 사도들의 사역 목표가 모든 사람을 위한 위로나 평등이 아닌 차별주의의 종식(한 집단이 무시당하는 일이 없게 하는 것)인 것처럼 보인다. 언뜻 생각하면 이런 목표는 그렇게 원대한 목표

로 느껴지지 않는다. 물론 사도들은 바나바가 한 것처럼 더 많은 사람이 밭을 팔아 그 값을 자기들의 발 앞에 두기를 원했을 것이라고 나는 확신한다. 우리도 바로 그런 일에 전율을 느낀다. 그러나 사도들은 그런 높은 목표를 지향하는 대신에, 단지 누군가가 무시를 당하는 일이 없게 하려고 애쓸 뿐이었다.

여기에서 교회 지도자가 할 수 있는 일에 대해 적절한 기대치를 설정하는 지혜를 발견할 수 있다. 심지어 사도들도 예외가 아니었다. 그들은 교인들을 교묘하게 조종해서 관대한 기부자로 만들려고 하지 않았다. 그들은 교인들에게 과부들을 자기 가족처럼 잘 보살피라고 강요하지 않았다. 그들은 단지 차별이 없기를 기대했고, 그 이상의 것은 기도하며 바랄 뿐이었다.

교회 지도자들은 자신의 능력을 과대평가해서는 안 된다. 우리 교회 안에서 내게 도달하는 불평 가운데 어느 정도 사실이 아닌 것은 거의 없다. 우리 교회가 율법적일까? 나는 그렇다고 생각한다. 우리 교회가 냉정할까? 아니라고 부인하기 어렵다. 우리 교회가 교회 개척에 무관심할까? 실제로 그렇다. 내가 이 모든 불평을 해소할 수 있을까? 그럴 수 없다. 그러나 나는 진정한 변화를 위해 하나님께 기도할 수 있고, 교인들에게 하나님의 영감받은 성경 말씀에 나오는 하나님의 우선순위를 일깨워줄 수 있으며, 구조적인 문제가 불거졌을 때는 그것을 다룰 수 있다. 사실, 우리 교회 안에서 우리를 가장 고통스럽게 만드는 문제는 마음의 문제다. 그 문제는 오직 하나님만이 해결하실 수 있다.

6. 성령께서 회중을 통해 하실 수 있는 일에 소망을 두라. 사도행전 본문에서 한 가지 기쁜 소식이 발견된다. 교회 지도자들의 영향력은 한계가 있지만, 하나님의 성령께서는 놀라운 일을 하실 수 있다. 앞서 말한 대로, 사도들은 일곱 사람을 선택하라고 제안함으로써 헬라파와 히브리파의 동등한 균형을 처음부터 배제했다. 그렇다면 당시의 신자들은 어떻게 했을까? 내가 읽은 주석들은 대부분, 6절의 일곱 사람이 모두 헬라식 이름을 가졌다고 밝힌다.[6] 히브리파 유대인들이 다수를 차지하고 있던 예루살렘 교회에서 그런 결과가 나타났다는 것은 참으로 놀라운 일이다. 성령의 역사로 인해 회중은 사도들이 설정한 기준을 충족시키는 것에 그치지 않고, 거기에서 한 걸음 더 나아가서 헬라파 과부들을 돕기 위해 최선의 노력을 기울였다. 그들은 불신과 의심이 팽배한 상황에서 그들의 과부들을 헬라파 7인의 손에 맡겼다. 왜 그랬을까? 그 이유는 그리스도 안에서 서로 하나라는 사실을 알았기 때문이다. 사도들은 그것을 보고 크게 기뻐했을 것이 틀림없다. 하나님도 매우 흡족하게 여기셨을 것이 분명하다. 7절의 말씀대로, "하나님의 말씀이 점점 왕성하여 예루살렘에 있는 제자의 수가 더 심히 많아지고 허다한 제사장의 무리도 이 도에 복종"한 것은 당연한 결과였다.

교회 지도자들은 교회 안에서 불평과 불만이 대두되었을 때 어떻

---

6. 물론, 이 일곱 명이 모두 헬라파라고 할 수는 없을 것이다. 히브리파 유대인들도 헬라 이름을 사용했다. 그러나 적어도 그들 중의 다수는 헬라파라고 볼 수 있을 것이다.

게 해야 할까? 교회 지도자들은 교회의 일치가 위협을 받는 일에 즉시 관심을 기울여야 한다. 교회를 이끄는 것은 지도자가 할 일이다. 그러나 그런 위협 요소를 처리하는 것은 교인들이 할 일이다. 교회 지도자들은 구조적인 문제가 불거졌을 때, 어느 쪽의 편을 들거나 문제의 근본 원인을 직접 파헤치려고 하지 말고 기회를 포착해 문제를 처리해야 한다. 그런 과정에서 우리는 교회 지도자들이 할 수 있는 일의 한계를 현실적으로 이해하는 한편, 하나님의 성령께서 하실 수 있는 일을 바라보면서 낙관적인 태도를 견지해야 한다. 그리고 교회의 일치 안에서 복음의 진리가 드높여질 때, 하나님께 감사와 찬양을 돌려야 한다.

"저를 믿고 따라와주세요" 카드를 내밀라

그러나 이런 방법을 실천에 옮기려다 보면 난관에 부딪힐 때가 많다. 교회 지도자들이 교회의 일치를 보존하기 위해 사용할 수 있는 가장 큰 수단 가운데 하나는 교회에게 무엇을 해야 할지 말해주고, 자신을 믿고 따라오라고 요청하는 것이다. 모든 사람이 지도자가 말하는 대로 따른다면 일치가 깨지는 일은 없을 것이다. 그러나 "저를 믿고 따라와주세요" 카드를 너무 무리하게 사용하는 경우가 종종 발생한다. 당신의 교회가 나의 교회보다 훨씬 더 성숙한 상태가 아니면, 지도자가 "저를 믿고 따라와주세요"라고 말할 때마다 멤버들은 아주 의아한 표정을 지을 것이다. 어떤 경우에 목회자들은 때로는 어리석게도 교인들에게 자기를 신뢰하라는 식의 태도를 지나치게 많이 드러냈다는 사실을 의식하지 못한 채 무작정 나만 믿으라는 식으로 너무 자주 호언장담하기도 하고, 때로는 교인들이 그를 믿고 따를 준비가 충분히 되었기 때문에 그것을 활용해 교회의 일치를 이루어 나가야 하는데도 불구하고 그런 사실을 깨닫지 못한 채 자신 있게 선뜻 나서기를 주저하기도 한다.

그렇다면 "저를 믿고 따라와주세요"라는 카드는 언제 사용하는 것이 좋을까? 다음 몇 가지 질문을 고려하면 도움이 되리라고 생각된다.

1. 누군가의 평판이 훼손될 위험이 있는가? 많은 교인이 특정한 사람(그를 제프라고 부르겠다)이 장로가 되지 못한 것에 불만을 느끼고 있다고 가정해보자. 목사는 개인적으로 제프와 그의 아내의 결혼생활이 원만하지 못하다는 사실을 알고 있다. 그런 상태에서 그를 장로로 세우는 것은 지혜롭지 않은 일이다. 무엇보다 그는 "자기 집을 잘 다스려야" 한다는 성경적인 자격 기준을 충족시키지 못했다(딤전 3:4). 목사는 이런 상황에서 어떻게 해야 할까? 제프가 장로가 될 수 없는 이유를 교인들에게 적나라하게 설명해야 할까? 그래서는 안 된다. 교인들에게 그의 결혼생활을 속속들이 들춰내 말하는 것은 아무런 도움이 되지 않는다. 오히려 그럴 때는 기지를 잘 발휘해서 어떤 사람이 장로로 섬겨서는 안 되는 이유를 공개적으로 나누는 것이 적절하지 않은 이유를 설명해주라. 그리고 교인들에게 그들이 생각하기에 장로가 될 만한 사람을 계속해서 추천해 달라고 당부하

는 것이 좋다.

2. 문제가 어떤 특정한 결정과 관련이 있는가? 때로는 교인들이
제기하는 문제가 구체적인 결정(예를 들면 등록 교인이 아닌 사람은 어린아이
들을 돌보는 자원봉사 활동을 하지 못하게 하는 것)과 관련되어 있을 수 있다. 그
리고 때로는 제기된 문제가 다소 모호할 수도 있다. 예를 들면, "사
람들은 교회가 독신자들의 필요를 등한시하고 있다고 느끼는가?"
와 같은 문제가 그렇다. 아마도 "저를 믿고 따라와주세요" 카드는
구체적인 결정과 관련될 때 사용하는 것이 더 적절할 것이다. 예를
들어, 어린아이들을 돌보는 자원봉사와 관련된 교회의 정책에 대
해서는, 교회 지도자들이 회중에게 그런 정책의 이유를 설명해주
는 것이 지혜로울 것이다. 그들은 회중이 스스로 질문을 던지고 생
각해보도록 독려해야 한다. 하지만 궁극적으로, 이것은 회중이 지
도자들을(하나님이 그들에게 주신 지도자들이다) 믿고 따르는 것이 좋은 경
우이다. 그러나 독신자들의 문제와 관련해서는 그와는 달리 "교회
는 독신자들을 소홀히 하고 있지 않습니다. 우리를 믿고 따라와주
세요."라고 말하는 것이 별로 바람직하지 않다. 어떻게 모든 상황에
서 그 말이 사실일 수 있겠는가? 그런 경우에는 "저를 믿고 따라와
주세요" 카드를 사용하기보다는 주의 깊게 귀 기울여 듣는 편이 낫
다. 그들은 그 문제를 제기한 교인들 스스로 그들이 의식한 문제를
조금이라도 해결하는 데 도움이 될 만한 일을 개인적으로 찾아보라
고 독려해야 한다. 동시에 그들은 독신자들을 도울 수 있는 구체적
인 구조적 방법을 고려해야 한다.

3. 교회 지도자들은 회중보다 정보를 어느 정도나 더 많이 알고 있는가? 교회 지도자들은 회중이 알지 못하는 사적 정보를 알고 있을 때가 많다. 그것은 특정한 개인이 겪고 있는 어려움일 수도 있고 한 개인을 보살핀 오랜 히스토리일 수도 있고 재정 상황에 관한 정보일 수도 있고 은밀하게 제공된 다른 정보일 수도 있다. 교회 지도자들이 자신만 알고 있는 정보를 토대로 결정을 내릴 때는 확신을 갖고 교인들에게 "저를 믿고 따라와주세요"라고 말할 수 있어야 한다. 물론 이것은 그 정보를 계속해서 개인적으로만 알고 있는 것이 가장 좋다는 가정하에서 그러하다.

4. 이 문제가 교회의 일치에 어느 정도나 영향을 미치는가? 예를 들어, 회중이 맡아서 해야 할 가장 어려운 일 가운데 하나는 불화를 조장하는 교인을 출교하는 일이다(딛 3:10 참조). 불화는 본질적으로 주관적인 속성을 띤다. 그리고 종종 불화를 조장하는 사람의 목적은 교인들을 교회 지도자들로부터 나누이게 하는 것이다. 디도서는 그런 문제를 일으킨 사람들을 책망한다. 그러면 그런 문제가 교회 권징을 해야 할 수준에까지 이르렀는지 어떻게 결정해야 할까? 종종 목사는 문제를 일으킨 사람을 출교시키기 위해 "저를 믿고 따라와주세요"라는 카드를 사용하여 초래되는 불일치와 그가 일으킨 불화로 인해 발생하는 불일치를 견주어볼 것이다. 그 방법이 교회의 일치를 보호하는 최고의 장기 전략으로 생각되거든 주저하지 말고 그 카드를 사용하라.

5. 성경에서 이 문제를 얼마나 명확하게 언급하고 있는가? 성경

이 명확하게 언급하는 문제일수록, "저를 믿고 따라와주세요"라는 카드를 내밀 필요가 없게 된다. 구원이 회개를 반드시 요구하는지 아닌지에 대한 논쟁이 교회 안에서 벌어졌다고 가정해보자. 그런 경우에는 "저를 믿고 따라와주세요"라고 말해서는 안 되고, 성경이 가르치는 것을 있는 그대로 제시해야 한다. 그 카드는 성경이 명확하게 언급하지 않는 중요한 문제들을 위해 아껴 두라.

어떤 지도자들은 거의 모든 문제에 대해 "저를 믿고 따라와주세요"라고 말하는 잘못을 저지른다. 그런 태도는 바울이 제시한 장로의 자격 요건("관용하며 다투지 아니하며"-딤전 3:3)과 베드로가 제시한 장로의 자격 요건("주장하는 자세를 하지 말고"-벧전 5:3)에 미달한다. 또 어떤 지도자들은 교인들의 신뢰를 구하지 않고, 양들이 가고자 하는 대로 끌려간다. 그러한 수동적 리더십 하에서, 회중은 "너희를 인도하는 자들에게 순종하고 복종하라"(히 13:17)라는 명령을 무시하기 쉽다. 하나님이 그렇게 명령하신 이유는 때로 회중은 두려운 일에 있어서도 그들의 지도자들을 신뢰해야 하기 때문이다. 아무쪼록 하나님이 우리 모두에게 은혜를 베풀어주셔서, 양들을 섬기기 위해 나를 믿어달라고 요청해야 할 경우를 옳게 판단할 수 있는 지혜를 허락해주시기를 기원한다.

불만을 잘 처리할 수 있도록 교인들을 구비시키라

수비적인 방법은 이쯤 해두고 지금부터는 공세적인 방법을 살펴보기로 하자. 지금까지는 사도행전 6장에서 사도들이 했던 행동을 중심으로 일치를 위협하는 어려운 상황에 수비적으로 대응하는 방법을 살펴보았다. 그러나 이번에는 단순히 어려운 상황이 발생하기를 기다리기보다 교인들을 잘 훈련시켜서 어려운 상황을 극복해 나가도록 이끄는 방법을 찾아보기로 하자. 설교할 때나 새신자반을 지도할 때, 그리고 교회 안에서 여러 가르침 사역을 행할 때, 당신이 다루어야 하는 네 가지 주제는 다음과 같다.

1. 일치의 중요성

일치가 선하다는 것은 새로운 사실이 아니다. 문제는 우리가 교인들에게 그것이 선한 이유를 설명하지 않는 것이다. 그 때문에, 일치의 문제가 다른 우선순위와 충돌을 일으킬 때 교인들은 어떤 것을 우선시해야 하는지 알지 못한다. 일치와 복음에 대한 신실함이 충돌할 때 어느 것을 선택해야 할까? 일치가 페인트 색깔에 관한 나의 취향과 충돌할 때 어느 것을 선택해야 할까? 일치가 왜 중요한지를 설명해준 적이 없다면 어떻게 교인들이 올바른 결정을 내리기를 기대할 수 있겠는가? 그런데 문제는 우리가 일치를 귀하게 여기는 이유와 하나님이 그것을 귀하게 여기시는 이유가 서로 다를 때가 많다는 것이다.

일치에 관해 가르칠 때는 하나님이 그것을 귀하게 여기시는 이유를 반드시 설명해야 한다. 일치는 즐거운 일이다. 일치는 행복한 교회를 만든다. 일치는 다툼 없는 원만한 모임을 가능하게 한다. 그러나 일치가 귀중한 궁극적인 이유는 그것이 하나님의 성품과 존재를 반영하기 때문이다(고전 1:13). 좀 더 구체적으로 말하면, 하나님이 우리의 일치를 원하시는 이유는 그것이 그분의 능력과 지혜를 드러내기 때문이다.

2. 그리스도인들은 소비자가 아닌 공급자로서 말하고 행동한다

그리스도인들은 영적 소비자가 아닌 공급자이다. 신약성경은 신자들에게 "나를 유익하게 하는 것이 무엇인가?"를 생각하는 대신에 "내가 어떻게 유익을 끼칠 수 있을까?"를 생각하라고 촉구한다. 모든 신자는 서로에 대해 책임이 있다(마 18:15-20). 모든 신자는 믿음으로 서로를 격려해야 한다(히 10:23-25). 모든 신자는 깊이 그리고 희생적으로 사랑해야 한다(롬 12:1-13). 영적 소비자는 헌신이 자기에게 이익이 되는 만큼만 교회를 위해 헌신한다. 그러나 영적 공급자는 그리스도 안에서 자기가 이미 받은 축복 때문에 헌신한다.

3. 공개적으로 상대와 서로 다른 의견을 제시하는 법

우리는 교인들에게 교회 지도자들의 의견과 다른 의견을 공개적으로 제시하는 법을 가르쳐야 한다. 당신의 교회가 공개적인 모임이나 온라인 토론의 장을 구비하고 있지 않으면, 당신은 사적으로 유지되고 있어야 했던 이견이 공개적으로 표출되는 아픔을 겪었을 것이다. 아니면 누군가가 교회의 회의 석상에서 거칠게 다른 의견을 말하면서 그것이 다른 사람들에게 미칠 영향을 조금도 의식하지 못하는 일이 벌어졌을 수도 있다.

그림 9.1은 사안에 따라 교회에서 어떤 태도로 다른 의견을 제시해야 하는지를 분명하게 보여준다. 어떤 교인이 교회 지도자들과 다른 의견을 가지고 있다고 가정해보자. 예를 들면, "지옥의 영원성을 가르쳐야 하는가?"라는 문제 혹은 "교회 화장실 페인트를 회색으로 할 것인가 노란색으로 할 것인가?"라는 문제가 있을 수 있다. 그런 문제를 생각할 때는 우선적으로 성경이 그것을 얼마나 분명하고 중요하게 가르치고 있는지를 점검해야 한다.

그림 9.1 지역 교회 안에서 공개적으로 다른 의견을 표출할 것인가

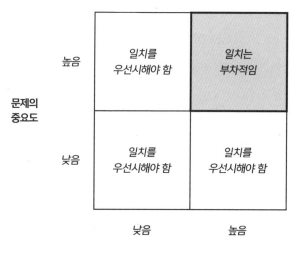

- **분명하고 중요한 문제**. 다른 의견이 불거진 문제가 도표의 오른쪽 상단에 속하는 것이면(즉 분명하고 중요한 문제이면) 올바른 대답에 도달하는 것이 일치를 지키는 것보다 더 중요하다. 그런 경우에는 교회 지도자들과의 공개적 의견 충돌도 불사하고 다른 이들에게도 똑같이 그렇게 하라고 말하면서 무엇보다 하나님의 말씀에 충실해야 한다. 물론, "분명하고 중요한" 문제인지를 확실하게 파악하는 것이 그렇게 쉬운 일은 아니다. 분명하다는 것은 역사적으로 지역 교회 안의 거의 모든 사람이 그것을 성경의 가르침으로 받아들였다는 의미이고, 중요하다는 것은 그것이 복음의 본질적인 요소이거나 복음의 보존에 꼭 필요한 것이라는 의미다. "공개적으로 다른 의견을 제시한다"는 것은 곧 "교회 앞에서 다른 의견을 말하는 것"을 가리킨다. 교회 안에서 불거진 논쟁은 어떤 경우에도 세상으로 끌고 나가서는 안 된다(고전 6:1).

- **분명하지 않거나 중요하지 않은 문제, 또는 분명하지도 않고 중요하지도 않은 문제**. 대다수의 의견 불일치는 오른쪽 상단 이외의 나머지 영역에 속한다. 그런 문제들은 교회 지도자들과 개인적으로 열띤 논쟁을 벌이기에는 좋을 수 있을지 몰라도, 다른 교인들까지 부추겨서 지도자에게 맞서라고 말해서는 안 된다. 그러한 행동은 바울이 음행, 주술, 분냄, 방탕함에 이어 하나님의 나라를 유업으로 받지 못할 육체의 일 가운데 하나로 열거한 "당 짓는 것"과 "분열함"에 해당한다(갈 5:20, 21).

교인들은 심지어 개인적으로라도, 끝없는 논쟁과 "헛된 말"(딤전 6:20)로 그들의 지도자들의 시간을 빼앗아서는 안 된다.

4. 교회를 떠나야 할 때

우리는 교인들에게 교회를 떠나야 할 때를 잘 판단하도록 가르쳐야 한다. 우리는 때로 아무도 교회를 떠나지 않도록 "평화를 잘 유지"하는 것이 교회 지도자의 임무인 것처럼 행동한다. 즉 우리는 마치 우리 교회가 최선이기 때문에 교회를 떠나는 것은 항상 잘못이라는 식으로 처신한다. 그러나 타락한 세상에서 그런 태도는 건전하지도 않고, 현실적이지도 않다. 교회 지도자들에게 복종하라는 히브리서 13장 17절의 명령은 교회 안에서 해야 할 일에 대한 명령일뿐 아니라, 교회를 떠나야 할 시점에 대해 시사하는 명령이기도 하다. 누군가가 그의 교회 지도자들을 더 이상 신뢰할 수 없다고 느낀다면, 그는 히브리서 13장 17절의 명령에 순종할 수 있는 교회를 찾아야 한다. 특히 무언가 변화를 추구하는 교회가 모든 사람이 동의하는 변화만 시도한다면 아무도 유익하게 할 수 없다. 아브라함이 서로의 관계를 잘 유지하기 위해 롯과 평화롭게 갈라섰던 것처럼, 때로는 교회를 떠나는 것이 교회를 사랑하는 길이 될 수 있다.

확신하건데 당신의 교회가 모든 사람에게 최선의 교회가 될 수는 없다. 어떤 사람은 교회가 너무 크다고 생각하고, 어떤 사람은 너무 작다고 생각한다. 어떤 사람은 지도자들이 너무 독재적이라고 생각하고, 어떤 사람은 지도자들이 너무 수동적이라고 생각한다. 어떤 사람은 영적 환경이 벅차고 힘들다고 생각하고, 어떤 사람은 재미 없고 지루하다고 느낀다. 교인들이 떠날 때마다 그것을 사역을 되돌아볼 기회로 삼아야 마땅하겠지만, 그렇다고 해서 그것을 꼭 사역의 실패로 받아들일 필요는 없다.

교회의 역할은 모든 교인을 최고의 푸른 초장으로 인도하는 것이다. 여기에는 그들을 다른 신실한 교회로 떠나보내는 것도 포함된다. 물론 때로는 교회나 교회 지도자들이 아니라 불만을 느끼는 교인에게 문제가 있다는 의심이 들 때도 있다. 그 교인이 새로운 교회에서도 똑같은 불만을 느낀다면 참으로 안타까운 일일 것이다. 그럴 때는 그렇게 될 가능성을 지적하면서 차라리 이미 그 교인을 잘 알고, 사랑하고 있는 현재의 교회에서 불만을 극복해 나가도록 권고하면 좋을 것이다. 물론 그렇게 권고할 만한 상황이 안 될 수도 있다. 아무튼, 모든 상황 가운데 당신의 역할은 목자가 되어 교인들을 그들이 발견할 수 있는 최고의 초장으로 인도하는 것이다.

결론 : 양 떼를 보호하라

베드로는 "근신하라 깨어라 너희 대적 마귀가 우는 사자 같이 두루 다니며 삼킬 자를 찾나니"(벧전 5:8)라고 말했다. 불만만큼 교회를 심각하게 위협하는 요인은 별로 없다. 교인들이 이기적인 욕망에 사로잡혀 불만을 품고 불화를 일으킨다면 한마디 비판이나 작은 불편함이 심각한 죄로 발전할 수 있다. 바울은 디모데전서 6장 6절에서 "자족하는 마음이 있으면 경건은 큰 이익이 되느니라"라고 말했다. 그런 경건을 독려하려면 교인들에게 불만을 잘 처리하는 방법을 가르쳐야 한다.

그러나 교회에서 단순한 불만이 아닌 죄를 처리해야 하는 상황이 발생할 때가 많다. 우리는 교회의 일치를 통해 하나님의 영광을 드높여야 하지만 교회 안의 죄는 마귀에게 그런 일치를 깨뜨릴 수 있는 또 다른 기회를 제공한다. 죄가 교회의 일치를 위협할 때 교회의 일치를 잘 보호하려면 회중을 어떻게 구비시켜야 할까?

10장

교회 안에서 죄 다루기

옳게 처리하지 않고 방치한 죄가 교회 공동체를 훼손한 사례들이 많다. 여호수아 7장에 나오는 아간의 죄처럼 한 사람의 죄가 처음에는 작게 시작해서 나중에는 온 교회를 송두리째 무너뜨린다. 우리는 서로를 죄에서 지켜주려고 노력하는 교인들이 필요하다. 그러나 이 문제와 관련해서 성경적인 문화를 조성하는 일은 그렇게 쉽지 않다. 두 가지 사례를 들어 이 점을 구체적으로 예시하면 다음과 같다.

당신 교회의 문화는 어떠한가

은혜는 없고 온통 율법뿐인 교회 문화

버트는 번창하는 도시에서 개척 교회를 담임하고 있다. 아무것도 없는 상태에서 교회를 개척하는 다른 많은 교회 개척자들과는 달리, 그는 스무 가정으로 구성된 핵심 그룹과 함께 교회를 시작했다. 그들은 열정적이며 헌신된 사람들로서, 이 새로운 사역을 시작하기 위해 다니던 직장을 그만두고 정든 이웃들과 헤어져 낯선 도시로 이주했다. 익히 예상할 수 있는 대로, 그들은 처음부터 자기들 가운데 죄가 싹트지 못하게 하려고 극도로 조심했다. 상호 책임성 accountability 있는 관계를 위한 일대일 모임 또는 소그룹 모임이 강력하게 권장되었고, 교인들은 모든 어려움을 서로에게 솔직하게 털어놓았다. 그들은 자신들의 모든 문제, 곧 교만, 성적 순결, 재물, 결혼생활 등의 문제를 공개적으로 논의했다. 그러나 모든 것이 순조롭지는 않았다. 교인들은 이내 목회자가 그의 권위를 사용해 자신들의 일에 지나치게 간섭하는 것을 의식하기 시작했다. 그는 누구와 데이트를 할지, 무슨 차를 사야 할지, 어떤 직업을 선택해야 할지 사사건건 관여했다. 그의 "조언"을 선뜻 받아들이지 않으면 그는 자기가 좋아하는 히브리서 13장 17절의 구절("너희를 인도하는 자들에게 순종하고 복종하라")을 재빨리 인용했다. 교인들 중에서도 그의 강압적인 태도를 본받는 사람들이 많아졌다. 그들은 신실함보다 복종을 더 중요시하는 것처럼 보였다. 더욱이 교인들 사이에 경쟁심리까지 싹텄다. 자기가 생각하기에 사역의 효과가 나타나는 것처럼 보이면 그것을 서로 자신의 공로로 내세우려고 애썼다. 교회는 진지하고 열심이 있었지만, 이상하게도 차가운 느낌이 감돌았다. 그런 느낌은 시간이 흐르면서 더 심해졌다.

율법은 없고 온통 은혜뿐인 교회 문화

그 교회를 "척"이 목회하는 교회와 비교해보자. 하나님은 척을 극도로 방탕한 삶에서 구원하셨다. "은혜"는 그가 가장 좋아하는 용어이다. 구원받은 지 오랜 세월이 지났는데도 그는 여전히 하나님이 자기를 구원하신 것에 놀라워했다. 신학교를 다니는 동안, 그는 한갓 도덕을 가르칠 뿐인 설교에 큰 반감을 느끼고, 자기는 오직 은혜, 은혜만을 전하겠다고 결심했다. 그는 목사가 되자마자 그 결심을 실천에 옮겼다. 그는 성경의 도덕적인 명령을 볼 때마다 오직 그리스도의 완전한 순종만을 높이 기리며 사람들을 십자가 앞으로 인도하는 데 전념했다. 그것이 곧 그의 교회가 지향하는 목표가 되었다. 교인들은 사람들을 따뜻하게 반겼고, 하나님의 사랑에 대해 자주 언급했다. 그러나 시간이 흐르면서, 그들은 은혜에 대해서 자주 언급하고는 있지만 죄를 그저 개인적 문제로 치부한다는 느낌을 준다. 그들은 각자 자신의 죄를 고백할 수 있을 뿐, 다른 사람의 삶에서 발견되는 죄를 해결하기 위해 다른 사람과 마주하지는 않았다. 더욱이 그런 태도를 "율법주의적인" 것으로 간주했다. 사실 율법주의가 모든 곳에 도사리고 있는 것 같이 생각하였고, 교인들은 그런 냄새조차 풍기지 않으려고 노력했다. 그 결과, 미심쩍은 결정이나 어리석은 선택은 물론이고, 심지어는 명백한 죄까지도 묵과되었다. "비판을 받지 않으려면 비판하지 말라는 것이 예수님의 가르침 아닌가?"라는 것이 그들의 입장이었다.

우리의 목표는 "균형"이 아니다

당신의 교회는 어떤지 잘 모르겠지만, 이 두 교회의 모습은 때때로 내가 섬기는 교회의 모습처럼 보이기도 한다.[1] 우리는 마치 성화가 하나님의 사역이 아닌 우리의 사역이라도 되는 것처럼 서로의 삶에서 죄를 박박 문질러 씻어 내려고 시도할 때도 있고, 다른 사람의 삶에 조금이라고 관여하는 것을 "율법주의"나 "판단하는 행위" 또는 "자기 의를 내세우는 것"으로 간주해 버리면서 이를 비판할 때도 있다. 그러나 기독교적인 삶의 문제가 종종 그렇듯이 단지 그 둘의 중간 지점을 찾는 것으로 문제가 해결되지 않는다. 우리는 교인들이 서로의 영적 삶에 관해 정직하고, 깊은 대화를 솔직하게 나눌 수 있는 교회 문화를 조성하는 것이 필요하다. 즉, 형제를 결혼생활의 어려움에서 구해내기 위해서라면 불편한 질문도 기꺼이 던질 수 있고, 동시에 은혜의 복음이 죄와의 싸움을 위한 매일의 해결책으로 제시되는 그런 교회 문화가 조성되어야 한다.

이것은 율법과 은혜의 "균형"이 아니라, 다른 사람들을 섬기는 것을 가장 중요시하는 문화다. 율법주의를 열정적으로 추구하는 문화는 자기 의에 근거한다. 그런 문화 속에서 다른 사람들의 죄를 지적하는 이유는 자신의 도덕적 우월성을 입증하기 위해서다. 그와 마찬가지로 죄에 대한 어려운 대화를 기피하는 문화는 자기 보호에

---

1. 두 교회의 이야기는 실제 이야기가 아닌 가상의 이야기이다.

근거한다. 거룩함을 신경쓰기보다 그저 평화를 유지하는 데 더 신경 쓰는 것이다. 두 경우 모두 "자아"에 대한 관심이 가장 우선시된다.

이런 교회들을 그리스도의 명예를 가장 중요시하는 교회와 비교해보자. 그런 교회의 교인들은 무슨 대화를 하든, 어떻게 하면 다른 사람들이 그리스도의 형상을 본받도록 가장 잘 도울 수 있을지 생각한다. 그들은 "듣는 자들에게 은혜를 끼치는" 것을 궁극적인 목표로 삼아 "소용되는 대로" 접근 방식을 다양하게 조정하면서 "사랑 안에서 참된 것"을 말한다(엡 4:15, 29).

당신 자신의 교회 문화를 잠시 생각해보라. 당신이 무엇을 가르치는지, 당신의 교회가 그 믿고 있는 바에 관해 무엇을 말하는지 생각해보라는 것이 아니다. 당신의 회중이 그들 안의 죄에 대해 주로 어떤 태도를 취하는지를 생각해보라는 것이다. 당신의 교회는 교인들이 남들보다 상대적으로 더 거룩하고, 더 열매맺는 삶을 산다는 것만으로 스스로 영적 가치를 지녔다고 자부하는 문화인가? 은혜를 기념하고 기뻐하지만 삶은 각자의 프라이버시로 감추어 놓는 문화인가? 아니면 죄와의 싸움에 대해 정직하고 은혜 충만한 대화를 나누도록 독려하는 문화인가? 교회 지도자들은 대개 자신의 교회를 낙관적으로 생각하는 경향이 있기 때문에, 이런 질문에 옳게 대답하려면 혼자서 판단하기보다는 대화를 통해 판단하는 것이 바람직할 것이다.

올바른 문화가 조성되어 있지 않다면 어떻게 해야 할까? 어떻게 하는 것이 좋을까? 예수님은 마태복음 18장 15-17절에서 교회 내에서 발생한 죄를 처리하는 방법을 가르쳐주셨다. 그분의 말씀을 주의 깊게 살펴보면 죄에 대해 정직하고 은혜 충만한 대화를 나누도록 격려하는 문화를 조성하는 방향으로 한 걸음 크게 내딛을 수 있을 것이다. 이번 장의 나머지 부분에서는 이 문제를 다룰 생각이다. 예수님의 가르침을 죄를 개인적으로 처리하는 방법에 대한 가르침과 죄를 공개적으로 처리하는 방법에 대한 가르침으로 나누어 차례대로 살펴보면 다음과 같다.

교인들이 죄를 개인적으로 처리할 수 있게 구비시키라

다른 공관복음서와 마찬가지로 마태복음도 베드로가 예수님을 그리스도로 고백한 사건에 초점을 맞춘다. 그러나 그러한 고백이 있은 후에 예수님이 이어서 하신 말씀들은 베드로를 깜짝 놀라게 하기에 충분했다.

> "이 때로부터 예수 그리스도께서 자기가 예루살렘에 올라가 장로들과 대제사장들과 서기관들에게 많은 고난을 받고 죽임을 당하고 제삼일에 살아나야 할 것을 제자들에게 비로소 나타내시니"(마 16:21).

예수님은 언젠가는 승리 가운데 통치하시기 위해 나타나실 것이다. 그러나 그에 앞서 먼저 고난받는 종으로 오신다. 예수님은 자신의 초림과 재림 사이에 시간이 소요될 것이라는 사실을 알리시자마자, 교회를 도입하신다. 그분은 16장에서 교회를 세우시며(마 16:18), 17장에서 교회를 세상의 정부와 구별하시고(마 17:26), 18장에서 그 것이 어떻게 기능하는지 설명하신다(마 18:15-20). 그 이유는 예수님 이 교회를 자기가 다시 올 때까지 자기 백성을 보존하는 도구로 선 택하셨기 때문이다. 이처럼 마태복음은 교회에 대한 가르침을 마무 리하고 나서, 19장 1절부터 십자가로 향하는 여정을 서술하기 시작 한다.

내가 마태복음 18장 15-17절을 마태복음의 전체 문맥 안에서 파 악하려고 하는 이유는, 우리가 그 말씀을 과소평가할 때가 많기 때 문이다. 우리는 예수님이 마태복음 18장에서 죄에 대해 가르치신 내용을 읽으면서, 그것을 알아두면 좋지만 우리 삶에 그다지 크게 중요하지는 않은 것으로 생각하는 경향이 있다. 그러나 이 말씀을 마태복음의 전체 문맥 안에서 살펴보면 그것이 마태복음의 문맥 안 에서 핵심적인 내용임을 알 수 있을 것이다.

> "네 형제가 죄를 범하거든 가서 너와 그 사람과만 상대하여 권고하
> 라 만일 들으면 네가 네 형제를 얻은 것이요 만일 듣지 않거든 한두
> 사람을 데리고 가서 두세 증인의 입으로 말마다 확증하게 하라 만
> 일 그들의 말도 듣지 않거든 교회에 말하고 교회의 말도 듣지 않거
> 든 이방인과 세리와 같이 여기라"(마 18:15-17).

교회가 타락한 세상에 존재하는 한, 죄의 파도가 밀려드는 것을

피할 길은 없다. 위의 말씀은 교회의 대응 방법에 대한 중요한 지침을 제시한다. 그렇다면 어떻게 해야 서로의 죄에 대해, 은혜 충만한 정직함의 문화를 조성할 수 있을까?

죄를 처리하는 것이 우리의 책임이라는 것을 인식하라

예수님은 우선 우리가 죄를 처리해야 한다고 말씀하신다. 보통의 교인들이 서로의 죄를 처리해야 한다. 예수님은 15절에서 회중 안의 각 교인에게 죄를 처리할 일차적인 책임을 부여하셨다. 이 명령을 마태복음의 앞부분에 언급된 예수님의 가르침과 결부시켜 생각하면 도움이 될 것이다. 당신의 형제가 당신에게 죄를 지었다면(마 18:15), 당신은 그를 바로 잡아주어야 한다. 또한 당신의 형제가 당신이 그에게 죄를 지었다는 것을 인지하였다면(마 5:23), 그에게 용서를 구하고 관계를 회복할 책임은 여전히 당신에게 있다. "누가 먼저 죄를 지었든" 이에 상관없이 항상 당신이 먼저 화해를 시작할 책임을 진다. 더욱이 바울은 갈라디아서 6장 1절에서 "형제들아 사람이 만일 무슨 범죄한 일이 드러나거든 신령한 너희는 온유한 심령으로 그러한 자를 바로잡고"라고 말했다. 명백한 것은, 우리 자신에게 저지른 죄가 아니라도 우리는 서로를 죄에서 구출할 책임이 있다는 것이다.[2]

---

2. 갈라디아서 5장의 문맥을 고려하면 바울이 6장 1절에서 사용한 "신령한 너희"라는 표현은 육체의 일이 아닌 성령의 열매를 맺는 사람들을 가리킬 가능성이 매우 높다. 바울은 5장 25절에서 "성령으로 사는" 것에 관해 말했다. 바꾸어 말해, 그는 특별히 성숙한 신자

죄는 못 본 척 묵인할 문제가 아니다. 물론, 매우 사소한 잘못이라서 사랑으로 감싸 주어야 할 때도 있고(잠 19:11), 죄를 지은 사람과 그렇게 가까운 관계도 아니고 또 적절한 상황도 아니라서 죄의 문제로 형제와 대화를 나눠봤자 그다지 큰 유익이 없을 때도 있다. 마태복음 18장의 목표는 그저 당신의 의무를 해내는 데 있지 않고 형제를 "얻는" 데 있다.[3]

우리는 교인들에게 타인의 죄를 못 본 척하지 않고 바로잡아 줌으로써 그들을 사랑해야 할 책임을 분명하게 일깨워주어야 한다. 만일 조라는 교인이 당신을 찾아와서 샐리라는 교인이 자기에게 말로 상처를 주었다고 말한다면, 당신은 어떻게 반응할 것인가? 그럴 때는 "내게 이 말을 하기 전에 샐리에게 먼저 말했나요?"라고 물어야 한다. 예외가 있긴 하지만 다른 사람의 죄에 대해 나누는 대화는 자신의 잘못을 고백하는 성격을 띠거나(내가 해를 당했을 때 올바르지 않게 반응했다는 것을 인정하는 것) 상의하는 성격을 띠는(그 사람을 좀 더 경건한 사람으로 만들려면 어떻게 해야 할지 논의하는 것) 두 경우 중 하나이어야 정당성을 갖는다.

아울러 위의 말씀에는 주목해야 할 또 한 가지 의미가 담겨 있다. 즉 누군가가 우리를 바로잡아줄 때는 그것을 달게 받아들여야 한다

들만이 다른 사람들을 죄에서 돌이키게 할 수 있다고 말하지 않았다. 그는 그것이 모든 신자가 공유해야 할 책임이라고 말하는 것이다.

3. "무릇 더러운 말은 너희 입 밖에도 내지 말고 오직 덕을 세우는 데 소용되는 대로 선한 말을 하여 듣는 자들에게 은혜를 끼치게 하라"(엡 4:29)라는 말씀을 기억하라. 때로는 죄를 꾸짖는 것이 적절하지 않은 상황도 있다.

는 것이다. 당신이 당신의 교회에서 이야기하고, 가르치고, 기도로 구할 수 있는 한 가지 미덕은 삶의 투명성이다. 우리는 우리의 삶을 서로에게 솔직하게 내보여야 한다. 죄를 감춘다면 어떻게 예수님이 가르치신 것을 실천에 옮길 수 있겠는가? 기독교적 삶이란 허세를 부리거나 겉치장을 하는 삶이 아니라, 투명하고 정직한 삶을 의미한다. 우리는 재물과 결혼생활, 죄와의 싸움, 야심과 염려에 대해 솔직해야 한다. 최소한 교인들 가운데 몇 사람은 나의 삶에 관해 많은 것을 알고 있어야 한다. 그런 투명성은 전염성이 있다. 일단 몇 사람이 위험을 감수하고 그렇게 살면, 다른 사람들도 덩달아 따라오게 되어 있다.

이런 예수님의 가르침을 실천에 옮기면 우리가 바라는 교회 문화를 조성하기 위한 큰 걸음을 내딛게 된다. 하나님은 우리에게 서로를 죄와 기만으로부터 구해낼 책임을 부여하셨다. 우리가 그런 책임을 기꺼이 받아들이면, 우리는 수동성과 싸우게 될 뿐 아니라 다른 사람의 죄에 대해 그들에게 직접 말하는 대신에 제3자에게 말하려는 자기 의적인 욕구self-righteous desire로부터 보호받을 수 있다.

소수의 사람만 알게 하라

예수님은 형제를 회개로 이끌 수만 있다면 죄를 공개적으로 다루는 것도 기꺼이 감수해야 한다고 가르치셨다(마 18:17). 그러나 그분의 가르침에는 문제시되는 죄를 알고 있는 사람들의 숫자를 가능한 한 적게 제한하라는 의미가 담겨 있다. "너와 그 사람과만 상대하여"라는 말씀대로, 먼저 죄를 지은 형제와 그 죄로 인해 피해를 입은 사람이 단둘이서 대화를 나눠야 한다. 그런 대화가 통하지 않을 때는 "한두 사람"을 데리고 가서 형제의 회개를 촉구해야 한다. 우리는 자신의 죄에 대해서는 솔직하고 정직해야 하며, 다른 사람의 죄에 대해서는 신중해야 한다. 그러나 우리는 이 원칙을 어길 때가 너무나도 많다. 우리는 형제나 자매가 죄를 지었을 때 예수님의 명령에 따라 그 사람과만 상대하여 조용히 말하지 않고, 오히려 그 잘못을 공개적으로 떠벌리며 친구들을 우리 편으로 끌어모아 울분을 토하며 동정을 얻으려고 애쓴다.

자기 의를 내세우지 않고 죄에 대해 솔직할 수 있는 교회 문화를 조성하기를 원한다면 반드시 점검해야 할 것이 한 가지 있다. 그것은 곧 자기 홍보에 능하고 자기 의를 자랑하는 사람은 다른 사람의 죄를 가능한 한 많은 사람에게 퍼뜨리기를 좋아할 수밖에 없다는 것이다. 그러나 형제의 회복을 통해 그리스도를 높이는 것이 나의 목표라면, 나는 가능한 한 오랫동안 될 수 있는 대로 적은 사람들에게만 알게 할 것이다.

교인들은 이따금 내 사무실에 찾아와서 다른 사람들의 죄를 어떻게 처리해야 할지 내게 조언을 구한다. 그런 것이 반드시 나쁜 것은 아니다. 그러나 나는 그럴 때면 그들에게 지침이 되는 몇 가지 질문을 던지곤 한다(물론 이것은 나 자신에게도 똑같이 던지는 질문이다).

- 당신에게 잘못을 저지른 사람에게 직접 말했나요? 그렇지 않

았다면 그 이유는 무엇인가요?

- 나와 대화를 나누려는 목적이 형제나 자매를 가장 잘 사랑할 수 있는 방법을 알기 위해서인가요? 아니면 당신의 감정을 토로하기 위해서인가요?

- 혹시 조언을 구한다는 명목으로 나에게 아첨하는 것은 아닌가요? 혹시 그 사람의 죄를 다루어야 하는 당신의 책임을 나에게 떠넘기려는 것이거나 당신이 얼마나 경건한지를 자랑하려는 것은 아닌지요?

- (그 형제가 자신의 죄로 자기 자신과 그리스도께 해를 끼치고 있기 때문에) 동정심이 느껴져서 찾아온 것인가요? 아니면 (당신이 받은 부당한 대우 때문에) 분노와 불쾌감이 느껴져서 찾아온 것인가요?

판단하기를 더디 하라

예수님이 "한두 사람을 데리고 가라"고 말씀하신 이유는 무엇일까? 한 가지 이유는 그런 행동이 죄를 지은 사람에게 상당한 영향력을 끼칠 수도 있기 때문이다. 그러나 예수님이 그렇게 말씀하신 이유는 범죄 여부를 확정하는 데 최소한 두 명의 증인의 증언이 필요하다는 신명기 19장 15절의 원칙과 관련이 있다. 예수님은 우리가 때로 형제의 죄를 그릇 판단할 수 있기 때문에 사실을 명확하게 규명하도록 도와줄 사람들이 필요하다는 점을 고려하셨다. 우리 자신의 판단에는 한계가 있다는 것을 겸손히 인정해야만, 죄에 대해 올바른 심각성을 유지하는 동시에 의심스러울 때는 상대에게 유리하게 해석하면서 충만한 은혜 가운데 서로를 대하는 문화를 조성할 수 있다.

형제를 얻는 것이 목표다

마태복음 18장 15절은 "만일 들으면 네가 네 형제를 얻은 것이요"라고 말한다. 우리의 목표는 단지 의무를 이행하는 것이나 마음속에 응어리진 것을 푸는 것이나 징벌을 가하는 것이 아니다. 우리의 목표는 형제의 회복이다. 여기 예수님의 가르침에 내포된 초자연적인 요소를 인식해야 할 것이다. 오직 하나님만이 마음을 변화시키실 수 있다. 우리의 역할은 형제에게 거울을 들어 보여 스스로의 죄를 볼 수 있게 해주는 것뿐이다. 우리는 의사가 아니라 리포터이다.

예수님의 말씀에 주의하면 우리가 바라는 교회 문화를 조성하는 데 도움이 된다. 예수님은 우리에게 서로를 보호할 책임을 부여하신다. 따라서 평화를 위해 죄를 묵인해서는 안 된다. 또한, 예수님이 부여하신 우리의 책임을 제대로 수행하기 위해서는 자기 보호나 자기 의는 설 자리가 전혀 없다. 예수님의 가르침은 우리가 가르치고 본을 보일 때 따라야 할 참으로 놀라운 지혜가 아닐 수 없다.

죄를 공적으로 처리할 때 일치를 추구하라

지금까지 죄를 개인적으로 처리하는 것에 관한 예수님의 가르침을 간단히 살펴보았다. 죄를 처리하는 일이 개인적인 차원에서 마무리될 때가 많은 것은 참으로 감사한 일이다. 우리의 원수인 세상과 육신과 마귀, 죄의 악랄한 기만성, 우리의 부패한 본성에도 불구하고, 하나님의 은혜는 우리가 개인적으로 나누는 작은 대화를 통해 회개와 회복의 역사를 일으킨다. 그러나 때로는 마태복음 18장을 좀 더 읽어 내려가야 할 때도 있다. 왜냐하면 회개하지 않은 죄가 교회 차원의 대응을 요구하는 심각한 상황이 벌어질 수 있기 때문이다. 죄를 공적으로 처리해야 할 상황이 되면, 여기 많은 것이 걸려 있게 된다. 회중과 함께하는 이 대화를 잘 해내면, 죄에 대한 은혜 충만한 정직성의 문화를 조성하는 데 놀라운 효과를 볼 수 있다. 그러나 이 일을 서투르게 하면, 엄청난 피해가 발생할 수 있다. 예수님의 가르침은 다음과 같다. "만일 그들의 말도 듣지 않거든 교회에 말하고 교회의 말도 듣지 않거든 이방인과 세리와 같이 여기라"(마 18:17).

이 짧은 지면 안에서 교회 권징을 어떻게 행사해야 하는지 자세히 논의하지는 않을 것이다. 이 문제에 대한 자세한 논의를 알고 싶으면 조너선 리먼의 《교회의 권징》Church Discipline을 참조하기 바란다. 아울러 성경적인 사랑 개념에서 교회 권징의 근거를 발견하는 내용을 원한다면, 리먼의 《당신이 오해하는 하나님의 사랑》The Church and the Surprising Offense of God's Love이라는 책을 추천한다. 나는 여기에서 범위를 크게 좁혀 마태복음 18장 17절에 기록된 예수님의 가르침을 토대로 교회 안에서 죄를 공적으로 처리하는 방법에 초점을 맞출 생각이다.

"그들의 말도 듣지 않거든 교회에 말하라"

때로는 누군가의 죄를 교회에 말해야 할 때가 있다.[4] 죄를 지은 사람이 마태복음 18장 15, 16절에 명시된 처음 두 단계를 거쳤는데도 회개하지 않을 때, 죄가 심각하여 간과할 수 없을 때, 그리고 죄가 두드러질 때, 우리는 그것을 교회로 가져가야 한다. 예수님은 우리가 그분의 가르침을 어떤 식으로 그릇 적용할지 예상하시고 이에 대비하여 말씀하신다. 예수님은 "교회에 말하라"고 확실하게 명령하심으로써 죄가 결코 묵인할 수 있는 문제가 아니라는 점을 분명하게 강조하셨다. 문자적으로 "모임"에 말하라는 것이다. 예수님은 "죄를 지은 당사자를 아는 사람들에게 말하라", "그가 속한 소그룹에 말하라", "장로들에게 말하라"고 하지 않으셨다. 예수님이 뜻하신 바는, 전체가 모인 자리에서 그 상황을 알리라는 것이었다. 최초의 교회는 예루살렘 교회였다. 예루살렘 교회는 성전 뜰에 모일 만큼 큰 회중으로 이루어진 교회였다(행 2:41, 46).

---

4. 모든 교회가 권징을 잘 행사할 수 있을 만큼 충분한 훈련이 되어 있다고 말할 생각은 없다. 어떤 상황에서는 결코 바람직하지 않은 두 가지 현상이 나타날 가능성이 있다. 하나는 교회의 권징이 필요하지만 권징을 시행하지 않는 것이고, 다른 하나는 권징을 시행하는 과정에서 교회가 파괴되는 것이다. 두 번째 경우가 첫 번째 경우보다 좀 더 충실한 교회라고 말하기도 어렵다. 이 문제를 좀 더 자세히 알고 싶으면 다음의 자료를 참조하라. Mark Dever, "'Don't Do It!' Why You Shouldn't Practice Church Discipline," *9MarksJournal* (November/December 2009), http://www.9marks.org/journal/dont-do-it-why-you-shouldnt-practice-church-discipline.

죄를 지은 사람을 가장 잘 알고 있는 사람들이 아니라 교회 전체가 나서는 것이 왜 중요할까? 한 가지 이유는 본문 바로 다음의 내용(마 18:18-20)에서 발견된다. 지역 교회가 회중으로서 행동할 때는 하나님 앞에서 특별한 권위를 지닌다. 그러나 이유는 또 있다. 그것은 회개하지 않은 죄를 공개적으로 처리하는 것이 교회에 유익하기 때문이다. 이 점을 설명하면 다음과 같다.

1. 죄를 공개적으로 처리하면 죄의 심각성과 기만성을 밝히 드러내 보일 수 있다. 최근에 우리 교회에서 이런 일이 있었다. 한 남자가 음란물 중독으로 홀로 갈등하다가 결국에는 장기적인 해악을 끼치게 될 심각한 성적 범죄를 저지른 사건이 있었다. 그가 회개를 거부했기 때문에 온 교회가 이 문제를 다룰 수밖에 없었으며, 이 일을 계기로 나머지 교인들은 정신이 번쩍 들게 되었다. 죄 문제로 개인적으로 갈등을 겪던 사람들이 죄를 숨기는 것은 시한폭탄을 숨기는 것과 같다는 사실을 알게 되었다. 그 후 몇 주 동안 많은 사람들이 처음으로 친구들과 죄에 관한 대화를 나누면서, 기도와 상호 책임성과 사랑으로 죄를 극복하려고 노력했다. 죄를 지은 그 남자도 결국 하나님의 은혜로 회개하였고 등록 교인의 지위를 유지했다.

2. 죄를 공적으로 처리하면 회개의 가능성을 높일 수 있다. 사탄이 죄와 관련해 우리에게 속삭이는 거짓말 가운데 하나는 변화가 불가능하다는 것이다. 죄를 공적으로 처리할 때, 우리는 고린도전서 5장 5절("이런 자를 사탄에게 내주었으니 이는 육신은 멸하고 영은 주 예수의 날에 구원을 받게 하려 함이라")과 같은 성경 말씀을 고려한다. 회개하지 않은 죄

를 교회의 차원에서 논의할 때는 반드시 하나님이 주시는 참된 회개와 자유 안에 있는 희망도 얘기해야 한다.

3. 죄를 공적으로 처리하면 교인들에게 죄를 개인적으로 처리하는 방법을 가르칠 수 있다. 집단 기도가 마치 "자전거의 보조 바퀴"처럼 작용하여 교인들에게 기도하는 법을 가르치는 역할을 하는 것처럼, 교회의 권징은 교인들에게 죄를 처리하는 방법을 가르치는 역할을 한다. 교회가 성경에 근거한 진지한 논의를 통해 회개하지 않은 죄를 다루면 교인들에게 좋은 본보기를 제공할 수 있다.

죄를 공개적으로 처리하라는 예수님의 명령에 순종하라(마 18:17). 그러면 수많은 개인적 대화에 영향을 미칠 것이고, 그런 것이 교회의 문화로 자리잡아 나갈 수 있을 것이다.

"교회의 말도 듣지 않거든..."

우리는 "교회에 말하라"는 것이 마치 회개하지 않은 사람을 교제에서 배제하라는 단 한 가지 의미인 것처럼 생각하는 경향이 있다.[5] 예수님이 말씀하신 바는, 대개는 교회가 먼저 상황을 파악하고, 회개하지 않는 죄인에게 우려를 표명하고, 그에게 교회의 권고를 들을 수 있는 기회를 제공하는 등, 사전적으로 몇 가지 단계를 거친

---

5. 물론, 고린도전서 5장의 상황은 예외다. 즉 개인의 행동이 믿음의 고백과 서로 일치하지 않아 더 이상 신뢰할 수 없는 지경에 이르렀을 때는 그 사람이 무슨 말을 하더라도 교회는 그가 회개했다고 믿을 수 없을 것이다. 그럴 때는 "교회에 말하라"는 말을 교회가 나서서 출교시키라는 의미로 이해할 수 있다.

후에야 발생하기 마련이다. 그런 단계를 다 거쳤는데도 죄인이 회개하지 않으면, 교회는 그를 교제에서 배제해야 한다.

교회는 죄를 공적으로 처리하는 단계에서 회개하지 않은 죄인을 향해 한목소리로 말해야 한다. 교회의 권징에는 일치가 매우 중요하다. 교회가 일치해서 말하면, 우리는 죄와 유혹으로부터 서로를 보호해야 할 책임을 다시금 되새길 수 있다. 교회의 일치된 목소리는 죄인을 각성시켜 죄를 멈추게 만드는 힘을 지닌다.

그러나 교회의 권징이 일치된 힘을 발휘하지 못하게 만드는 요인들이 많다. 감정적인 연민이나 과거의 우정, 과거의 친분 따위가 판단력을 흐리게 만들 수도 있고, 교회 지도자들이 너무 가혹하게 느껴질 수도 있으며, 권징을 시행해야 할 이유들이 혼란스러운 와중에 모호해질 수도 있다. 교회의 권징은 일치를 요구하지만 그것은 또한 일치를 위협하기도 한다. 그렇다면 교회 지도자들은 그런 어려운 일을 처리하는 과정에서 어떻게 일치를 더욱 굳건하게 할 수 있을까? 몇 가지 방법을 제안하면 다음과 같다.

명확하게 인도하라. 권징의 이유가 불분명할 때는 회중의 일치된 행동을 기대하기가 어렵다. 회중에게 말하기 전에 이유를 분명하게 규명하는 것이 이상적이다. 마태복음 18장에서 장로가 언급되지는 않지만, 문제를 교회 앞에 알리기 전에 장로들이 먼저 나서서 신중히 살펴야 할 필요가 있다. 장로들은 권징의 이유가 명확해질 때까지 상황을 면밀히 조사하고, 의논하고, 깊이 숙고해서 교회를 섬기는 데 만전을 기해야 한다. 한 가지 좋은 방법은 객관적으로 검증할 수 있는 사실만을 교인들에게 말하는 것이다. 그런 사실만으로 교회 권징의 확실한 이유가 되지 않을 때는 좀 더 확실해질 때까지 공론화를 보류하라.

성경에 기대라. 명확한 이유를 찾는 방법으로는 계속해서 성경을 살펴보는 것이 가장 좋다. 성경에 근거해 권징의 목표를 설명하는 것이 중요하다. 또한 문제가 된 죄를 논의할 때도 성경적인 용어를 사용하는 것이 좋다.

신뢰를 구하라. 교회 지도자들은 회중의 신뢰를 요청함에 있어 당당해야 한다. 교인들은 권징의 문제를 장로들만큼 잘 알 수 없다. 그들은 장로들이 비밀에 부쳐야 하는 중요한 정보를 알지 못한다. 따라서 교인들의 신뢰를 구하는 것이 지혜요 사랑이다. 그러나 때로 지혜로운 지도자는 상황의 어려움이나 교인들의 성숙한 정도 때문에 신뢰를 구하는 것이 무리한 일이라는 것을 안다. 예를 들어, 처음 권징을 시행해야 할 상황에 놓인 한 목회자가 있었다. 나이가 90세가 된 주일학교 교사가 분열을 조장하는 행동을 하고 있었다. 그것이 그녀를 출교시켜야 할 이유로 타당할까? 나는 그렇다고 생각한다. 디도서 3장 10절은 분열을 조장하는 행위가 권징의 대상임을 분명하게 밝히고 있다. 따라서 출교가 교회를 위해서나 그녀를 위해서나 좋은 해결책일 수 있다. 그러나 이것은 교인들의 신뢰를 끌어내기가 극히 어려운 문제가 아닐까? 나는 그렇다고 믿는다. 사실, 분열의 행위는 주관적인 속성을 지니기 때문에 심지어 성숙한 교인들조차도 판단하기가 매우 어렵다. 더욱이 권징의 대상이 교인들이 잘 알고 있는 나이든 여성인데다가 그것도 처음 시행하는 일이라서 몹시 어려운 상황이라고 할 수 있다. 지혜롭게도 그 목회자는 교인들의 신뢰를 구하기가 어렵다는 사실을 깨닫고, 다른 방법을 선택했다. 우리는 교인들의 신뢰를 구하는 것이 일치에 도움이 되는 상황인지, 아니면 그런 요청이 오히려 많은 교인들의 눈에 교회의 일치를 깨뜨리는 일처럼 비치게 될 상황인지를 잘 판단해야 한다.

일치를 추구하라. 무엇보다도 우리는 일치를 추구해야 한다. 권징의 목적이 보복이 아닌 회복이기 때문에, 우리의 말과 행위를 온통 잃어버린 죄인을 되찾는 일에만 쏟아붓는 오류에 빠질 가능성이 있다. 하지만 그 과정에서 양 떼 전체에 대한 책임을 망각하지 않도록 주의해야 한다. 바울은 에베소 장로들에게 "여러분은 자기를 위하여 또는 온 양 떼를 위하여 삼가라 성령이 그들 가운데 여러분을 감독자로 삼고 하나님이 자기 피로 사신 교회를 보살피게 하셨느니라"(행 20:28)라고 당부했다. 바울이 다음 구절에서 언급한 대로 때로는 교인들이 "사나운 이리"가 될 수도 있다. 그런 경우, 목회자는 그들을 보호하기보다 오히려 그들로부터 양 떼를 보호해야 한다. 내가 경험한 한 가지 곤란했던 상황을 예로 들면 다음과 같다. 한 교인이 죄를 지어 인근의 사법기관에서 그에 대한 체포 영장이 발부되었다. 크게 당혹스러운 일일 뿐 아니라 그가 교회로 다시 복귀하는 데 부가적인 걸림돌이 될 수도 있는 소식이었다. 그런데도 영장에 관한 소식을 교인들에게 알려야 할까? 물론이다. 그 한 가지 사실을 알리지 않으면 권징의 이유가 불분명한 상황이었다. 따라서 나는 교인들에게 상황을 설명하면서 그 사람의 체면을 보호하기보다 교회의 일치를 보호하는 데 더욱 초점을 맞춰 체포 영장에 관한 소식을 알렸다. 일반적으로는 회개하지 않는 죄인의 이익보다 교회의 일치를 더 중요하게 여기는 것이 바람직하다. 다행히도, 그 두 가지 모두를 열심히 추구할 수 없는 상황은 드물다.

"이방인과 세리와 같이 여기라"

이제 예수님이 교회의 권징에 관해 가르치신 마지막 내용을 살펴볼 차례다. 어떤 사람을 출교한다는 것은 그가 그리스도인이 아닌 것이 틀림없다거나 우리가 그의 마음속을 훤히 알 수 있다(이것은 오직 하나님만 하실 수 있는 일이다)는 의미와는 거리가 멀다. 오히려 그것은 회개하지 않은 증거를 토대로 그의 신앙고백에 대해 일종의 "불신임 투표"를 던지는 것과 같다. 예수님은 출교당한 사람을 외인으로 단정하거나 그가 가진 믿음의 실재성을 판단하라고 말씀하지 않으셨다. 단지 그 사람을 외인으로 여기라고 말씀하셨다. 우리는 그 사람의 신앙고백이 신뢰성이 있다고 판단되어 다시 받아들이기까지는 그렇게 해야 한다. 바울은 이 점을 고린도전서 5장에서 좀 더 자세히 언급했다. 그는 어떤 사람이 형제라고 주장한다면 그 주장의 신뢰성을 판단해야 한다고 말했다(11-13절).

권징을 통해 정확하게 무엇을 하고자 하는지를 명확하게 보여준다면, 우리가 바라는 솔직하고 은혜 충만한 교회 문화를 조성하는 데 큰 도움이 될 것이다. 예수님이 가르치신 출교의 본질은 가혹

하지도 않고, 모질지도 않다. 그것은 단순히 고백과 행위의 불일치를 판단하는 것일 뿐이다. 출교는 사소한 결정이 아니다. 그것은 당사자와 나머지 신자들의 관계에 현실적인 변화를 일으킨다. 출교당한 사람의 마음속에서 일어나고 있는 일은 고려되지 않는다. 단지 그의 삶에서 객관적으로 드러난 사실만을 판단할 따름이다. 우리는 이 모든 원리를 교인들에게 가르쳐 매일의 삶 속에서 서로의 죄에 대해 어떤 태도를 취해야 할 것인지를 옳게 일깨워주어야 한다. 권징이 무엇인지 주의 깊게 설명하면 교인들을 바른 방향으로 이끌 수 있을 것이다.

결론 : 구원의 은혜를 늘 경이로워하라

마틴 로이드 존스는 20세기의 가장 영향력 있는 설교자 가운데 한 사람이었다. 그는 1939년에서부터 1968년까지 런던 웨스트민스터 채플에서 목회 활동을 했다. 나는 언젠가 그의 딸에게, 그가 그렇게 오랫동안 목회 활동을 할 수 있었던 비결이 무엇이냐고 물었던 기억이 난다. 그녀는 특유의 간단명료한 말투로 "아버지는 자신의 구원을 한 번도 잊은 적이 없었어요. 아버지는 자신의 구원을 항상 놀라워했어요."라고 대답했다.

이것이 우리가 교인들에게 바라는 것이다. 우리는 교인들이 일상의 삶 속에서 늘 하나님이 복음을 통해 이루신 일을 경이로워하기를 원한다. 구원을 과분한 은혜로 알고 귀하게 여겨야만 서로를 죄에서 보호하는 책임을 진지하게 짊어질 수 있다. 구원을 과분한 은혜로 알고 귀하게 여겨야만 죄로 물든 마음을 변화시키는 하나님의 능력을 높이 우러를 수 있다. 구원의 은혜를 더 많이 경이로워할수록 죄에 대해 솔직하고, 은혜 충만한 대화를 나눌 수 있는 문화를 더 잘 조성할 수 있다.

성경적인 교회 공동체를 통해 얻어지는 궁극적인 유익은 무엇일까? 단지 하나님이 교회 안에서 행하시는 선한 일일까? 아니면 교회 밖에까지 영향을 미치는 유익일까? 이것이 이 책의 마지막 부분에서 다루어질 문제들이다. 지금까지 초자연적인 공동체를 형성하고 보호하는 방법을 살펴보았다. 이제는 성경적인 공동체가 복음 전도와 교회 개척을 통해 어떤 결실을 거두는지 살펴보도록 하자.

4부
공동체와 사역

11장

공동체로서 복음을 전하라

내 친구 월터는 마약 중독자였다. 워싱턴 포스트에 게재된 그의
이야기를 잠시 소개하면 다음과 같다.

그는 메타암페타민을 사용하다가 나중에는 분해 코카인에 중독되
었다. 그는 한동안 노숙자로 지냈으며 그 후 좀도둑이 되었다. 2010
년 어느 날 아침에 달리기를 시작하기 전까지만 해도 그는 항상 의
심과 공포, 편집증과 절망에 시달리며 살았다.

그는 자신이 마약 대신에 달리기를 하게 된 이유가 고작 한 블록을
달리고 나서 휴식이 필요한 것을 알게 된 경험 때문이었다고 생각
한다. 3년이 지나자, 달리기의 힘은 그 어떤 마약만큼이나 강력했
다. 그는 아침에 깨어나면 또다시 마약에 취하려고 하지 않고, 전날
보다 조금이라도 더 많이 달리려고, 곧 쉬지 않고 몇 초라도 더 달려
보려고 노력했다. 그렇게 몇 주가 지나자 그는 5킬로미터를 달릴 수
있었다. 그 후의 느낌은 비슷했다.

그는 "모든 것이 완벽하고, 다 좋은 느낌입니다."라고 말한다.

그는 곧 마라톤을 뛰기 시작했다. 그러나 결국에는 마라톤으로도 충분하지 않았다. 그는 지난 6월에 50마일 경주를 달렸다. 비가 자주 오지 않고, 다리로부터 전해지는 통증이 멈추고, 작년처럼 갑자기 수감되지 않는다면, 지금부터 3개월 후면 그는 틀림없이 콜로라도의 산지에서 열리는 100마일 경주를 달릴 것이다.[1]

위의 기사를 읽으면 달리기가 월터를 구원했다고 생각하기 쉽다. 물론, 부분적으로는 달리기가 실직자요 노숙자요 마약 중독자였던 그를 구원했다고 말할 수 있다. 그러나 월터와 대화를 나눠보면 달리기는 단지 그가 갇혀 있던 감방 같은 상황의 외적 환경만을 바꾸었을 뿐이라는 말을 듣게 될 것이다. 진정한 자유는 달리기가 아니라 그가 한 기차역을 거닐 때 찾아왔다.

월터가 달리기를 처음 시작하고 나서 몇 달이 지난 어느 날, 나의 친구인 브래디가 기차역 주변에서 예수님을 전하려고 서성이고 있었다. 그는 월터를 보았지만 그냥 지나치려고 했다. 그런데 이상하게 양심에 찔려 그는 가던 발길을 멈추고, 월터에게 잠시 대화를 나누기를 원하느냐고 물었다. 월터는 나중에 그때의 일을 떠올리며 처음에 브래디가 성경을 들고 지나가는 모습을 보고 성경에 관해

---

1. Kent Babb, "Walter Barrera's 12-Million Step Recovery Program," *The Washington Post*, May 24, 2013.

묻고 싶은 이상한 충동을 느꼈지만, 자신의 성격이 워낙 소심해서 선뜻 그렇게 하지 못하고 있던 차에 브래디가 자기에게 다가오는 것을 보고 내심 놀라기도 하고 기쁘기도 했다고 말했다. 아무튼, 그들은 복음에 관해 대화를 나누고, 성경을 몇 군데 읽고 나서 헤어졌다. 월터는 큰 흥미를 느꼈지만 여전히 죄에 빠져 있는 상태였다.

그들은 다음에 다시 만났다. 브래디는 월터와 함께 마가복음을 읽기 시작했다. 또한 그는 월터에게 자기 교회의 교인들을 여러 명 소개했고, 그들은 그에게 또 다른 그리스도인 친구들을 소개했다. 그 새로운 친구들 가운데 한 사람이 부활절에 그리스도의 부활을 찬양하는 노래를 불렀다. 월터는 그 노래를 잊을 수가 없었다. 결국, 그로부터 몇 주 후에 월터의 머릿속에서 "예수님은 살아 계시네"라는 가사가 계속 메아리치기 시작했고, 그는 불현듯 자기가 예수님이 살아 계심을 믿고 있다는 사실을 의식했다. 그는 무릎을 꿇고 그리스도를 신뢰했다. 그가 세례를 받을 즈음에는 그의 이야기를 알고 있는 교인이 수십 명에 달했다.

그렇다면 누가 월터를 그리스도께로 인도했을까? 회심의 기적을 낳은 놀라운 성과를 일궈낸 사람은 과연 누구일까? 궁극적으로는 주님이시다. 요한복음 6장 44절은 "나를 보내신 아버지께서 이끌지 아니하시면 아무도 내게 올 수 없으니"라고 말한다. 그러나 하나님이 도구로 사용하신 사람은 누구일까? 낯선 사람에게 용기 있게 다가가서 복음을 전한 브래디일까? 아니면 몇 주 후에 월터를 만났던 앤디일까? 아니면 하나님이 월터의 폐부를 찌르는 수단으로 활용하신 설교 말씀을 전한 마크일까? 아니면 부활절에 찬양을 불렀던 샤이일까?

아마도 당신은 모두가 다 쓰임받았다고 대답해야 할 것이다. 월터의 이야기는 복음 전도의 전형적인 유형에 해당한다. 먼저, 그의 복음 전도는 **인격적인** 특성을 띠었다. 다시 말해, 그는 홀로 우연히 교회에 들렀다가 그곳에서 경험한 것에 흥미를 느끼지 않았다. 그는 브래디와의 관계를 통해 처음 복음을 전해 들었다. 불과 2분 만에 형성된 관계일지라도 그것은 엄연한 관계다. 그러나 복음 전도는 인격적인 특성 외에도, **집단적인** 특성을 띤다. 다양한 교인들이 관여하기 때문에 누가 "그를 주님께 인도했는지"를 꼭 집어 말하기가 어렵다. 나는 이것을 "집단적 복음 전도"로 일컫고 싶다.

월터와 관련된 소식이 놀라운 이유는 그런 인격적이고, 집단적인 복음 전도가 거기서 그치지 않았다는 것이다. 그는 세례를 받고 난 직후에 교회 앞에서 자기가 회심 이전에 감방에 갈 만한 범죄를 저질렀다고 고백했다. 그리스도를 따른다는 것은 그런 죄를 회개하는 것을 의미하기 때문에 그는 자수한 후 감옥에서 형기를 살았다. 그가 감옥에 있는 동안, 그가 잘 모르는 교인들의 편지와 면회가 쇄도했다. 그의 동료 수감자들에게 그런 사랑의 행위들은 하나님의 은혜에 대한 그의 증언에 현실성과 능력을 더해주었다. 월터가 석방되기 전에 그와 같은 방에 수감되어 있던 한 감방 동료가 그리스도에 대한 믿음을 고백했다.

복음 전도는 인격적이며 집단적이다

내가 "집단적 복음 전도"를 좋아하는 이유는 그것이 우리가 종종 시도하는 복음 전도보다 훨씬 더 성경적이기 때문이다. 우선 이 복음 전도 방식은 인격적인 특성을 띤다. 집단적 복음 전도는 복음 전도를 누군가를 그저 교회(일주일에 한 번 복음적인 집회를 여는 것에 그치는 교회)로 인도하는 것 정도로 여기지 않고, 관계를 통해 복음을 나눈다. "우리가…하나님의 복음뿐 아니라 우리의 목숨까지도 너희에게 주기를 기뻐함은 너희가 우리의 사랑하는 자 됨이라"(살전 2:8)라는 말씀에서 알 수 있듯이, 이것이 곧 바울이 복음을 전했던 방식이다. 복음 전도는 일주일에 한 번 모이는 집회나 특별한 행사에 국한되지 않고, 일상의 삶 속에서 이루어져야 한다. 한마디로 복음 전도는 인격적이어야 한다.

또한 복음 전도는 인격적일 뿐 아니라 집단적이어야 한다. 교회가 복음 전도 집회로 전락하는 것을 방지하고자 하는 노력은 좋지만, 복음 전도가 교회와 아무 관계가 없다고 생각해서는 안 된다. 지역 교회 공동체는 복음의 메시지의 확증이므로, 교회와 절연된 상태로 복음을 전하는 것은 매우 어리석은 일이다. 나 홀로 복음을 전하려고 하는 것은 굴착기는 가만히 놔두고 장난감 삽으로 땅을 파려고 하는 것과 같다. 그것은 엄청난 힘을 지닌 기계는 놀고 있고, 나만 홀로 일하는 격이다. 친구를 지역 교회의 초자연적인 공동체에 노출시키지 않고, 혼자서 복음을 전하려고 애쓸 이유가 무엇인가? 바울이 고린도전서 2장 3-5절에서 묘사한 내용은 교회의 증언에 똑같이 적용할 수 있을 것이다. 그는 "내가 너희 가운데 거할 때에 약하고 두려워하고 심히 떨었노라 내 말과 내 전도함이 설득력 있는 지혜의 말로 하지 아니하고 다만 성령이 나타나심과 능력으로 하여 너희 믿음이 사람의 지혜에 있지 아니하고 다만 하나님의 능력에 있게 하려 하였노라"라고 말했다. 교회보다 하나님의 능력이 더욱 분명하게 드러나는 곳이 또 어디에 있겠는가?

복음전도적 증인으로서의 교회 공동체에 대한 개념은 성경 곳곳에서 발견된다. 간단히 몇 가지 예를 들면 다음과 같다.

- 일찍이 창세기 1장에서부터 하나님은 그저 개인들이 아닌 한 민족을 통해 자신을 영화롭게 할 계획을 세우셨다. 하나님은 자신의 형상으로 남자와 여자를 창조하시고, 그들에게 "생육하고 번성하여 땅에 충만하라 땅을 정복하라"고 명령하셨다 (창 1:28). 그들의 사명은 창조주의 형상을 가진 살아 있는 자들로 창조 세계를 가득 채우는 것이었다.
- 더 직접적으로 하나님은 이스라엘이라는 특별한 민족을 세우시고 그들의 집단적 삶을 통해 주변 민족들에게 하나님의 영광을 드러내라고 명령하셨다. "너희는 (나의 규례를) 지켜 행하라 이것이 여러 민족 앞에서 너희의 지혜요 너희의 지식이라 그들이 이 모든 규례를 듣고 이르기를 이 큰 나라 사람은 과연 지혜와 지식이 있는 백성이로다 하리라 우리 하나님 여호와께

서 우리가 그에게 기도할 때마다 우리에게 가까이 하심과 같이 그 신이 가까이 함을 얻은 큰 나라가 어디 있느냐"(신 4:6, 7).

• 따라서, 하나님은 그의 반역적인 백성들의 실패에 대해 말씀하시면서 집단에게 주어진 이 명령에 대해 언급하신다. 그들은 하나님의 이름의 영광을 드러내는 데 실패했으며 결국 열방 가운데서 그분의 이름을 더럽혔다(겔 36:20-21).

• "너희가 서로 사랑하면 이로써 모든 사람이 너희가 내 제자인 줄 알리라"(요 13:35)라는 말씀에서 알 수 있듯이, 예수님은 새로운 하나님의 백성을 최초로 세우시면서 그분의 새 계명 안에서 그들의 함께하는 삶을 통한 복음전도적 증거를 가리키셨다. 우리는 이 구절에 대해 말할 때 "서로"라는 문구를 종종 망각한다. 이것은 우리가 예수님을 따르는 제자라는 것을 드러내는 사랑일 뿐 아니라 그분의 다른 제자들을 향한 사랑이다.

• 누가는 사도행전 2장에서 초대 교회를 묘사하면서 신자들이 함께 떡을 떼고, 교제를 나누고, 서로의 필요를 돌보면서 삶을 공유했다고 증언한다. "주께서 구원 받는 사람을 날마다 더하게 하시니라"(47절). 요한복음 13장에 기록된 예수님의 새 계명이 현실이 되어 가고 있었다.

• 이것은 신약성경의 서신서에서도 여전히 중심 주제이다. 교회의 일치는 하늘에 있는 존재들이 엿보길 원하는 것이다(엡 3:10). 형제들 간의 사랑은 그들이 하나님의 자녀라는 증거다(요일 3:10).

지역 교회 자체가 복음 전도는 아니다. 그러나 지역 교회는 복음 전도의 능력이어야 한다. 그런 면에서, 복음 증거는 인격적이며, 또한 집단적이어야 한다. 먼저 그것은 인격적이어야 한다. 그것은 단지 누군가를 교회에 데려오는 것이라기보다 인격적 친분 관계 안에서 복음을 설명하는 것이다. 그리고 그것은 집단적이어야 한다. 불신자를 지역 교회와 접촉하게 하지 않는 복음 전도는 복음의 진리에 대한 가장 큰 증언을 무시하는 것이다.

우리의 등불을 말 아래 두고 있지는 않은가

지금까지 한 말들이 매우 매력적으로 들릴 것이다. 하지만 실천에 옮기기는 쉽지 않다. 후기 산업화 시대, 후기 도시화 시대, 후기 기독교 시대에 놓여 있는 지역 교회 공동체가 사회 속에서 관계적 복음 전도를 통해 사람들을 교회 공동체 안으로 불러들이려면 어떻게 해야 할까? 마을 주민들이 서로를 모두 알고 있는 곳에서는 교회의 집단적 복음 전도가 사회의 구석구석을 비춘다. 예수님은 마태복음 5장 14, 15절에서 "너희는 세상의 빛이라 산 위에 있는 동네가 숨겨지지 못할 것이요 사람이 등불을 켜서 말 아래에 두지 아니하고 등경 위에 두나니 이르므로 집 안 모든 사람에게 비치느니라"라고 말씀하셨다.

그러나 인구의 절반, 아니 거의 3분의 2에 해당하는 사람들이 도시에서 익명의 삶을 살아가고 있다면 어떤 일이 일어나는가? 교인들이 대부분 2, 30분 정도 차를 몰고 두세 도시를 거쳐 교회에 나오는 상황이라면 어떻게 될까? 나의 불신자 친구가 알고 있는 그리스도인이 나 한 사람뿐이라면 어떻게 될까? 어떻게 그런 세상에서 우리를 지켜보는 세상 사람들에게 교회의 집단적인 복음 전도를 보여 줄 수 있을까? 우리의 등불을 말 아래에서 꺼내 놓으려면 어떻게 해야 할까?

이것이 이번 장의 나머지 부분에서 다룰 주제다. 먼저 당신이 교회 멤버로서 실천할 수 있고 다른 교회 멤버들에게도 제안할 수 있는 방법들을 살펴볼 것이다. 그러고 나서 교회 지도자가 교회에서 적용할 수 있는 방안들을 살펴볼 것이다. 아무쪼록 여기서 기술하는 내용이 당신의 회중의 집단적 삶이 이 타락한 세상의 어둠을 밝히는 데 조금이라도 도움이 되기를 기도한다.

교회 멤버들을 위한 조언

교인들은 불신자 친구, 직장 동료, 친척, 이웃들에게 교회의 매혹적인 증거를 어떻게 나타내야 할까? 몇 가지 방법을 제안하면 다음과 같다.

교회 안의 삶에 관해 말할 수 있다

불신자 친구에게 교회 안의 삶을 솔직하고 투명하게 보여줄 필요가 있다. 그러면 그 불신자 친구가 교회의 다른 교인들을 만날 기회가 없더라도 목표한 바를 상당 부분 달성할 수 있다. 다시 말해, 당신의 믿음에 관해 대화할 때, 단지 복음을 설명하는 것으로 그쳐서는 안 되며 복음을 통해 형성된 교회 안의 삶에 대해서도 말해주어야 한다. 교회의 추문을 세상에 알리는 일은 피해야겠지만(고전 6장), 그렇다고 해서 기독교적인 삶을 거짓으로 미화할 필요는 없다. 배우자를 존중하면서도 결혼생활의 우여곡절을 솔직하게 말할 수 있는 것처럼 하나님을 영화롭게 하는 방식으로 교회 안의 삶의 영광과 그 현실을 솔직하게 말할 수 있다. 예를 들면, 언젠가 아들의 통학버스가 정차하는 버스 정류장에서 나는 다른 학부형들에게 우리 교회가 한 젊은 어머니의 때 이른 죽음으로 인한 슬픔을 극복해 나가고 있다는 말을 하였다. 또 내가 목사가 되기 전에 직장에 다닐 때, 장로로서의 나의 사역에 대해 몰몬교 신자였던 직장 동료와 함께 긴 대화를 나눈 적이 있다(물론 비밀을 지켜야 할 일들은 입 밖에 꺼내지 않았다). 그가 속한 몰몬교 지방 분회는 31-45세에 해당하는 독신 남성들로만 구성되어 있었다. 따라서 그는 유사성이 아닌 다양성에 근거한 교회의 삶에 많은 흥미를 느꼈다.

불신자 친구들과 교인들을 함께 초청하라

거의 매해 성탄절 아침마다 옆집에 사는 은퇴한 두 남자는 우리 가족과 함께 아침 식사를 한다. 그 자리에는 몇몇 교인들도 참석한다. 그 결과 수년 동안, 나의 두 이웃은 다양한 사람들로부터 복음과 우리 교회에 관한 소식을 들을 수 있었다. 그와 비슷하게 나의 친구

트레버는 매년 자신의 생일을 기회로 이용하여 그가 사는 아파트 내의 중국인 대학원생들이 그의 교회의 공동체와 어울릴 기회를 제공한다. 혹시 당신이 복음을 나누었던 불신자 친구들이 주변에 있거든, 몇몇 교인들과 함께 그들을 식사에 초대하라. 당신의 가족과 몇몇 교인들이 함께하는 야유회에 그들을 초청해도 좋고, 토요일에 교인들과 함께하는 풋볼이나 축구 시합에 그들을 초대해도 좋다. 어떤 교인은 직장 동료들을 불러 몇몇 교인과 더불어 파티를 즐기게끔 배려했다. 그들의 반응은 어땠을까? 그들이 일반적으로 경험하는 것보다 훨씬 더 깊고 현실적인 대화가 이루어지는 것을 보고서, 그들은 교회가 어떤 곳인지 알아보기 위해 주일 아침에 교회에 나오기로 결정했다. 세상 사람들 간의 격의 없는 관계와 참된 그리스도인들 간의 격의 없는 관계 사이에는 큰 차이가 있다. 우리는 이 차이를 과소평가하기 쉽다.

다른 교인들을 초청해서 함께 복음을 전하라

자녀가 다니는 학교의 한 어머니가 복음에 관심을 보이기 시작했다고 가정해보자. 그럴 때는 몇몇 다른 교인들을 불러 그녀와 대화를 나누게 하는 방법을 생각할 수 있다. 당신이 겸손과 사랑을 지닌 사람이라면, 그렇게 하는 것이 자연스러울 것이다. 점심을 함께 먹으면서 그녀를 다른 그리스도인 친구인 애나에게 소개하고, 애나에게 그녀와 요한복음을 함께 공부해보라고 조용히 격려할 수도 있다. 월터가 그리스도인이 되는 것을 지켜보는 기쁨을 함께 공유할 수 있도록 브래디가 다른 사람들을 끌어들였던 것처럼 다른 교인들을 불러 복음 전도에 참여하게 함으로써 모든 사람을 유익하게 하라. 만일 불신자를 혼자서 믿음으로 이끄는 것을 자랑스럽게 여기는 교회 문화가 형성되어 있다면, 그보다 좀 더 나은 본보기를 추구하는 쪽으로 방향을 바꿔보라. 하나님이 당신의 친구 중 한 명을 그리스도께로 인도하실 때, 당신의 교회 공동체가 그를 열렬히 환영함으로써 그 친구가 실제로 누가 자신을 믿음으로 인도했는지 알 수 없을 정도가 되는 그런 교회 문화가 형성될 수 있도록 기도하라.

동네 교회가 되기를 열망하라

교회가 고정된 장소를 갖지 않거나, 거주 지역의 한계 때문에 이 조언이 불필요하게 느껴지는 사람들이 더러 있을 것이다. 그러나 우리 가운데 대다수는 교회를 우리 삶의 지리적인 중심지로 만들 기회를 갖는다. 지금은 그렇게 하기가 불가능해도 나중에는 가능하게 될 사람들도 많이 있을 것이다. 요즘에는 운전면허증을 소지한 인구의 비율이 줄어들고 있고, 걸어서 갈 수 있는 거리에 편의시설들이 있는 동네의 집들의 가치가 높아지고 있고, 복합용도 개발이 유행하며, 은퇴자 주택 지구가 갈수록 늘어나는 추세다. 이 모든 경향은, 지난 몇십 년 동안 최소한 미국에서만큼은 이동 거리가 짧은 동네 중심적인 삶의 형태를 선호하는 인구가 늘어났다는 사실을 방증한다. 그리스도인들은 이런 경향을 환영하고, 거기에 참여해야 한다. 지인들 및 친구들과의 촘촘한 연결망이 구축되면 인식을 형성하고, 헌신을 독려하며, 복음에 관한 실제 대화를 촉진하는 강력한 힘이 발휘된다.

만일 동네 중심적인 사고방식이 비현실적이라면, 다른 교인들의 집 근처로 이사하는 것을 고려해보라. 상하이에 위치한 한 교회에서 온 몇몇 가정은 같은 고층 아파트에 모여 살기로 결정했다. 그들의 끈끈한 관계는, 뿌리에서 단절된 채 소외감을 느끼며 분주한 도시에서 살고 있는 이웃들에게 많은 것을 시사해준다.

교회 지도자들을 위한 조언

지금까지는 어떤 교회의 어떤 멤버라도 활용할 수 있는 방법을 몇 가지 말했다. 이제부터는 교회 지도자들을 위해, 주변에서 지켜보고 있는 세상을 향해 교회의 집단적인 증거를 드러내는 몇 가지 방법을 소개하고자 한다.

교회 예배의 목적을 신자들에게 맞추라

교회 예배의 복음전도적인 초점을 어디에 맞추는가? 혹시 불신자들에게 복음을 직접 설명하고 있는가? 그래서는 안 된다. 교회는 복음을 신자들에게 설명하고 이를 통해 함께하는 공동체의 초자연적인 증거를 강화시켜야 한다. 바울은 고린도전서 14장에서 교회가 모이는 주된 목적은 신자들의 덕을 세우기 위해서라고 분명하게 말했다. 서로의 덕을 세움으로써 하나님을 영화롭게 하는 것이 우리가 하는 모든 활동의 목표다.

교회 지도자로서 당신은 신자보다는 불신자에게 신경을 더 많이 써야만 더 많은 사람을 구원으로 인도할 수 있다는 말을 많이 들어 보았을 것이다. 예배를 짧게 드리고, 설교를 단순화하고, 멤버가 아닌 사람들에게 예배의 기회를 개방하고, 불신자들이 쉽게 참여할 수 있는 강좌를 개설하면 잃어버린 자들을 그리스도께로 인도할 수 있다는 식으로 말하는 사람들이 많다. 그러나 그 말이 사실이라면, 신자들을 세움으로써 하나님을 예배하는 것을 교회의 역할로 강조하는 내용이 신약성경에서 그토록 많이 발견되는 이유가 무엇인지 궁금하다. 복음 전도의 기회를 마련하는 것을 교회가 모이는 주된 목적으로 삼기 시작하면, 다음과 같은 잘못을 저지르게 된다.

- 첫째, 초자연적인 공동체 없이 교회가 세상과 겨루어 불신자들을 끌어오기가 어렵다는 사실을 망각한다. 쾌락과 야망을 추구하는 사람들에게는 주일 아침을 보낼 장소로 교회보다 세상이 더 매혹적으로 비칠 수밖에 없다. 교회는 세상적 방식으로는 결코 세상을 이길 수 없다.
- 둘째, 많은 사회가 후기 기독교post-Christian 사회로 전환되고 있기 때문에 교회에 출석해야 한다는 의무감을 전혀 느끼지 않는 사람들이 헤아릴 수 없이 많다. 이런 사실은 당신이 불신 세상을 향해 그들의 눈높이에 맞추려는 모습을 보여주려고 아무리 애쓰더라도 결국 불신자들과 당신 교회의 교인 사이에 이

미 형성된 관계를 통해서만 그들을 교회로 이끌 수 있다는 것을 의미한다.

- 가장 중요하게는, 지역 교회의 공동체야말로 복음에 대한 가장 큰 확증이다. 세상 사람들에게 복음을 전하기 위한 가장 좋은 전략은, 예배 음악이나 소그룹 모임이나 설교 같은 것을 조정하는 것이 아니라 그들에게 훨씬 더 매력적으로 보이는 공동체의 초자연적인 증거의 불길을 활활 타오르게 만드는 것이다.

일부 교회가 세상에 복음을 전한다는 명목으로 소비자중심주의적인 접근 방식을 받아들인 것은 참으로 아이러니하다. 그것은 단지 자기중심적인 관심을 자극할 뿐이다.

교회 예배에 대한 불신자들의 접근성을 높이라

이 조언은 앞의 조언과 상충되는 것처럼 들린다. 그러나 바울은 고린도전서 14장에서 예배의 주된 목적이 신자들의 덕을 세우는 데 있다고 강조하면서도 예배에 대한 불신자들의 반응에도 상당한 관심을 기울였다(20-25절). 따라서 설교를 할 때는 예배에 참석한 불신자들에게도 말씀을 전해야 한다. 설교하는 본문이 어떤 식으로 불신 세상의 일반적인 전제들에 도전하고 있는지 살펴보라. 기독교적 답변을 요구하는 질문을 던지라. 설교 전체에 걸쳐 복음을 설명하는 방식뿐 아니라 설교 도중의 적절한 시점에 복음을 설명하라.

아울러 예배 진행 도중에 우리가 무엇을 하고 있는지를 설명해주어야 한다. 예배 순서가 바뀌는 지점에서 각각의 예배 요소의 의미를 설명해주는 것이 좋다.

불신자들의 접근성을 높이면 세 가지 중요한 결과가 나타난다.

첫째, 예배에 참석한 불신자들이 예배 순서에 잘 참여할 수 있다 (그들이 외부인으로서 참여한다 하더라도). 이것은 가장 명백한 결과이다. 그들이 스스로 외부인이라고 느끼는 것은 크게 문제가 되지 않는다. 다만 그들이 환영받고 있고, 또 필요한 정보를 잘 제공받고 있다고 느끼게 하라.

둘째, 교인들에게 불신자들이 그곳에 있는 것이 정상적이라는 점을 일깨워줄 수 있다. 그들은 단지 교회에 나왔다는 이유만으로 예배 후에 만나는 사람들이 모두 다 그리스도인이라고 생각하지는 않을 것이다. 그리고 그러한 점들이 그들을 자극하여 교회에 불신자 친구들을 초대하는 것에 대해 생각해보게 할 것이다.

셋째, 교인들에게 불신자들을 대하는 법을 가르칠 수 있다. 당신은 불신자들이 제기하는 반론에 대처하여 호감 가는 태도로 성경을 적용하는 법을 보여주고, 세상의 도전을 오히려 복음을 전하는 기회로 활용하는 방법을 가르칠 수 있다.

"적절히 통제된 자유 시장의 원리"를 교인들의 복음 전도에 적용하라

목사인 당신이 보기에 당신의 교회가 바깥 세상을 교회 공동체에 노출시키는 것은 고사하고, 주도적으로 복음을 전하는 일조차 별로 하지 않는 것처럼 보일 때는 어떻게 해야 할까? 그럴 때 우리는 대개 다음 두 가지 방법 가운데 하나를 선택한다.

- **프로그램 중심적 접근 방식.** 당신은 집단적 복음 전도를 교회의 제도적인 삶 안으로 편입한다. 마을의 커피점이나 양로원에서 정기적으로 복음을 전하거나 수요일 저녁에 가가호호 방문하며 복음을 전하는 방법을 예로 들 수 있다. 목회자는 교역자들과 함께 그런 행사를 주관하고, 예산을 할당하며, 그런 일에 자원할 사람들을 모집한다. 그러나 이 방법은 교인들을 어린애로 취급하는 부작용을 낳을 수 있다. 즉 성령의 인도 아래 성경 말씀을 직접 실천하며 살도록 독려하기보다 기독교적 삶을 살아가는 방법을 일일이 지시하고 알려주는 결과를 낳기 쉽다. 더욱이 이 방법은 복음 전도의 문화를 조성하기 어렵고, 단지 목회자가 제시하는 행사에 참여하도록 독려할 뿐이다.
- **유기적 접근 방식.** 이 방식은 교회의 제도를 매우 단순하게 유지하여 다른 것은 거의 무시하고 오로지 주일 모임에만 초점을 맞춘다. 당신은 복음 전도의 우선성과 공동체적 증언의 능력에 대해 설교하고, 교인들이 그것을 실천에 옮기게 해달라고 기도한다. 그러나 이 방법도 나름의 문제를 안고 있기는 마찬가지다. 첫째, 교인들이 복음 전도 사역이 공적으로 강조되는 것을 경험하지 못한 탓에 그것을 별로 중요하지 않게 생각할 소지가 있다. 둘째, 목사로서 당신은 어떤 복음 전도 방식이

가장 큰 효과를 나타내는지에 대한 어느 정도의 감각을 갖고 있다. 분명 당신은 교인들에게 올바른 방향을 보여주고 싶을 것이다.

내가 생각하기에는 세 번째 접근 방식이 가장 유익할 듯하다. 이 방식에서 우리는 말씀 설교를 통해 교인들을 인도한다. 그 후 우리는 교회 지도자로서 말씀이 어디에서 뿌리를 내려 실천의 꽃을 피우는지를 관찰하고, 관찰한 바에 응답하여 교회의 자산을 가장 전략적인 곳에 집중적으로 투자한다. 교회의 자산으로는 재정, 주중 기도 모임이나 온라인 게시판을 통해 자원봉사자들을 모아 조직화하는 일, 설교를 적용할 때 교인들의 적극적인 활동을 강조하는 일, 집사들을 세워 다양한 활동들을 촉진하는 일 등이 포함된다.

이 접근 방식에서 교회 지도자들은 반응적인 태도를 취한다. 즉, 교회 지도자들은 교인들이 행하기로 선택한 일에 반응한다. 이것은 수동적인 태도와는 다르다. 교회 지도자들은 교인들이 제안한 생각 가운데 관심을 기울여야 할 가치가 있는 것들을 적극적으로 권장한다. 이것이 곧 "적절히 통제된 자유 시장의 원리"를 적용한 방식이다. 이것은 말 그대로 자유 시장적이다. 즉, 교인들에게 (프로그램 중심적 접근 방식의 경우처럼) 그리스도의 지상명령을 실천하는 방법을 일일이 지시하기보다 성령께서 하나님의 말씀을 통해 역사하시는 가운데 무엇이 자연스럽게 형성되어 나가는지를 유심히 지켜보며 이에 반응한다. 그러나 이 방식은 아무런 통제 없는 자본주의와는 다르다. 이 방식은 교인들이 제시한 것들 중에 가장 좋은 생각을 신중하게 가려 지원하고, 그런 일에 교회의 자산을 아낌없이 투자하는 것을 의미한다.

내가 경험한 것을 한 가지 예로 들면 다음과 같다. 몇 년 전에, 몇몇 교인이 인근의 대학교에서 영어 강좌를 시작해보자고 제안했다. 성경을 교재로 사용해 학생들에게 영어를 가르치자는 생각이었다. 이 사역이 번창하면서 관계적이고 집단적인 복음 전도의 좋은 본보기가 되었다. 우리는 해외 유학생들을 일대일로 지도하면서 그들에게 교회 공동체를 소개하는 방식을 취했다. 장로들은 교인들과 그 사역에 관해 더 많은 대화를 나누었고, 그 일을 지원하기 위해 교회의 예산을 투입했다. 그러자 재미있는 상황이 벌어졌다. 처음에 학생들이 그 모임을 단순한 영어 강좌로만 알고 있었을 때는 참여 학생들의 숫자가 매우 적었는데, 성경을 가르치는 그리스도인들이 영어를 가르친다는 소문이 대학 내에 퍼지자 오히려 참석 학생의 숫자가 100명 이상으로 늘어났다. 교인들은 그 학생들 모두와 일대일의 멘토링 관계를 맺었다. 우리는 또한 집사를 세워 그 모든 사역을 조율하고, 관장하게 했다. 그 결과, 날이 갈수록 점점 더 많은 학생들이 그리스도를 믿게 되는 것을 목격했다.

앞으로 몇 년이 경과하면 이 방식에 대한 관심이 줄어들고, 다른 방법이 좀 더 전략적인 복음 전도의 방식으로 입증될 가능성도 없지 않다. 그럴 경우, 교회 지도자들은 교인들에게 새로운 방향을 제시해야 한다. 그러나 하나님을 찬양할 것은, 회중 가운데 하나님께서 역사하심으로 일어나는 새로운 복음 전도 방식과 함께 문화가 자리잡는다는 것이다. 그것은 복음 전도와 공동체적 복음 전도를 정상으로 간주하는 문화이다.

인내하면서 하나님의 말씀이 당신의 회중 안에 어떤 복음전도적 방식을 일으키기를 기다리라. 그리고 그것이 뿌리내리는 것을 보거든, 그에 반응하여 그 최선의 형태를 권장하라.

함께 복음을 전할 수 있도록 교인들을 훈련하라

나는 우리 교회에 등록하는 데 관심을 보이는 신자들과 대화를 나눌 때마다, 그들에게 나를 상대로 복음을 말해보라고 요청한다. 그럴 때면 참으로 많은 열심 있는 그리스도인들이 복음을 설명하는 데 애를 먹는 것을 보고 놀라곤 한다. 다행히도, 모범적인 복음 제시문과 복음 전도 훈련 방법을 설명한 좋은 자료들이 많이 있다.[2]

그러나 그런 훌륭한 자료들조차도 한 가지 중요한 것을 빠뜨릴 때가 많다. 그런 방법과 수단들은 복음 전도를 집단적 활동으로 언급하지 않는다. 따라서 전도 훈련을 할 때는 복음 전도가 교회라는 맥락 속에서 어떻게 작용하는지를 설명해주어야 한다. 교회 안에서 발견되는 본보기들을 강조하고, 서로 이웃에 살고 있는 신자들끼리 힘을 모아 기독교를 소개하는 모임을 주관하는 것과 같은 부가적인

---

2. 샘플을 보려거든 www.9marks.org/journal/evangelism-course-comparison-guide 을 방문하라.

아이디어를 제안하라. 십자가에 의해 형성된 공동체와 분리된 채로 십자가의 메시지를 전하는 것이 얼마나 불행한 일인지를 깨닫게 하라.

결론: 교회 문화의 깊이를 추구하라

어떤 교회들은 복음 전도를 크게 강조하며 가장 중요한 위치에 올려놓는다. 그들은 앞장서서 복음 전도를 이끌며, 적극적으로 독려한다. 그러나 그런 교회들에 대해 더 알게 되면, 교회가 지원하는 공식적인 행사 이상의 결과가 일어나지 않고 있음을 발견할 때가 많다.

그와는 달리 우리는 잃어버린 자들에 대한 열정이 그 인격성의 핵심인 교회를 원한다. 즉 우리는 웹사이트에 표어를 내걸고, 로비에 안내 책자를 비치하고, 주일에 찬양을 드리면서 중간중간에 설명과 정보를 제시하는 것은 없을 수도 있다. 그러나 교회의 속을 들여다보며 이곳저곳을 찔러보면 복음 전도의 열기가 물씬 느껴지는 그런 교회를 원한다. 그런 교회는 교인들이 친구들과 이웃들과 친척들에게 열심히 복음을 전하고, 기회가 있을 때마다 교회 공동체를 복음 전도의 현장이자 수단으로 활용한다. 그런 교회는 겉보기에는 그렇게 화려하지 않더라도 깊은 문화를 간직하고 있다. 이것이 우리의 목표다.

그러나 여기서 멈춘다면 성경적인 공동체가 지역 교회 안에서 무엇을 할 수 있는지 온전히 본 것이 아니다. 지역 교회는 복음 전도를 위한 현장이자 수단일 뿐 아니라 복음 전도의 목표이기도 하다. 다시 말해, 우리는 교회 개척을 통해 지상명령을 완수해야 한다. 어떻게 성경적인 공동체가 새로운 교회 설립이라는 추수로 연결될 수 있을지 탐구하는 것이 이 책의 마지막 장인 다음 장에서 다룰 주제다.

12장

천국의 공동체를 위해 당신의 공동체를 쪼개라

교회 공동체는 그 자체로 목적이 아니다. 그것은 다른 사람들을 위한 축복의 통로가 되어야 한다. 천체물리학에서 비유를 든다면, 교회 공동체는 모든 것을 흡수하는 블랙홀이 아니라 빛을 뿜어내는 퀘이사와 같다. 교회 공동체가 형성되는 이유는 에너지를 밖으로 내뿜기 위해서다.

앞서 11장에서 그런 일이 발생하는 한 가지 방식을 살펴보았다. 즉, 공동체가 복음 전도에 연료를 공급할 때 생겨나는 결과를 살펴보았다. 그러나 복음 전도만으로는 우리의 소명을 온전히 이룰 수 없다. 예수님이 마태복음 28장에서 지상명령을 하달하셨을 때 제자들은 단지 복음을 전하기만 한 것이 아니다. 그들은 교회를 개척했다. 디도서 1장 5절에서 알 수 있는 대로 바울은 장로들이 세워져 교회가 설립되기 전까지는 자신의 선교 사역이 완료되었다고 생각하지 않았다. 당신의 교회 공동체는 지역적으로 그리고 전세계적으로 다른 교회 안에 새로운 공동체를 낳음으로써 다른 사람들을 축복하는 통로가 되어야 한다. 이것이 이 마지막 장의 주제다.

요거트 만들기

교회 개척은 요거트를 만드는 것과 비슷하다. 조리법에 따라 재료들을 넣는 것만으로는 요거트를 만들 수 없다. 요거트를 만들기 위해서는 살아 있고, 생기 있는 배양 환경이 필요하다. 이미 만들어진 요거트를 약간 따뜻한 우유가 담긴 용기에 집어넣어야 한다. 그후 몇 시간이 지나면 요거트가 배양되기 시작하고 새로운 요거트가 만들어진다.

우리는 먼 곳에 교회를 개척하려는 경향이 있다. 우리는 미전도 종족에게로 향하는 선교사를 후원하기 위해 돈을 보낸다. 또는 훈련을 위해 교회 개척자를 파송하고 그가 새로운 교회를 시작하면 그를 위해 기도한다. 그러나 때때로 우리는 요거트를 만들 기회를 갖는다. 우리는 우리 교회의 활력 넘치는 교회 문화를 새롭고, 건강한 교회 공동체 안으로 이식시킬 수 있다. 이것이 이번 장의 제목을 "천국의 공동체를 위해 당신의 공동체를 쪼개라."로 잡은 이유다. 때로 우리가 그분의 나라를 위해 할 수 있는 가장 전략적인 사역 가운데 하나는 하나님이 허락하신 소중한 공동체를 쪼개는 것이다. 그렇게 세워진 새 교회는 우리 스스로 할 수 있는 것보다 훨씬 더 효과적으로 복음을 증거할 수 있다. 이것은 해외에 교회를 개척하는 것일 수도 있고, 같은 지역 안에서 일어날 수도 있다. 예를 들면, 같은 지역에 사는 십여 가정이 부목사와 한두 명의 장로와 함께 교회를 떠나 그들의 집 근처에서 새로운 교회를 시작할 수 있을 것이다.

이 일을 해야 하는 이유는 무엇일까? "요거트 만들기 방식"이 선교사를 후원하거나 교회 개척자를 양성하는 것보다 더 매혹적인 이유가 무엇일까? 그 이유는 교회 공동체를 형성하는 것이 길고도 어려운 일이기 때문이다. 사실 새로운 교회가 결정해야 할 사항들은 참으로 많다.

- 그들은 성경에서 어떤 지도 체제를 보는가?
- 등록 교인이 되려면 어느 정도 수준의 신학적 동의가 요구되는가?
- 목회적 돌봄과 관련하여 소그룹은 어떤 역할을 담당할 것인가?
- 성경에서 이혼과 재혼은 언제 허락되는가?
- 공예배는 어떻게 구성되어야 하는가?
- 교회의 삶 속에서 구제 사역은 어떤 역할을 할 것인가?

이 외에도 많은 사항들이 있다.

그러나 이미 존재하는 건강한 교회 공동체를 한 번 생각해보라. 그곳에서 당신은 신학적 합의를 발견할 뿐 아니라 "교회 운영"이 어떠해야 하는지에 대한 합의를 발견할 것이다. 기존의 교회 공동체는 논란의 여지가 있는 여러 가지 문제에 대해 공통된 관점을 지니고 있을 뿐 아니라 건강한 등록 교인의 자격 기준에 대해서도 많은 점에서 생각이 비슷하다는 긍정적인 측면이 있다. 그런 합의를 토대로 교회를 개척하는 것은 참으로 크나큰 이점이 아닐 수 없다.

요즘에는 회중의 일부를 "떼어내서" 새 교회를 개척하는 분립 개척이 그다지 새로운 현상은 아니다. 이 책에서 아마도 새로운 것이 있다면 교회 공동체의 철학이 그러한 분립 개척에 어떻게 영향을 미치는지에 관한 내용일 것이다. 만일 우리가 마음 먹은 대로 공동체를 제조해 낼 수 있다면, 인간적으로 가능한 만큼 최대한 빠르게 교회들을 개척해야 한다. 어떤 교회든 아무 때나 단지 교회를 둘로 나누기만 하면 교회를 개척할 수 있다. 결국 이런 유형의 공동체는 얼마든지 쉽게 다시 세울 수 있다. 그러나 내가 지금까지 설명한 공동체는 쉽게 제조해 낼 수 있는 것이 아니다. 그것은 하나님이 자라게 하심에 따라 우리가 가꾸어 가는 것이다. 우리는 자신을 공장 근로자처럼 생각할 게 아니라 살아 있는 포도나무를 분별력 있게 자르고 접붙이는 포도 재배자처럼 생각해야 한다. 교회 개척에 관한 우리의 접근 방식은 교회 공동체가 성장하고 왕성하게 되는 이치를 옳게 이해하는 바탕 위에 형성되어야 한다.

당신의 교회 공동체는 복제할 준비가 되었는가

당신은 당신의 교회가 교회를 개척할 준비가 되어 있는지를 묻는 가장 기본적인 단계에서부터 출발해야 한다. 목회자들은 자기 교회와 똑같은 "유전자"를 가진 교회를 개척하고 싶다고 종종 말한다. 훌륭한 목표다. 그러나 과연 그 유전자가 복제할 가치를 지니고 있는지 진지하게 물어볼 필요가 있다. 바꾸어 말하면, "기존의 교회 공동체를 그대로 옮겨 심듯이 새 교회를 개척한다고 할 때 그것이 축복이 되기에 충분한 요소를 지니고 있는가?"라는 문제다. 각자 자신의 교회와 관련해 아래의 질문들에 대한 대답을 고려해보라.

1. 당신의 회중은 복음을 명확하게 알고 있는가? 아무 교인이나 붙들고 십자가의 복음이 무엇이냐고 물어보면 그들이 어떻게 대답하리라 생각하는가? 설령 교인들이 모두 새신자라고 하더라도 이 질문에 잘 대답하지 못할 이유는 전혀 없다. 그러나 실제로는 그렇지 못한 교회들이 많다.

2. 교회가 불신자들에게 복음을 전하고 있는가? 교회 개척은 복음 전도의 자연스러운 결과물이다. 복음 전도가 없으면 교회 개척은 잘 이루어질 수 없다.

3. 교인들이 서로에게 하나님의 말씀을 가르치는가? 성경으로 서로를 권고하는 것이 정상적인 일로 간주되는 교회 문화가 형성되어 있는가?

4. 교회가 서로를 죄에서 보호하는 책임을 진지하게 감당하고 있는가? 성도들의 대화가 자신을 솔직하게 드러내면서 동시에 은혜를 높이는가?

5. 교회 안에서 이루어지는 목양 사역의 대부분이 교인들에 의해 이루어지고 있는가? 일반 교인들이 이미 개입하고 있지 않은 지점에서 목회적 문제가 불거져 목사에게까지 전달되는 경우는 드문 일인가?

6. 자연적인 유대감만으로는 설명할 수 없는 관계의 넓이와 깊이가 뚜렷하게 드러난 상태인가? 그런 유형의 상호 관계가 교회의 특징으로 굳어졌는가?

7. 당신의 회중은 교회의 리더십을 신뢰하는가? 아니면 지도자들이 뭔가 부담스러운 결정을 내릴 때마다 아직도 여전히 의견이 분분한가?

만일 위의 일곱 가지 질문에 "그렇다" 또는 "대체로 그렇다"로 답할 수 없다면, 당신 교회의 유전자는 아직 복제할 가치가 없는 것이 아닌지 우려된다. 물론 국내외에서 이루어지는 교회 개척을 후원함으로써 지상명령에 동참할 수도 있고, 교회 개척자들을 양성해 다른 곳에서 선한 일을 하게 할 수도 있다. 심지어 건강하지 못한 교회조차도 훌륭한 목회자와 선교사를 배출할 수 있다. 그러나 회중으로서 당신의 공동체가 새로운 교회를 개척할 준비가 되려면 좀더 성숙할 필요가 있다. 지금 속도를 늦추면 당신은 아마 당신 교회의 수명을 넘어서 먼 훗날에까지 훨씬 더 많은 열매를 맺을 수 있을 것이다.

그러나 나는 교회를 복제하는 데 필요한 성숙도의 기준을 특별히 높게 설정한 것이 아니다. 나는 이 책을 읽는 대부분의 사람들이 "네. 하나님은 초자연적인 매력을 지닌 교회 공동체를 창조하셨습니다."라거나 "네. 우리 교회는 복제할 가치가 있는 유전자를 지니게 된 단계에 도달했어요."라고 말할 수 있기를 희망한다. 그런 당신에게 또 다른 도전이 아직 남아 있다. 그것이 이 책의 남은 부분에서 다룰 주제다. 하나님이 우리 교회 안에 놀라운 공동체를 이미 건설하셨다면, 그것을 교회 개척에 적용해 결실을 얻기 위해 어떻게 해야 하는가? 나는 이 질문에 세 가지로 나눠 대답하겠다.

교회 개척 이상의 것을 생각하라

첫째, 교회 개척 이상의 것을 생각해야 한다. 우리 교회가 있는 지역에는 곳곳에 교회들이 즐비하다. 하나님의 은혜로 그 교회들 가운데 일부는 복음을 충실하게 전하고 있지만, 대부분의 교회는 그렇지 못하다. 우리는 그렇지 못한 교회들을 1세기 바울 당시의 회당처럼 생각할 수 있다. 그들은 하나님을 경외하는 자들이었지만 복음을 알지 못하는 유대인들과 같다. 그들은 자기들이 문제가 있는데도 전혀 그렇지 않다고 생각한다. 더욱이 그들은 예수님이 수다쟁이나 중상과 험담을 일삼는 자나 간음을 저지른 자가 전혀 아닌데도 마치 그분이 그런 분인 것처럼 주위 사람들에게 거짓말을 해왔다. 우리 가운데 누군가가 그런 교회들을 도우려고 해야 한다. 사실 그런 개혁적인 상황은 요거트 만들기 방식의 교회 개척에 매우 적합하다. 교회 문화가 전혀 존재하지 않는 곳에서 처음부터 새롭게 교회를 개척하는 교회 개척과는 달리 교회 재활성화는 건강하지 못한 교회 문화를 더욱 성경적인 교회 문화로 대체하는 것이다. 그것을 목표로 세우면 교인들 가운데 일부를 통해 전달되는 교회 문화가 매우 중요한 자산이 될 수 있다는 것을 알게 될 것이다. "요거트 만들기" 상황하에 있다면, 새로운 교회를 개척하기보다 기존의 교회를 재활성화하는 독특하고, 전략적인 기회를 추구하라고 강력히 권하고 싶다.

그런 일은 어떻게 해야 할까? 교회 인수합병은 답이 아니다. 먼저 자신이 속한 지역 안에서 죽어가는 교회가 새롭게 시작할 수 있도록 돕기 위해 기꺼이 재정과 목회자와 교인들을 지원하기를 좋아하는 교회로 알려질 필요가 있다. 또 죽어가는 교회를 자기 교회의 복제판으로 만들려는 것이 아니라 새로운 유전자를 형성해 그것이 속한 자리에서 잘 성장하는 모습을 지켜보는 것이 목표라는 것을 분명히 해야 한다. 만일 그런 일을 할 기회가 주어졌다면 아래의 몇 가지 지침을 참고하기 바란다.

1. 말씀에 충실한 설교를 보장할 수 있을 때만 교회 재활성화를 고려하라. 초자연적인 공동체는 초자연적인 믿음과 함께 시작되고, 초자연적인 믿음은 하나님의 말씀을 듣는 데서 비롯된다는 것을 잊지 말라. 영적 부흥을 원한다면 견실한 말씀 선포가 필요하다.

2. 장로들 가운데 일부를 보내라. 우리 교회가 처음 그런 일을 시도했을 때 우리는 죽어가는 작은 교회에 유능한 목회자 한 사람과 수십 명의 신실한 교인들을 보냈다. 사역은 잘 진행되었지만 파송된 목회자에게 장로들이 필요하다는 사실이 분명해졌다.[1] 그 후로 우리는 장로들 가운데 일부가(그리고 장로에 근접한 역할을 이미 하고 있는 남성들이) 함께 가겠다고 나서지 않으면 교회 재활성화 사역을 시도하지 않았다.

3. 새 교회를 통제할 의도가 없다는 것을 분명히 하라. 제국을 건설하려는 듯한 인상을 심어주는 것보다 다른 교회를 돕는 것을 더 크게 방해하는 것은 없다. 당신의 역할은 그런 교회들을 인수합병하는 것이 아니라 돕는 것이다. 새 교회로 보낸 교인들은 그곳에서 주로 가르침을 받기 때문에 헌금도 주로 그곳에 해야 한다(갈 6:6). 당신의 교회가 새 교회의 결정에 거부권을 행사할 수 없다는 것을 제도적으로 보장하라.

4. 자유롭게 협력하라. 새 교회가 당신 교회의 일부가 아니라고 해서 일도 함께 할 수 없는 것은 아니다. 새 교회가 원할 때는 자유롭게 조언을 제공하라. 그들이 순조롭게 출발하도록 재정도 지원하고, 행정 직원들의 도움도 제공하고, 상담 사역을 활용할 수 있도록 배려하며, 장부 정리나 시설 운영도 돕고, 선교

---

1. 당시의 일에 관해 자세히 알고 싶으면 다음 자료를 참조하라. Mike McKinley, *Church Planting Is for Wimps* (Wheaton, IL: Crossway, 2010).

여행에도 참여하도록 초청하라. 적어도 처음에는 새 교회가 당신 교회의 모든 기능을 그대로 다 복제할 이유는 없다.

감당할 능력이 있는지 잘 따지라

둘째, 교회 개척이든 교회 재활성화든 모교회에 가해지는 압력의 정도를 고려해야 한다. 지금까지 이 책에서 논박해 온 유사성에 근거한 사역은 헌신의 수준이 낮기 때문에, 그런 사역을 추구하는 교회에서는 뚜렷한 압력이 관찰되지 않을 수도 있다. 비교적 수준이 낮은 공동체는 쉽게 세울 수 있다. 그러나 이 책에서 말한 바람직한 공동체를 세우기를 원한다면, 오랫동안 성장해 온 교회를 새로운 교회에 옮겨 심는 과정에서 모교회에 미치는 영향이 심각하기 마련이다.

때로는 이 점을 고려하는 것이 불필요할 때도 있다. 새로운 교회를 세울 절호의 기회가 발견되고, 또 그것이 전략적으로도 아주 좋은 기회라서 당신의 교회는 어떤 희생을 치르더라도 그 기회를 살리기 원하는 경우이다. 그러나 대개는 오랫동안 성장해야 하는 공동체의 자체적인 필요와 건강한 교회를 다른 곳에 세울 기회 사이에 균형을 유지해 나가는 것이 필요하다. 교회 개척이 당신의 교회가 감당할 수 없을 정도의 압력으로 작용하지 않도록, 모교회의 건강 상태를 모니터하는 방법을 몇 가지 소개하면 다음과 같다.

1. 장로들과 함께 교회 문화의 다양한 요소들을 정기적으로 점검하라. 제자화 문화는 어떤가? 복음 전도 문화는 어떤가? 교인들이 서로를 잘 돌보고 있는가? 교인들이 정직한 태도로 영적 대화를 나누는 데 익숙한가?

2. 새신자 인터뷰에서 교회의 분위기에 대해 물어보라. 교회 문화는 가르치는 것이라기보다 느껴지는 것이다. 새신자들과의 대화는 교회 문화가 얼마나 잘 유지되고 있는지를 가늠하는 데 큰 도움이 된다.

3. 장로 후보자들의 자질을 평가하라. 유망한 후보자들을 너무 빨리 교회 개척에 투입하는 바람에 교회 안에 그 중요한 직임을 맡을 사람들이 거의 남아 있지 않은가? 아니면 향후 장로가 되어 교회를 섬길 만한 사람들이 아직도 어느 정도 남아 있는가?

4. 장로들과 등록 교인들의 평균 재적 기간을 점검하라. 교회를 분립 개척하면 새로운 사람들이 빠져나간 장로들과 등록 교인들의 자리를 채워야 한다. 평균 재적 기간에 큰 폭의 변동이 발생할 것으로 예상되면 교회 개척의 속도를 늦추는 것이 좋다. 왜냐하면 일반적으로 등록 교인으로 오래 남아 있는 사람들이 교회 공동체의 조직 구성에 더 중요하기 때문이다. 만일 그 수치가 높아지는 추세라면 회중이 좀 더 신속하게 교회 개척을 시도하게 독려해도 괜찮다.

5. 교회 지도자들의 자질을 고려하라. 기존의 교회 지도자들이 교회 개척을 위해 떠나고, 다른 사람들이 그 자리를 메우는 것은

모두의 영적 성장에 도움이 될 수 있다. 그러나 교회 안에 남아 있는 성숙한 지도자들의 수가 충분하지 않다고 판단되면 교회 개척의 속도를 늦추는 것이 좋다.

6. 당신 자신의 성향을 파악하라. 당신은 회중의 일부를 잃을 준비가 되어 있지 않은 보수적 성향을 지닌 목회자인가? 아니면 "내 사전에 '너무 빠르다'라는 단어는 없다."라는 사고방식을 지닌 목회자인가? 나머지 장로들과 함께 당신 자신의 성향에 관해 대화를 나누고, 그들이 당신의 부족한 부분을 보완하게 하라.

떠나는 사람들을 목양하라

마지막으로 목사는 교인들이 머물 것인지 떠날 것인지 잘 결정하도록 도와야 한다. 만일 교회 안에서 성경적인 공동체를 건설하기 위해 노력해 왔다면 그런 결정은 많은 교인에게 큰 도전으로 다가올 것이 분명하다. 교인들은 자기들이 사는 장소나 앞으로 살아갈 장소를 고려해야 하고, 또 교회 안에서 어떤 형태의 관계를 맺을 것인지, 관계를 형성하는 것이 얼마나 수월할 것인지, 자신들이 영적으로 얼마나 잘하고 있는지 등 여러 요소도 아울러 고려해야 한다. 목사는 교인들이 그런 문제를 잘 결정하도록 지도해야 한다. 그 출발점으로, 다른 곳에서 새로운 복음 사역에 참여하기 위해 교회를 떠나야 할지 고민하던 우리 교회 교인들에게 내가 던졌던 질문들 가운데 유익하다고 생각되는 열 가지 질문을 제시하면 다음과 같다.

1. 무엇 때문에 그 교회 개척이나 교회 재활성화에 참여하려고 하는가? 이런 상황에서는 단지 교회에 남아 있는 것이 죄스러운 느낌이 들어서라거나 교회와 관련된 모종의 문제를 회피하기 위해서라는 이유가 아닌 뭔가 분명한 긍정적 이유를 제시할 수 있어야 한다.
2. 지금 합류하려고 하는 그 교회의 사역 철학과 신학에 동의하는가?
3. 새 교회가 불신자 친구들을 데려갈 수 있는 곳인가?
4. 지금 당신의 영적 상태는 어떠한가? 만일 빠르게 성장하는 중이라면 지금 있는 곳에 그대로 머물러 있는 것이 좋다. 좋은 일을 멈추지 말라. 또 영적으로 잘 성장하지 못하는 상태라면 지금 있는 곳에 그대로 머물러 있으면서 현재의 교회를 통해 도움을 받도록 하라. 그러나 영적 상태가 좋고 기존 교회에 머물러야 할 특별한 이유도 없다면, 교회를 떠나 새로운 사역에 참여해도 좋다.
5. 새 교회가 당신의 상황에 더 적합한가? 더 작은 규모, 당신이 채워줄 수 있는 그곳의 필요, 손쉽게 다가갈 수 있는 사역 기회 등으로 인해 열정이 생긴다면 교회 개척이나 교회 재활성화를 위해 현재의 교회를 떠날 좋은 동기부여가 될 수 있다.
6. 현재 교회에서 어떤 사역을 담당하고 있는가? 당신이 특별한

사역을 담당하고 있다면, 교회를 떠나기 전에 더 신중해야 한다. 아울러 복음 전도나 제자화나 권면 사역 등에서 당신이 현재 사역을 하기보다 사역을 받는 역할을 감당하고 있다면, 새 교회로 옮긴다고 해도 당신의 상황이 별반 달라질 것이라고 기대할 만한 근거는 거의 없다. 현재 많은 열매를 맺고 있고, 다른 곳에 가면 훨씬 더 많은 열매를 맺을 것으로 생각되는 사람이어야만 교회를 떠날 후보자로서 가장 적합한 사람이다.

7. 힘을 보태 돕고 싶은 특정한 교회 개척자가 있는가? 만일 그 목회자나 선교사를 따라 새로운 복음 사역에 참여하기 위해 현재의 직업을 버리고 가족과 가정을 다른 곳으로 옮기면, 당신은 그 사역자에게 참으로 큰 격려가 될 것이다.

8. 교회 근처에 살고 있는가? 현재 당신의 교회가 집에서 멀면 멀수록 집 가까이에 있는 교회로 옮기면 하나님의 나라를 더 잘 섬길 수 있을 것이다.

9. 교회에서 다른 신자들과의 관계는 어떤가? 깨진 관계를 회피하기 위해 교회를 떠나려고 한다면 몇 년 후에는 새 교회에서도 똑같은 문제에 부딪히게 될 가능성이 크다.

10. 당신은 무엇을 원하는가? 하나님이 어떤 소원을 주셨는가? 우리는 그리스도 안에서 자유를 누린다. 우리 앞에 놓인 좋은 선택이 한 가지 이상일 때가 많다. 그런 자유를 허락하신 하나님을 찬양하라.

결론 : 축복하기 위해 축복받는

외부 지향적인 교회를 강조하는 책들도 많고, 풍성한 교회 공동체를 강조하는 책들도 많다. 그러나 "외부 지향적인" 신자들 가운데는 공동체의 변화를 일으키는 초자연적인 능력을 무시하는 것처럼 보이는 사람들이 많다. 그들은 교회를 한갓 복음 전도나 교회 개척의 수단으로 간주한다. "풍성한 공동체"를 주장하는 신자들도 그것을 잘못 이해할 때가 많다. 따뜻하고, 잘 보살피고, 심신의 치료에 유익한 교회 공동체가 그 자체로 목적이 되면, 교회의 가장 본질적인 목적이 교회 외부에 있다는 사실이 모호해진다.

시편 67편 1, 2절은 그런 잘못을 바로잡을 수 있는 신선한 깨우침을 제공한다.

"하나님은 우리에게 은혜를 베푸사 복을 주시고 그의 얼굴 빛을 우리에게 비추사(셀라) 주의 도를 땅 위에 주의 구원을 모든 나라에 알리소서."

왜 하나님께 복을 구하는가? 하나님이 그의 얼굴 빛을 우리에게 비추시길 구하는 아론의 축복 기도를 드리는 이유가 무엇인가? 우리의 위로나 만족이나 영광을 위해서인가? 그렇지 않다. 그 이유는 "주의 도를 땅 위에 주의 구원을 모든 나라에 알리기" 위해서다. 하나님이 우리에게 복을 주사 교회 공동체가 초자연적인 특성을 지니게 해달라고 기도하라. 또한 교회 공동체가 복음 전도와 교회 개척을 통해 교회 밖 멀리에서까지 열매를 맺게 해달라고 기도하라.

맺는 글

《반지의 제왕》을 책으로 읽는 것과 피터 잭슨이 각색한 영화로
보는 것의 차이는 무엇일까? 순수주의자라면 누구나 영화가 톨킨의
대작을 옳게 묘사하지 못했다고 생각할 것이다. 사실이다. 그러나
책도 영화를 대신할 수는 없다. 그렇지 않은가? 책을 얼마나 잘 알
고 있든 상관없이 영화는 그 나름대로 매혹적이다. 오직 책만을 읽
으라거나 영화만을 보라고 말할 수는 없다. 읽는 것과 보는 것은 서
로 강력한 협력 관계를 형성한다.

하나님의 말씀과 교회 공동체 사이에도 그와 비슷한 협력 관계가
존재한다. 이 둘의 협력 관계는 종교개혁을 통해 정확히 재조명되
었다. 종교개혁자들은 예수님이 교회를 세우고, 천국의 열쇠를 주셨
다고 말씀하는 마태복음 16장 17-19절을 근거로 "참 교회의 두 가
지 표징"을 제시했다. 하나는 올바른 말씀 선포이고, 하나는 성례의
집행이었다. 개신교 신자들에게 성례는 교회 공동체를 외부와 구분

하여 특징짓는다. 우리는 세례(또는 침례)를 통해 교회 공동체 안으로 들어가고, 성찬은 우리가 그 안에 계속 머물러 있다는 것을 입증한다. 내 친구의 표현대로, 세례(또는 침례)는 그리스도인의 출생증명서와 같고, 성찬은 여권과 같다. 분명히 하나님의 말씀은 교회를 위한 모든 생명의 원천이다. 그러나 종교개혁자들은 교회를 정의하면서 올바른 말씀 선포(우리가 듣는 것)와 올바른 성례 집행(우리가 보는 공동체)의 협력 관계를 강조했다.

내가 이 책을 쓴 이유는 보는 것의 중요성을 망각한 사람들이 너무나도 많다는 우려 때문이다. 어떤 교회는 사람들을 끌어들이는 일에만 지나치게 관심을 기울인다. 그들은 사람들이 일단 교회에 나오기만 하면 복음을 들을 수 있을 것이라고 믿고, 사람들을 끌어들이기 위해 무슨 일이든 하려고 한다. 그러나 단지 사람들이 와서 복음을 듣기를 바라는 그들의 소망은 결국 볼 만한 가치가 없는 맥빠진 공동체를 양산하였다. 또 어떤 교회는 말씀을 정확하게 설교하는 것으로 중요한 일을 다 했다고 생각한다. 그들의 공동체는 율법주의나 순응주의로 치우치는 탓에 우리가 성경에서 발견하는 활력을 잃어 버렸다. 한 마디로 우리가 듣는 것은 영광스럽고 웅장한데 우리가 보는 것은 당혹스러울 만큼 초라하다.

나는 하나님의 말씀의 완전성을 믿는 교회 지도자들을 위해 이 책을 썼다. 내가 이 책을 쓴 목적은 듣는 바 말씀을 볼 수 있는 공동체로 전개해 나가도록 도움으로써, "너희가 서로 사랑하면 이로써 모든 사람이 너희가 내 제자인 줄 알리라"라는 말씀이 이루어지게 하기 위해서다. 이 사실을 염두에 두고 지금까지 논의해 온 내용을 간략히 요약하면 다음과 같다.

- 1장은 모든 공동체가 다 똑같지는 않다고 말한다. 어떤 교회들은 전적으로 자연적인 수단들로부터 유래하는 "복음 플러스" 공동체만을 형성하고 있다. 그러나 우리는 우리가 듣는 말씀의 능력을 우리가 보는 공동체를 통해 나타내는 "복음을 드러내는" 공동체를 지향해야 한다.

- 2장은 사람들이 교회 안에서 보는 것이 초자연적이지 않을 때 복음을 듣는 것에 어떤 영향이 미쳐지는지를 논의한다. 그런 경우에는 복음 전도가 훼손된다. 그 이유는 교회 공동체가 복음의 진리를 가장 잘 증언하는 수단이기 때문이다. 또 제자화가 훼손된다. 그 이유는 하나님이 우리의 신앙을 보존할 목적으로 제공하신 보통의 수단이 우리가 볼 수 있는 공동체이기 때문이다. 교회 공동체는 우리가 듣는 말씀을 강화한다.

- 3장은 공동체를 지탱하는 헌신의 깊이를 논의한다. 편안함에 근거한 헌신에 기반하여 형성된 공동체는 주변 세상과 별반 다를 것이 없다. 그러나 소명에 근거한 헌신(멤버십)은 자연적인 것을 초월하는 깊이를 지닌 관계를 조성한다. 그리고 우리는 그것을 볼 수 있다.

- 4장은 교회 공동체 안의 넓이를 논의한다. 유사성에 근거한 사역도 공동체를 형성하기는 하지만, 그런 공동체는 바깥세상과

그다지 다를 것이 없다. 그러나 하나님의 말씀을 믿는 참 신앙은 현저하게 두드러진 다양성을 지닌 공동체를 형성한다.

- 5장은 우리가 듣는 것과 우리가 보는 것의 상호 작용에 초점을 맞춘다. 올바른 말씀 선포는 하나님의 백성의 올바른 공동체를 조성하는 것을 목표로 한다.

- 6장은 기도를 주제로 다룬다. 하나님의 영께서 보이지 않는 사역을 행하심으로 말미암아 볼 만한 가치를 지닌 공동체가 형성되게 해달라고 어떻게 함께 기도할 수 있을까?

- 7장은 영적으로 의도적인 관계를 추구하는 교회를 조성하기 위한 실천적인 방법을 논의한다. 그런 패러다임 안에서, 회중 안에서 이루어지는 "사역"의 규모는 하나님의 말씀에 근거하는 수많은 작은 대화와 행동들의 합으로 구성된다. 그런 대화와 행동이 우리가 추구하는 풍성한 공동체를 형성한다.

- 8장은 교회 안에서 성경적인 공동체 형성을 방해하는 구조적 요인들을 다룬다. 교역자의 사역 포지션, 교회 일정, 음악, 사역들이 공동체의 넓이와 깊이를 어떻게 촉진하거나 방해하는가?

- 9장은 사도들이 예루살렘 교회에서 불만과 불일치의 문제를 처리한 방식을 다룬다. 이견이 발생했을 때, 하나님의 말씀으로 인해 하나님의 백성 사이에 일치가 이루어지고 그것이 가시적으로 드러나야 한다.

- 10장은 교회 안의 죄를 처리하는 방식에 관한 예수님의 가르침을 다룬다. 예수님의 가르침을 신중하게 따르면, 우리가 보

고 경험할 수 있는 정직하고 은혜 충만한 문화가 형성되고 그 결과 사람을 변화시키는 복음의 능력 있는 역사가 분명하게 드러난다.

- 11장은 교회 공동체가 곧 복음 증거의 수단이라고 강조한다. 하나님이 당신의 교회 안에 진정으로 초자연적인 것을 창조하셨다면, 당신은 어떻게 그것을 불신자들에게 드러내 보여 그들이 말씀을 통해 맺어진 열매를 보게 하겠는가?
- 12장은 어떻게 성경적인 교회 공동체가 교회 개척이나 교회 재활성화를 통해 추수에 이르는지를 논의한다. 이것이 아마 우리가 듣는 말씀이 우리가 볼 수 있는 것을 산출하는 가장 중요한 방식일 것이다.

믿음이 가시화될 때

물론, 우리는 공동체가 일시적이라는 사실을 기억해야 한다. 교회 공동체는 영구적이지 않다. 그것은 우리가 영원히 경험할 공동체의 그림자일 뿐이다. 때로 나는 우리 교회에서 성찬을 거행할 때 교인들을 한 사람씩 둘러보면서 장차 그들이 천국에서는 어떤 모습일지를 상상해보곤 한다. 저쪽에는 늘 나를 맥빠지게 만드는 이메일만 보내지만 주님과 우리 교회를 사랑하는 마가렛이 앉아 있다. 눈을 가늘게 뜨고 미래를 바라보니 주님의 지혜로운 사랑과 긍휼로 밝게 빛나는 그녀의 모습이 거의 손에 잡힐 듯 선명하다. 그 몇 줄

뒤에는 항상 자기가 본 대로 곧이곧대로 말하는 조가 앉아 있다. 그것이 때로는 별로 탐탁하지 않게 느껴지기도 하지만 그 저변에 깔린 정직함의 아름다움이 언젠가는 우리의 왕께 드리는 진정 어린 찬양이 되어 나타날 것이다. 한쪽에는 의심이 생겨 고민스럽다며 나와 수십 번이나 대화를 나눈 적이 있는 마리가 앉아 있다. 그녀를 보니 장차 그녀가 샘 솟는 기쁨과 확신에 찬 눈으로 자신의 충실한 구원자를 바라보고 있는 모습이 선하게 떠오른다.

바울 사도는 "우리가 그를 전파하여 각 사람을 권하고 모든 지혜로 각 사람을 가르침은 각 사람을 그리스도 안에서 완전한 자로 세우려 함이니"(골 1:28)라고 말했다. 우리도 한쪽 눈으로는 우리 앞에 있는 교회, 곧 영광스럽지만 완전하지 않은 신자들을 바라보고, 다른 한쪽 눈으로는 그들이 장차 지니게 될 아름다움을 바라보며 끝까지 수고해야 한다. 스펄전은 이렇게 말했다.

번연 당시에 "용감" 씨(천로역정 2부의 가장 중요한 조연으로서 크리스티아나와 그녀의 아이들을 천국에 닿기까지 인도하며 보호해준 성숙한 신자임—편집주)가 그랬던 것처럼 나도 미력하나마 힘을 다하고 있다. 그 용감한 사람과 나를 감히 비교할 수는 없지만 나 역시 똑같은 일을 하고 있다. 나는 천국으로 가는 여행을 개인적으로 안내하는 역할을 담당하고 있다. 지금 내 곁에는 "노인 정직" 씨(정직한 믿음을 상징하는 천로역정의 등장인물 가운데 하나—역자주)가 있다. 그가 여전히 살아서 활동하고 있으니 참으로 기쁘다. 또한 내 곁에는 "크리스티아나"와 그녀의 자녀들도 있다. 최선을 다해 용들을 죽이고, 거인들의 머리를 자르고, 두려워 떠는 소심한 자들을 인도하는 것이 나의 임무다. 나는 연약한 사람들 가운데 몇몇을 잃을까 봐 두려워할 때가 많다. 그들을 생각하면 마음이 아프다. 나는 우리가 친절하고 관대한 도움을 베풀어 서로를 보살피면서 모두 하나님의 은혜로 그 강가에 무사히 당도하기를 바랄 뿐이다. 지금까지 그곳에서 작별을 나누어야 했던 사람들이 얼마나 많았던고! 나는 강가에 서서 그들이 강물 한복판에서 노래를 부르는 소리를 들었고, 밝게 빛나는 존재들이 그들을 언덕 위로 데려가서 문을 지나 하늘의 도성으로 안내하는 것을 수없이 지켜보았다.[1]

하나님이 교회 안에서 우리에게 허락하신 신자들의 공동체를 사랑할 수 있기를 기도한다. 그들의 현재 모습과 앞으로 되어갈 모습과 하나님이 그들을 통해 이루려고 뜻하신 일을 사랑할 수 있기를 기도한다. 그들이 문을 지나서 영원한 상급을 얻게 될 때까지 우리가 그들을 사랑으로 굳게 붙들어주기를 기원한다.

---

1. C. H. Spurgeon, *Autobiography*, vol. 2 (London: Passmore and Alabaster, 1898), 131. 이 인용문이 포함된 현대식 재판본은 아직 구할 수 없음.